改訂版

組織再編税制の失敗事例

公認会計士・税理士　佐藤信祐　著

日本法令

改訂版刊行にあたって

本書の初版は、M＆A・組織再編成に係る税務における失敗事例を解説することを目的に令和３年６月に刊行した。

その後、令和４年度からグループ通算制度が施行されるとともに、初版の刊行から３年が経過したことにより、追加すべき事例もいくつか見受けられた。

その結果、当初の内容では、実務に十分に対応することができないことから、改訂版の刊行に至った。

本書は、令和６年４月１日時点で公表されている本法、施行令、施行規則及び取扱通達をもとに解釈できる範囲内での私見により編集したものである。本書が、M＆A・組織再編成の実務に関与される方々のお役に立つことができれば幸いである。

本書の出版に当たっては、㈱日本法令の竹渕学氏、田村和美氏に多大なるご協力をいただいた。ここで厚くお礼を申し上げたい。

令和６年４月

公認会計士
税　理　士　**佐藤　信祐**

はじめに

平成13年度に組織再編税制が導入され、平成18年度に株式交換・移転税制が導入されるとともに、会社法施行、企業結合会計・事業分離等会計の導入に伴う税制の整備がなされた。その後、平成22年度税制改正では、グループ法人税制が導入され、平成29年度税制改正では、スピンオフ税制、ブート税制及びスクイーズアウト税制が導入されるとともに、組織再編税制が大幅に見直された。そして、平成14年度に導入された連結納税制度も、平成22年度のグループ法人税制、平成29年度のスクイーズアウト税制に伴って改正がなされたが、令和２年度税制改正により、令和４年４月１日以後開始する事業年度からは、グループ通算制度に移行することになった。事業承継の分野でも、平成30年度税制改正により令和５年３月31日までの届出を期限とする特例事業承継税制が導入され、今後のＭ＆Ａ・組織再編成の実務に影響を与えることが予想される。

このように、過去約20年間における税制改正により、Ｍ＆Ａ・組織再編成に係る税務も定着してきたように思われるが、その一方でいくつかの失敗事例を見聞きするようになった。そして、その多くは単純なミスであり、単純なミスであるが故に税務当局と見解を争うというわけにもいかず、税理士の責任についても言い訳が通用しない。

私自身も、過去約20年間においてＭ＆Ａ・組織再編成に係る税務に関与していることから、ミスをしてしまったこともそれなりにあるが、数日後にミスに気が付いて、スキームを修正することにより事故を防いだことも少なくない。さらに、監査法人、他の税理士、クライアントの担当者などがミスに気が付いてくれて、何とか事故にならなかった事案というのも少なくない。もちろん、他の税理士が提案したスキームに問題があり、私がミスを指摘することに

より事故を防いだことも少なくない。このように、結果的に事故にならなかったとしても、常に失敗事例に目を配ることで、同じような失敗をしないように努めることは必要であると考えている。

本書は、M＆Ａ・組織再編成に係る税務における失敗事例のうち、令和３年４月１日時点の法令上も有効なものについて私見により編集したものである。本書が、M＆Ａ・組織再編成の実務に関与される方々のお役に立つことができれば幸いである。なお、本書では、国際税制、公益法人等の特殊な取扱いについては、これらに係る規定の適用を受けない方々に無用の混乱を招く可能性があるため、解説を省略していることをあらかじめご了承されたい。

本書の出版にあたっては、㈱日本法令の竹渕学氏、田村和美氏に多大なるご協力をいただいた。ここで厚くお礼を申し上げたい。

令和３年４月

公認会計士
税　理　士　**佐藤　信祐**

もくじ

第1章　M&A・組織再編成に係る税務でミスを防ぐために

第2章　M&A・組織再編成に係る税務の概要

第３章　M&Aにおける失敗事例

第3節　その他の失敗事例 …… 103

第4節　組織再編税制以外の制度における失敗事例… 134

第5節　法人税以外の税金 …… 153

第４章　組織再編成における失敗事例

第5章　グループ法人税制における失敗事例

第６章　その他の資本等取引における失敗事例

凡　例

法人税法……法法
法人税法施行令……法令
法人税法施行規則……法規
法人税基本通達……法基通
所得税法……所法
所得税法施行令……所令
消費税法……消法
消費税法施行令……消令
消費税法基本通達……消基通
相続税法……相法
財産評価基本通達……財基通
登録免許税法……登免法
租税特別措置法……措法
租税特別措置法施行令……措令
租税特別措置法施行規則……措規
東日本大震災からの復興のための施策を実施するために必要な財源の確保に関する特別措置法……復税法
地方税法……地法
地方税法施行令……地令
地方税法施行規則……地規
国税通則法……国通法
国税徴収法……国徴法
中小企業における経営の承継の円滑化に関する法律……円滑化法
中小企業における経営の承継の円滑化に関する法律施行令……円滑化令
中小企業における経営の承継の円滑化に関する法律施行規則……円滑化規

（例）法人税法第61条の11第３項第２号　➡　法法61の11③二

本書の記述は、令和６年４月１日現在の法令等に依ります。

第1章

M&A・組織再編に係る税務でミスを防ぐために

第３章以降において具体的な失敗事例を解説する前に、本章では、M＆Ａ・組織再編成に係る税務でミスを防ぐために重要になることを解説しておきたい。

意外かもしれないが、見聞きしている失敗事例のほとんどが、単純なケアレスミスである。すなわち、どのような失敗事例があるのかということを理解することも重要であるが、そもそも丁寧に仕事をすることのほうが重要になってくる。

1　概　　要

ハインリッヒの法則では、１件の重大な事故の背景には、29件の軽い事故が起きており、さらに事故には至らなかったものの、一歩間違えば大惨事になっていた「ヒヤリハット事例」が300件あるといわれている。M＆Ａ、組織再編成に係る税務の実務においても、重大な事故を防ぐためには、まずはヒヤリハット事例に繋がるミスを潰すことが必要になる。

筆者も税理士法人トーマツ（現デロイトトーマツ税理士法人）に勤務していたときには、数多くのミスをしてしまったが、レビュー体制が整備されていたことから、結果的に、大きな事故に遭遇することはなかった。しかし、レビュー体制が整備され過ぎると、そもそもミスが生じないように、事前にパートナーがフォローしてしまうため、ミスをするという貴重な経験が失われてしまう。そう考えると、レビュー体制がそれなりに整備されていた時代に税理士法人トーマツに勤務していたというのは、貴重な経験だったと考えている。

独立開業後は、レビュー体制のない中での業務となった。ただし、本書校了段階では、上場会社もしくは上場会社と同規模の非上場会社からの依頼及び他の会計事務所からの依頼がほとんどであり、規模の小さな非上場会社からの依頼はほとんどない。気が付か

れた読者も多いと思われるが、上場会社又は上場会社と同規模の非上場会社からの依頼であれば、監査法人、顧問税理士又はクライアントの担当者などがミスに気が付いてくれるため、結果的に事故になりにくい。他の会計事務所からの依頼であれば、依頼してくれた会計事務所に実行しようとする組織再編成を理解してもらう必要があるため、お互いにチェックをする体制が自然にできあがる。

しかし、小さな案件になると、関与者が少ないことから、ミスをしてしまうと、そのまま事故に繋がることが想定される。意外かもしれないが、見聞きしている失敗事例のほとんどが顧問税理士のケアレスミスであり、そのほとんどが顧問税理士の職員のケアレスミスであることから、職員を雇用している場合には、その職員の業務内容をきちんと管理しておく必要がある。

2 最近の傾向

少子高齢化の影響により、人手不足が顕著になった。税理士業界も例外ではなく、どの事務所も採用に苦労していたと思う。

その結果、人手不足の影響もあり、どんどん仕事が雑になった会計事務所も増えたように思われる。また、優秀な経理を雇うことができず、どんどん経理の体制が崩れていった企業もあったと思われる。当事務所としても、100万円で提案した仕事にもかかわらず、事故が生じないようにするための余計な作業が生じてしまい、300万円はもらわないと割に合わないと思いながらも、100万円しか請求できなかった事案もあった。それでも、結果的に事故に繋がらなかったので、良い経験だったと思うようにしている。

そうなると、当事務所としても、仕事の体制を見直さざるを得なくなり、令和４年から令和５年にかけて、以下のように変更を行った。

① 会計事務所に対する顧問契約では、関与先との打ち合わせに

は同席しない。

② 会計事務所からのスポットの相談には対応しない。

③ 一般事業会社からの相談については、当事務所からの回答を顧問税理士に対して情報開示することは認めない。

このような対応にした理由は、本来であれば、その会計事務所の業務であるにもかかわらず、その会計事務所の担当者が対応しきれなくなった結果、当事務所に電話又はメールによる質問が来るという事態が散見されたからである。すなわち、当事務所が行っている会計事務所向けのサービスは、その会計事務所の担当者が当事務所の回答を理解したうえで業務に対応することを前提としたものであり、それ以上のサービスを行うことを前提としたものではないのである。

また、上記③については、当事務所の HP において、「上記のサービスは、単発のご相談を行った後に、当事務所又は当事務所の提携先にご依頼いただくか、当事務所以外の税務専門家の最終的なご判断の下に案件を実行していただくことを前提としたものになっています。そのため、本サービスにより得られた回答を第三者（公認会計士、税理士など）に開示すること、打ち合わせに第三者が同席することはできません。」と開示している。30代の頃は提携先や顧問先の会計事務所も少なかったが、令和４年以降は提携先や顧問先の会計事務所も増えたことから、一般事業会社からの相談については、顧問税理士をその提携先又は顧問先の会計事務所に変えることを前提に対応するようにしている。

もちろん、上場会社からの相談であれば、大手税理士法人に相談をする前の論点整理のために、当事務所に相談したいというニーズも存在し、そのような場合には、顧問税理士を変えなくても、大手税理士法人の最終的な判断の下で、M&A 又は組織再編成が行われることから、顧問税理士を変えることまでは要求していない。

その結果、会計事務所からの相談については、月額固定報酬の業

務のみ対応するようになり、顧問契約を結ぶほどではないものの、組織再編税制の質問に対応してもらいたいというニーズに対しては、株式会社バレーフィールドが主催する組織再編質問会で対応するようにした。

当事務所の体制の変更は上記のとおりであるが、読者の皆様方には、今後の業界再編を踏まえたうえで対応したという点はご理解いただきたいと思う。すなわち、今後の税理士業界は、零細事務所と巨大事務所の二極化に向かっていくと考えている。零細事務所が増える理由は、ＩＴ、物流の発達により、職員が不要になっただけでなく、優秀な職員を雇うこと自体が困難になっているからであり、巨大事務所が増える理由は、規模の経済を目指す必要があるからである。その結果、組織再編税制にきちんと対応できる体制を整える事務所とそうでない事務所の二極化が進んでいくはずである。そうなると、当事務所としても、組織再編税制にきちんと対応できる体制を日常的に備えておきたい事務所のみをサポートすべきであろうし、場合によっては、当事務所も業界再編の流れに沿う形で、大手会計事務所又は中堅会計事務所に加入することもあり得ると考えている。

読者の中には、税理士の先生方も少なくないと思われるが、巨大事務所であればともかくとして、そうでない場合には、難易度の高い案件については、会計事務所の所長が自ら対応せざるを得ない時代になっているはずである。その一方で、M&Aや組織再編成を日常的に行っているブティック型の会計事務所であればともかく、通常の会計事務所が巨大化するにしても、難易度の高い案件に対応できる優秀な人材を確保するためには、東京都内であれば3,000人、地方都市であっても1,000人といった規模が必要になるはずである。今のところは、業界再編の過渡期でもあることから、難易度の高い案件にどのように対応するのかを悩んでいる会計事務所も多いと思われる。また、難易度の高い案件に対応するためには、会計事務所

内のレビュー体制も整備する必要があることから、思った以上に人材が必要になるはずである。当事務所でも判断に悩む論点については、デロイトトーマツ税理士法人から独立した後輩にレビューをお願いしているが、M&A・組織再編成に係る税務においてミスをしないためには、常に慎重に対応できる体制を整備しておく必要があると考えられる。

3 M&A・組織再編成に係る税務の特徴

このように、M＆A・組織再編成に係る税務といっても、丁寧に仕事をしていれば、ほとんどの事故は未然に防げるはずである。具体的には、①思い込みで仕事をせずに、常に根拠を再確認する、②再確認する時間を持つ、③他の専門家のチェックが入る体制を作る、というのが必要である。

① 思い込みで仕事をせずに、常に根拠を再確認する

記憶に頼った仕事の仕方は危険である。そもそも記憶が間違っている可能性もあるし、法律が変わっていることもあるからである。根拠として書籍や雑誌を利用するのも危険である。前提条件が異なれば、答えが変わる可能性があるからである。国税庁のＨＰですら、最新の情報を常に更新しているわけではない。

ではどうすればよいのかというと、常に条文を再確認することにより、これらの問題は解決する。すなわち、書籍、雑誌、国税庁のＨＰといったものは、条文を確認する前に頭の整理をするための道具であり、該当条文を速やかに見つけられるようにするための道具に過ぎない。

たとえ何度も遭遇している事案であっても、常に条文を再確認し、ミスを防ぐという姿勢は重要である。

② 再確認する時間を持つ

どんなに慎重に仕事をしていても、どうしてもミスはしてしまうことから、定期的に自分の仕事を見直す機会は必要である。一晩寝て、翌朝になると気付くことも出てくるし、1～2週間後に見直してみると気付くこともある。そう考えると、2回くらいは、自分の仕事を見直す機会を持ったほうがよい。

③ 他の専門家のチェックが入る体制を作る

前述のように、大きな案件になると他の人のチェックも自動的に入るため、未然に大きな事故を防ぐことができる。例えば、上場会社の案件では、経理担当者もそれなりに税務に詳しいことから、こちらのアドバイスをそのまま鵜呑みにはしないし、必要があれば、他の税理士に確認することもある。

さらに、当事務所では、一部の案件については、他の税理士にレビューをしてもらえるように当初から予算を多めに見積もるようにしている（もちろん、他の税理士にレビューを依頼することについては、クライアントの事前承諾を得るようにしている）。このように、他の専門家のチェックが入る体制を整えることにより、事故を未然に防ぐことができると考えている。

4 組織再編税制を勉強するうえでの心がけ

独立開業してから常に心がけていることであるが、「偉い先生の意見を鵜呑みにしない」ということが重要であると考えている。28歳で独立したこともあり、独立開業した直後には、様々な勉強会に誘われることがあったが、「偉い先生と交流するための会」になっているものが多かったことから、半年もしないうちに参加しなくなってしまった。偉い先生と交流することが悪いわけではないが、

偉い先生の意見を否定してはいけないという雰囲気が蔓延しており、その空気に染まってしまうと間違った解釈をしかねないと判断したからである。

これは、財務省や国税庁のＯＢが主催する勉強会についても同様のことがいえる。なぜなら、課税当局や実務の情報に精通していた者であったとしても、記憶違いが生じることがあり得ることから、国税局や裁判所が同様の意見を採用するとはいえないからである。ましてや、個別の案件ともなれば、個人的な意見になる余地もあることから、退官後に語られた意見が財務省主税局や国税庁の意見と一致しているとは限らない。そして、財務省主税局が立案時には想定していなかったことが、その後の運用で国税庁が明確な解釈を打ち出すということも珍しいことではない。

それでは、どのように組織再編税制の勉強をすべきかといえば、書籍や雑誌に書いている内容を鵜呑みにせず、常に条文を確認することが重要になると考えられる。さらに、制度趣旨を理解することも重要であるが、制度趣旨を理解するためには、財務省主税局及び国税庁が公表した一次文献を確認するという姿勢が必要になる。

5　簡単な仕事ほどミスをしやすい

第３章以降では、具体的な失敗事例を紹介していく。複雑なスキームを実行してしまった結果、大きなミスをしてしまった事例を期待している読者もいるかもしれないが、残念ながら、ほとんどの失敗事例は単純なミスである。

「どうして、１週間前には、こんなことに気が付かなかったのだろう？」と思いながら、簡単なミスを修正したことは、毎年のようにあるが、難しい案件でミスをしたことは一度もない。

徒然草にある「高名の木登り」というのをご存じだろうか。危ない危ないと思っているうちは、事故は生じない。こんなので失敗す

るわけがないと思い始めると、事故が生じやすくなる。

M＆A・組織再編成に係る税務においても同じことがいえ、見聞きしている失敗事例のほとんどが、単純なケアレスミスである。しかも、そのほとんどが申告書のケアレスミスであるだけでなく、ケアレスミスで数億円の課税所得が変わってしまったのである。

例えば、数億円の減算留保されている資産を適格分割で移転した後に、分割承継法人で当該資産を譲渡した場合に、分割法人において加算されないのは当然のことであるが、分割承継法人でも加算し損ねていたという事案があった（分割法人と分割承継法人の顧問税理士が異なっていたために生じたミスであるといえる）。たった1行の申告調整なので、別に難しいことでも何でもないが、とにかく金額が大きかったため、事前に気が付かなければ大問題になっていた事案である。

このように、ケアレスミスで数億円の課税所得が変わってしまうのがM＆A・組織再編成に係る税務の怖さであり、ケアレスミスをなくすためには、常に丁寧に仕事をすることを心掛ける必要がある。

第２章

Ｍ＆Ａ・組織再編成に係る税務の概要

M&Aに係る税制というと組織再編税制を思い浮かべる読者も多いと思われるが、実務上は、みなし配当や株式譲渡損益といった基本的な内容が重要になることが少なくない。さらに、消費税率が10%に引き上げられたことに伴い、消費税の取扱いも重要になることが増えている。

本章では、第3章以降において失敗事例について解説する前に、M&A・組織再編成に係る税務上の取扱いについて解説を行う。

第1節　租税法の基礎知識

1　法人税

(1)　繰越欠損金

法人税の計算は、事業年度ごとに行われることから、原則として、ある事業年度の利益と他の事業年度の損失とを相殺することはできない。

しかし、青色申告法人では、9年又は10年間の繰越欠損金の繰越しが認められており、ある事業年度で発生した損失を、将来の事業年度における課税所得と相殺することが認められている(法法57①、平成27年改正法附則27②)。なお、平成30年4月1日以後に開始する事業年度において生ずる欠損金額の繰越期間は10年とされており、その前に生じる欠損金額の繰越期間は9年とされている。

ただし、中小法人に該当しない場合には、原則として、繰越欠損金を利用しようとする事業年度の課税所得の50%までしか繰越欠損

金を使用することができない。この場合における中小法人とは、普通法人（投資法人、特定目的会社及び受託法人を除く）のうち、資本金の額もしくは出資金の額が100百万円以下であるものをいうが、以下に掲げる法人については、中小法人から除外するものとされている（法法57⑪一イ）。

① 大法人（次に掲げる法人をいう。以下同じ）との間に当該大法人による完全支配関係がある普通法人

イ 資本金の額又は出資金の額が500百万円以上である法人

ロ 相互会社

ハ 受託法人

② 普通法人との間に完全支配関係がある全ての大法人が有する株式及び出資の全部を当該全ての大法人のうちいずれか一の法人が有するものとみなした場合において当該いずれか一の法人と当該普通法人との間に当該いずれか一の法人による完全支配関係があることとなるときの当該普通法人

(2) 受取配当等の益金不算入

内国法人が他の内国法人から配当金を受領した場合には、「受取配当等の益金不算入」の適用がある。ここでいう「益金不算入」とは、収益から除外して、法人税の課税所得の計算を行うという意味である。これは、他の内国法人で課税済みのその他利益剰余金から分配を受けることから、二重課税を回避するための規定である。

しかし、100%子会社からの配当であればともかくとして、それ以外の場合については、受取配当金に対応する負債利子が発生していると考えられることや、株式譲渡益と区別して課税関係を成立させる必要もないものもあるため、完全子法人株式等、関連法人株式等、その他の株式等及び非支配目的株式等に分けて計算を行うことになる。

まず、完全子法人株式等とは、配当等の額の計算期間を通じて、

■図表２－１　受取配当等の益金不算入

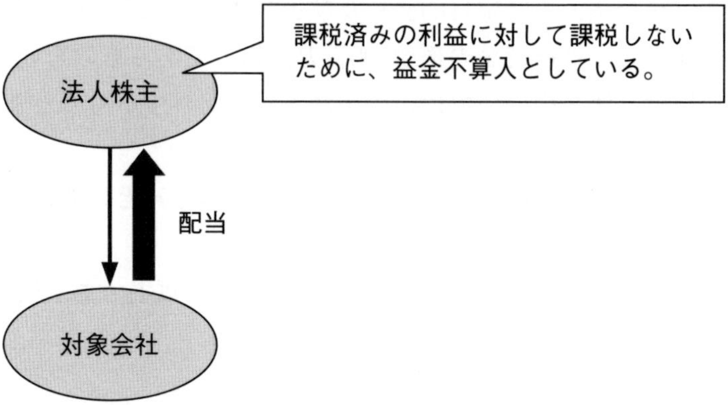

内国法人との間に完全支配関係があった他の内国法人の株式又は出資をいう（法法23⑤、法令22の２）。

そして、関連法人株式等とは、内国法人が他の内国法人の発行済株式又は出資の総数又は総額の３分の１を超える数又は金額の株式又は出資を当該内国法人が当該他の内国法人から受ける配当等の額の支払いに係る効力が生じる日以前６か月以上引き続き有している場合における当該株式又は出資をいう（法法23④、法令22）。なお、関連法人株式等の判定は、完全支配関係のある他の法人が保有する株式又は出資を含めて行うことになる。

具体的な受取配当等の益金不算入の計算は、以下のとおりである。

【完全子法人株式等】

受取配当金の金額の総額が益金不算入額となる。

【関連法人株式等】

受取配当金の金額－控除負債利子＝益金不算入額

控除負債利子＝以下のいずれか少ない金額

イ　関連法人株式等に係る配当等の額の100分の4に相当する金額

ロ　適用事業年度に係る支払利子等の額の合計額の100分の10に相当する金額

【その他の株式等】

受取配当金の金額×50%＝益金不算入額

【非支配目的株式等】

受取配当金の金額×20%＝益金不算入額

このように、受取配当金に対しては、受取配当等の益金不算入が適用されることから、他の利益に比べて、税負担を圧縮することができる。

さらに、所得税法上、受取配当金に対して源泉所得税が課される。源泉所得税は、税金の前払い的な性格のものであるため、法人税法上、所得税額控除の適用が認められており、原則として、確定申告において支払うべき法人税額から控除することが認められている(法法68)。

ただし、実務上の落とし穴としての論点であるが、配当計算期間の一部について、株式又は出資を保有していない場合には、所得税額控除の一部が認められないことがある（法令140の２)。この点については、第３章において解説を行う。

2　所得税

(1)　配当所得

居住者が内国法人から配当を受け取った場合には、配当所得とし

て課税される（所法24①）。また、通常の利益配当のほか、組織再編成や資本等取引により発生したみなし配当も、配当所得に含まれる（所法25①）。

配当所得は、給与所得、事業所得、不動産所得等と合算して、総合課税の適用を受ける。総合課税の適用を受けた場合には、累進課税により所得税額が計算されるが、多額の配当所得が発生した場合には、配当所得のほとんどに対して、最高税率である55％（所得税率45％、住民税率10％）の課税が発生する（所法89①、地法35①、314の３①）。

これに対し、配当所得が発生した場合には、発行法人ですでに課税された後のその他利益剰余金を原資として支払われたものであることから、二重課税を排除するため、配当控除の適用が認められており、所得税額から税額控除を行うことができる（所法92）。

しかしながら、配当控除の計算は、課税所得や配当所得の金額によって異なり、M＆Ａ・組織再編成の実務において、配当所得が生じる場合には、一時に多額の配当所得が生じることがある。このような場合には、配当所得の6.4％（所得税率５％、住民税率1.4％）しか税額控除を取ることができないことが多く、十分に二重課税が排除されているとはいい難い。

このように、配当所得に対する実効税率のほとんどが48.6％（所得税40％、住民税8.6％）になることが多いが、平成25年から令和19年までの間、所得税に対して2.1％分の金額が復興特別所得税として課税されるため（復税法13）、上記の実効税率は49.44％となる。

(2) 譲渡所得

日本の居住者が資産の譲渡を行った場合には、その譲渡利益に対して譲渡所得として課税される。

すなわち、株式等を譲渡したことにより、譲渡利益が発生した場合には、譲渡所得として分離課税の適用を受ける。その場合の税率

は20％（所得税15％、住民税５％）であるが（措法37の10①、地法附則35の２①⑤）、平成25年から令和19年までの所得税額に対して2.1％の復興特別所得税が課されているため（復税法13）、実質的な最高税率は20.315％となる。

そして、実務上、該当するケースは稀であると考えられるが、「土地譲渡類似株式等の譲渡を行った場合」には、上記の税率が39.63％（所得税30.63％、住民税９％）になる（措法32①②）。

これに対し、譲渡損失が発生した場合には、譲渡損失がなかったものとみなされるため、給与所得等の他の課税所得と相殺することはできない（措法37の10①、地法附則35の２①⑤）。

3　不動産取得税

⑴　原則的な取扱い

不動産を取得した場合には、不動産取得税が課される。この場合の課税標準は、固定資産税評価額により計算を行う。ただし、令和９年３月31日までに宅地等（宅地及び宅地比準土地）を取得した場合は、取得した不動産の価格の２分の１が課税標準となる（地法附則11の５①）。

さらに、不動産取得税の税率は、100分の４とされているが（地法73の15）、令和９年３月31日までに取得した土地については、100分の３まで軽減されている（地法附則11の２①）。

上記のほか、地方税法において様々な特例が定められている。

⑵　非課税要件

組織再編成により不動産を取得した場合にも、不動産取得税が課される。

ただし、合併により不動産を取得した場合には、不動産取得税が

非課税とされている（地法73の７二）。さらに、分割により不動産を取得した場合には、以下の要件を満たす場合に限り、不動産取得税が非課税とされている（地法73の７二、地令37の14）。

① 金銭等不交付要件
② 主要資産等引継要件
③ 従業者従事要件
④ 事業継続要件
⑤ 按分型要件（分割型分割の場合のみ）

不動産賃貸業を分割の対象にする場合には、従業者が存在しないことが多いことから、従業者従事要件を満たすことができるかどうか議論が生じることが多い。この点について、角田晃「都道府県税関係 会社分割における従業者要件の判定～不動産取得税の課税・非課税をめぐって（ここが知りたい最新税務Ｑ＆Ａ）」『税』68巻２号71頁（平成25年）では、従業者従事要件は従業者が存在する場合にのみ要求される要件であり、従業者が存在しない場合には要求されないという解釈が示された。そのため、不動産取得税における従業者従事要件の判定では、従業者が存在しない不動産賃貸業であっても、従業者従事要件に抵触しないという見解が一般的になったと思われる。

このように、従業者が存在しない場合であっても、従業者従事要件を満たすという見解が示されたが、従業者従事要件を満たしても、事業継続要件が満たせなければ意味がないため、不動産取得税の事業継続要件においては、従業者が存在しない場合であっても、事業が反復継続的に営まれていれば「事業」が存在し、当該事業が継続していれば、事業継続要件を満たすことができるという見解も一般的になったと思われる。

このように、従業者が存在しない場合であっても、不動産取得税の非課税要件を満たす余地はある。ただし、このような解釈は、分

割の対象となる不動産賃貸業において、反復継続的に売上げが計上されている場合に限定されており、単なる不動産の保有については適用されないという点に留意が必要である。

4　登録免許税

組織再編成を行う場合や役員の選解任を行う場合には、それぞれ登記が必要になることから、登録免許税が発生する。

さらに、不動産の所有権が移転する場合にも、所有権移転登記に伴う登録免許税が発生する。この場合の登録免許税は、固定資産税評価額の1,000分の20である（登免法別表第１一㈡ハ）。ただし、令和８年３月31日までに行われる土地に係る所有権移転登記に対する登録免許税は、固定資産税評価額の1,000分の15まで軽減されている（措法72①）。そして、合併による所有権の移転については、固定資産税評価額の1,000分の４まで軽減されている（登免法別表第１一㈡イ）。

上記のほか、租税特別措置法において、様々な特例が定められている。

5　消費税

(1)　消費税の計算の基本構造

消費税は、国内において事業者が行った課税資産の譲渡等及び特定仕入れに対して課される（消法４①）。M＆A・組織再編成を行った場合であっても、消費税の課税対象になることがある。

さらに、消費税法では、課税の累積を排除するために、仕入税額控除の制度が設けられている（消法30）。例えば、100の課税仕入れが発生し、150の課税売上げ（課税資産の譲渡等）が発生した場合

には、15（＝150×10%）の消費税が課されるとともに、10（＝100×10%）の仕入税額控除が認められていることから、差額の５のみを納税することになる。

しかしながら、非課税売上げに対応する課税仕入れ（非課税資産の譲渡等にのみ要する課税仕入れ）に対しては、仕入税額控除を認識することができない。例えば、100の課税仕入れのうち、課税資産の譲渡等に対応する課税仕入れが50であり、非課税資産の譲渡等に対応する課税仕入れが50である場合には、仕入税額控除の金額は５（＝50×10%）となる。

なお、課税売上げに対応する仕入税額控除を計算するための手法として、個別対応方式と一括比例配分方式が認められている（消法30②④）。個別対応方式とは、①課税資産の譲渡等にのみ要する課税仕入れに対しては、その全額の仕入税額控除を認め、②非課税資産の譲渡等にのみ要する課税仕入れに対しては、仕入税額控除を認めず、③課税資産の譲渡等と非課税資産の譲渡等に共通して要する課税仕入れに対しては、課税売上割合を乗じて計算した金額に相当する仕入税額控除を認めるという手法である。これに対し、一括比例配分方式とは、すべての課税仕入れに対して、課税売上割合を乗じて計算した金額に相当する仕入税額控除を認めるという手法である。

⑵ 事業譲渡

事業譲渡による資産の譲渡も消費税の課税対象になる。そして、事業譲渡に伴って土地を譲渡した場合には、土地の譲渡は非課税売上げに該当するため、事業譲渡法人において課税売上割合が減少し、事業譲渡法人の仕入税額控除が小さくなる場合がある。

さらに、事業譲受法人における課税売上割合が小さい場合には、事業譲受法人が負担した消費税に対して、十分に仕入税額控除を認識することができないこともある。

⑶ 株式譲渡

株式の譲渡を行った場合には、非課税売上げとして取り扱われ(消法別表第２二)、課税売上割合の計算上、譲渡対価の５％部分を分母に算入することになる（消令48⑤)。ただし、持分会社に対する出資を譲渡する場合には、出資持分の譲渡対価の全額を分母に算入する必要がある。

これに対し、仲介手数料や専門家に対する報酬等に対しては消費税が課されるため、課税仕入れとして取り扱われる。しかしながら、株式譲渡に対応する課税仕入れであることから、非課税資産の譲渡等にのみ要する課税仕入れとして取り扱われるため、個別対応方式により仕入控除税額を計算する場合には、仕入税額控除の対象にならない。

また、株主が個人である場合において、株式譲渡方式を採用するときは、売り手側である個人株主が消費税の課税対象とならない免税事業者であることがほとんどである。このような場合には、売り手側で発生した上記の消費税は仕入税額控除の対象にすることができない。

⑷ 合併及び分割

合併又は分割による不動産の移転は、課税対象外取引とされている。

6 印 紙 税

課税文書を作成した場合には、印紙税の負担が発生する。

7 住民税均等割及び事業税資本割

住民税均等割は、事業所ごとに従業員数と資本金等の額を基礎に課税され、事業税資本割は、資本金の額が100百万円を超える法人に対して、資本金等の額に税率を乗じた金額が課税される（地法52①、72の21①、312①）。すなわち、資本金等の額が大きくなればなるほど、住民税均等割及び事業税資本割が高くなる傾向にある。

さらに、資本金及び資本準備金の合計額が資本金等の額を上回っている場合には、資本金及び資本準備金の合計額を基礎に住民税均等割及び事業税資本割の計算を行うこととされている（地法52④、72の21②、312⑥）。

組織再編成を行うと、税務上の資本金等の額、会計上の資本金の額及び資本準備金の額が変動することがあるため、このような場合には、住民税均等割及び事業税資本割の金額も変動することになる。

8 相続税及び贈与税

相続又は遺贈（死因贈与を含む）により財産を取得した場合には、その取得した財産の価格を課税標準として相続税が課される（相法1の3①）。そして、相続税の補完税として贈与税が設けられており、生前贈与により財産を取得した場合には、その取得した財産の価格を課税標準として贈与税が課されることになる（相法1の4①）。

事業承継対策は、相続税が多額であることを理由として行われることが多い。相続税は累進課税となっており、かつ、30百万円＋6百万円×法定相続人の数の基礎控除が認められている（相法15①）。そのほかにも、相続税法上の様々な恩典があることから、一般的には、100百万円以下の相続財産であれば相続税対策は不要であるといわれている。

そして、第６節において解説する事業承継税制の手続きが煩雑であることから、非上場株式の相続税評価額が100百万円以下であれば、事業承継税制を適用するメリットはないといわれている。しかし、100百万円という金額は、税理士に対する報酬が見合うかどうかという観点からいわれるようになった金額であり、二次相続がうまくいかず、納税猶予が取り消され、猶予された相続税を支払わなければならないリスクまでも考慮すると、300百万円という人もいれば、500百万円という人もいる。

また、非上場株式の類似業種比準方式のほうが純資産価額方式よりも評価額が安い場合には、時価純資産価額よりも安い相続税評価額になることも少なくない。さらに、純資産価額方式を採用するにしても、土地の相続税評価額が時価よりも安い金額になっていることも多いため、時価純資産価額よりも安い相続税評価額になることもある。そのため、事業承継における株価対策が必要となる規模として、時価純資産価額が500百万円を超える場合であるという人もいれば、1,000百万円を超える場合であるという人もいる。

その結果、事業承継税制と株価対策を組み合わせた対策については、時価純資産価額が500百万円又は1,000百万円を超えないと意味がないということがいえる。事業承継税制と株価対策を組み合わせた対策のメリットは、①納税猶予が取り消された場合のリスクを軽減する、②非上場株式以外の財産に対する相続税の税率を引き下げるという点が挙げられる。このうち、②については、累進課税の計算上、納税猶予が適用される非上場株式に対して低い税率が適用されることから、非上場株式の相続税評価額を引き下げることができれば、それ以外の財産に対する税率が低くなるといわれている。

しかしながら、時価純資産価額が10,000百万円を超えてしまうと、二次相続の際に後継者がいないという事態が生じることは考えにくいし、どのような株価対策をしたとしても、非上場株式以外の財産に対する税率が最高税率になってしまうことから、事業承継税制と

株価対策を組み合わせるメリットが乏しいため、事業承継税制のみを適用すれば、それ以外の対策に意味がないことも少なくない。そのほか、時価純資産価額が5,000百万円を超えてしまった時点で、非上場株式以外の財産に対する税率を50％未満にすることが困難であるという理由により、事業承継税制と株価対策を組み合わせるメリットが乏しいともいわれている。

そのため、時価純資産価額が500百万円から5,000百万円までのクライアントについては株価対策のメリットが大きいといえるが、それ以外のクライアントに対しては、株価対策のメリットはそれほど大きくはないことが多いと思われる。

第２節　組織再編税制の基礎知識

1　概　　要

(1)　合併、分割、現物出資及び事業譲渡

組織再編税制の導入により、合併、分割及び現物出資が適格組織再編成と非適格組織再編成とに分けて整理されることとなった。すなわち、適格合併に該当した場合には被合併法人の資産及び負債を合併法人に簿価で引き継ぐことになり（法法62の２①)、非適格合併に該当した場合には被合併法人の資産及び負債を合併法人に時価で移転することになる（法法62①)。

また、分割及び現物出資についても同様に、適格組織再編成に該当した場合には資産又は負債を簿価で移転し（法法62の２②、62の３①、62の４①)、非適格組織再編成に該当した場合には資産又は負債を時価で移転することになる。

さらに、事業譲渡は組織再編税制の対象外となっているが、後述するように、適格組織再編成に該当するためには、金銭等の交付がないことが要件となっていることから、対価として金銭等を交付することが通例である事業譲渡は非適格組織再編成と同様の取扱いとなっている。すなわち、事業譲渡法人の資産又は負債を時価で事業譲受法人に移転することとなる。

(2)　現物分配

現物分配（現物配当）を行った場合には、現物分配法人の保有す

る資産を時価で被現物分配法人に移転する必要がある（法法62の５①②）。

これに対し、平成22年度税制改正により、適格現物分配の制度が導入され、適格現物分配に該当した場合には、現物分配法人の保有する資産を簿価で被現物分配法人に移転することになった（法法62の５③④）。

(3) 株式交換、株式移転及びスクイーズアウト

平成18年度税制改正により、非適格株式交換又は株式移転（完全支配関係のある法人間で行われる株式交換又は株式移転を除く）を行った場合には、完全子法人の保有する資産の含み損益に対して課税されることになった（法法62の９①）。

さらに、平成29年度税制改正により、全部取得条項付種類株式の端数処理、株式併合の端数処理及び特別支配株主の株式等売渡請求による完全子法人化（以下、これらを総称して「スクイーズアウト」という）について、株式交換と同様に組織再編税制の一環として位置づけられ、グループ内の株式交換と同様の税制適格要件を満たさない場合には、完全子法人の保有する資産の含み損益に対して課税されることになった。

2　税制適格要件

(1) 通常の取扱い

合併における税制適格要件は、①グループ内の適格合併、②共同事業を行うための適格合併の２つに大別される。さらに、①グループ内の適格合併は、(イ)完全支配関係内の適格合併と、(ロ)支配関係内の適格合併に分けられる。その具体的な内容は**図表２－２**のとおりである（法法２十二の八）。なお、ここでいう完全支配関係は、発

行済株式のすべてを支配する関係をいい、支配関係は、発行済株式総数の50％超を支配する関係をいう（法令４の２）。

■図表２－２　税制適格要件

完全支配関係	支配関係	共同事業
ⓐ金銭等不交付要件	ⓐ金銭等不交付要件 ⓑ従業者従事要件 ⓒ事業継続要件	ⓐ金銭等不交付要件 ⓑ従業者従事要件 ⓒ事業継続要件 ⓓ事業関連性要件 ⓔ事業規模要件又は特定役員引継要件 ⓕ株式継続保有要件

分割、現物出資、株式交換及び株式移転についても類似の判定を行うが、それぞれの組織再編成の態様が異なることから、細かな部分においては、税制適格要件の内容が異なっている（法法２十二の十一、十二の十四、十二の十七、十二の十八）。

さらに、現物分配については、事業の移転を前提としていないため、完全支配関係内の適格現物分配のみが規定されている（法法２十二の十五）。

上記のうち、支配関係に該当するのか、完全支配関係に該当するのかの判定は、組織再編成の直前とその後の継続見込みで判断するものが多い（法令４の３）。すなわち、M＆A案件において、分社型分割を行った後に、分割承継法人株式を外部に譲渡する場合には、分割後の支配関係及び完全支配関係が継続することが見込まれていないため、グループ内の分社型分割に該当しない。このように、M＆Aの手法として分社型分割を用いる場合には、非適格分社型分割に該当しやすい。ただし、平成29年度税制改正により、グループ内の適格分割型分割の判定では、分割承継法人に対する支配関係又は完全支配関係が継続することのみが要求され、分割法人に対する支配関係又は完全支配関係が継続することまでは要求されな

くなったため、分割法人株式の譲渡や分割法人の解散が見込まれるような事案であっても、適格分割型分割に該当することもあり得る。

これに対し、買収会社が被買収会社の発行済株式の全部を取得した後に、買収会社を合併法人とし、被買収会社を被合併法人とする吸収合併を行う場合には、吸収合併の直前に完全支配関係が成立しているため、グループ内合併に該当する。このように、買収後の事業統合を行う場合には、適格合併に該当しやすい。

そして、支配関係に該当するのか、完全支配関係に該当するのかの判定は、株主が個人である場合には、当該個人が保有する株式のほか、「特殊の関係のある個人」が保有する株式を合算して判定するという点に留意が必要である（法令４の２、４①)。具体的に、「特殊の関係のある個人」とは、以下のものが挙げられる。

(i) 株主等の親族（六親等内血族、配偶者及び三親等内姻族をいう（民法725))

(ii) 株主等と婚姻の届出をしていないが事実上婚姻関係と同様の事情にある者

(iii) 株主等の使用人（法人の使用人ではなく、個人株主の使用人である)

(iv) (i)～(iii)に掲げる者以外の者で株主等から受ける金銭その他の資産によって生計を維持しているもの

(v) (ii)～(iv)に掲げる者と生計を一にするこれらの者の親族

そのため、事業承継の手段として組織再編成を行う場合において、親族外への譲渡が見込まれていないときは、適格組織再編成に該当しやすい。

なお、支配関係に該当するのか、完全支配関係に該当するのかの判定は、直接保有割合だけでなく、間接保有割合を含めて判定するため、親会社と孫会社の合併のような場合でも、グループ内の合併に該当することになる。

⑵　無対価組織再編成

平成22年度税制改正及び平成30年度税制改正において、無対価組織再編成を行った場合における税制適格要件の判定方法が明確になり、例えば、無対価合併の場合には、通常の税制適格要件に加え、以下に該当する事案に限り、税制適格要件を満たすこととされた(法令４の３②〜④)。なお、以下の事案は、対価の交付を省略したと認められる場合（合併法人株式を交付したとしてもしなかったとしても、資本関係が変わらない場合）を想定したうえで列挙されている。

①　完全支配関係内の適格合併

⑷　当事者間の完全支配関係がある場合

合併法人が被合併法人の発行済株式又は出資の全部を直接に保有している場合

⑻　同一の者による完全支配関係がある場合

(i)　合併法人が被合併法人の発行済株式又は出資の全部を直接に保有している場合

(ii)　被合併法人と合併法人の株主構成が同一の場合

②　支配関係内の適格合併

⑷　当事者間の支配関係がある場合

被合併法人と合併法人の株主構成が同一の場合

⑻　同一の者による支配関係がある場合

(i)　合併法人が被合併法人の発行済株式又は出資の全部を直接に保有している場合

(ii)　被合併法人と合併法人の株主構成が同一の場合

③　共同事業を行うための適格合併

- 被合併法人と合併法人の株主構成が同一の場合

なお、ⓐ直接に保有することが要求されていることから、間接保有は認められていないという点と、ⓑ被合併法人と合併法人の株主

構成が同一であるか否かの判定において親族等が保有している株式を含まないという点に留意が必要である。

このような無対価組織再編成の取扱いは、吸収分割及び株式交換についても規定されている（法令４の３⑥〜⑧、⑱〜⑳）。

(3) スピンオフ税制

平成29年度税制改正前は、支配株主の存在しない新設分割型分割や子会社株式の現物分配は、グループ内の組織再編成にも該当せず、共同事業を行うための組織再編成にも該当しないことから、非適格組織再編成として取り扱われていた。このような取扱いが企業の円滑な組織再編成を妨げているという批判から、スピンオフ税制が導入され、単独新設分割型分割及び100％子会社株式を対象とした現物分配に対して、税制適格要件が認められるようになった。

これらはいずれも、他の者による支配関係がないことを前提としていることから、非上場会社で適用されることは稀であり、上場会社がbad事業を切り離す場合にのみ適用される手法であると思われる。このようなニーズがあることは否定しないが、実際には、上場会社であっても、利用される事案はそれほど多くはない。

3 繰越欠損金と特定資産譲渡等損失額

(1) 繰越欠損金の引継ぎ

① 基本的な取扱い

適格合併を行った場合には、被合併法人の保有する繰越欠損金を合併法人に引き継ぐことができるが（法法57②）、非適格合併を行った場合には、被合併法人の保有する繰越欠損金を合併法人に引き継ぐことができず、被合併法人において切り捨てられる。

これに対して、分割、現物出資又は事業譲渡を行った場合には、分割法人、現物出資法人又は事業譲渡法人が解散するわけではないことから、適格組織再編成に該当する場合であっても、非適格組織再編成に該当する場合であっても、原則として、分割法人、現物出資法人又は事業譲渡法人の繰越欠損金を引き継ぐことはできない。

② 帰属事業年度

適格合併を行った場合には、被合併法人の繰越欠損金は、繰越欠損金が発生した被合併法人の事業年度開始の日の属する合併法人の事業年度で生じた繰越欠損金とみなされる。ただし、合併法人の合併事業年度開始の日以後に開始した被合併法人の事業年度で生じた繰越欠損金は、合併法人の合併事業年度の前事業年度で生じた繰越欠損金とみなされる。具体的には**図表２－３**を参照されたい。

■図表２－３　繰越欠損金の帰属事業年度

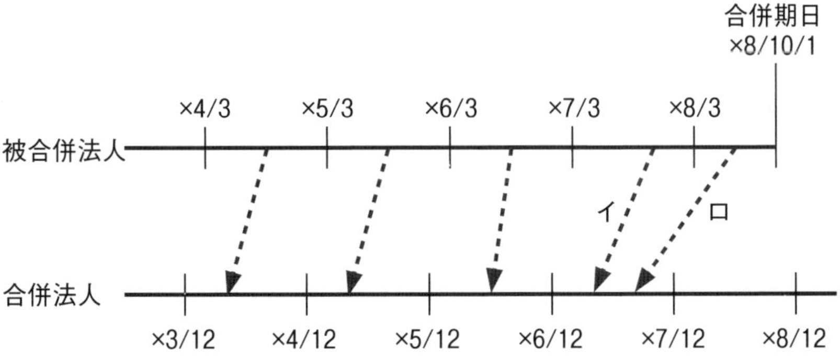

イ　被合併法人において、×８年３月期で生じた繰越欠損金は、事業年度開始の日である×７年４月１日が属する合併法人の事業年度が×７年12月期であることから、合併法人の×７年12月期で生じた繰越欠損金とみなされる。

ロ　被合併法人において、×８年９月期で生じた繰越欠損金は、

合併法人の合併事業年度開始の日である×８年１月１日以後に開始した被合併法人の事業年度で生じた繰越欠損金であるため、合併法人の合併事業年度の前事業年度である×７年12月期で生じた繰越欠損金とみなされる。

(注) 住民税には繰戻還付の制度がないため、法人税で繰戻還付を行っている場合には、住民税において「控除対象還付法人税額」として取り扱われる（地法53㉓、321の８㉓）。被合併法人にこのような控除対象還付法人税額がある場合には、適格合併により、合併法人に引き継ぐことが可能である（地法53㉔、321の８㉔）。なお、東京都主税局 HP に記載されている「控除対象還付法人税額又は控除対象個別帰属還付税額の控除明細書（第６号様式別表２の５）」記載の手引きでは、同別表にて、被合併法人の控除対象還付法人税額と合併法人の控除対象還付法人税額を区分して記載することが明らかにされている。

③ 期首合併と期中合併の比較

前述のように、適格合併を行った場合には、被合併法人の繰越欠損金を合併法人に引き継ぐことができる。この場合、繰越欠損金を使うことができる事業年度は、合併の日の属する事業年度以後の各事業年度である（法法57②）。

したがって、合併法人が３月決算法人である場合において、×９年４月１日（期首）に合併したときと、×９年３月１日（期中）に合併したときとで、被合併法人の繰越欠損金を使用することができる事業年度が異なってくる。

具体的には、×９年４月１日（期首）に合併した場合には、合併の日である×９年４月１日が属する×10年３月期から繰越欠損金を使用することができるのに対し、×９年３月１日（期中）に合併した場合には、合併の日である×９年３月１日が属する×９年３月期

から繰越欠損金を使用することができる。すなわち、期首合併を行わずに、1か月早く期中合併を行うことにより、合併法人が被合併法人の繰越欠損金を使用することができる事業年度が1年早くなる。

なお、合併の日を×9年3月31日とした場合であっても、合併の日が属する事業年度は×9年3月期であり、1日早く期中合併を行うことにより、合併法人が被合併法人の繰越欠損金を使用することができる事業年度が1年早くなる。しかし、被合併法人が、合併の日の前日である3月30日でみなし事業年度を区切らなければならず、日割計算などの煩雑な経理処理を行わなければならないという問題がある。そのため、通常は、月初である3月1日に合併を行うことが多いと考えられる。

⑵ 繰越欠損金の利用制限、特定資産譲渡等損失額の損金不算入

① 繰越欠損金の引継制限

前述のように、適格合併を行った場合には被合併法人の繰越欠損金を引き継ぐことが認められているが、繰越欠損金の不当な利用を防止するために、支配関係（50％超の資本関係）が生じてから5年を経過していない法人と適格合併を行った場合には、繰越欠損金の引継制限が課されている（法法57③）。しかしながら、支配関係が生じてから5年を経過していない場合であっても、租税回避目的ではないと考えられるケースも存在するため、一定の要件を満たせば、繰越欠損金の引継制限は課されない。

逆にいえば、支配関係が生じてから5年を超えていれば、「一定の要件」を満たすかどうかを検討するまでもなく、前述の繰越欠損金の引継制限は課されないことになる。そのため、繰越欠損金の引継制限が問題になるのは、M＆Aを行った後に被買収会社との合併を行う場合であると考えられる。

②　繰越欠損金の使用制限

前述のように、適格合併を行った場合には、被合併法人の繰越欠損金を引き継ぐことができるが、一定の引継制限が課されている。

しかし、被合併法人から引き継がれる繰越欠損金のみを制限し、合併前に合併法人が保有していた繰越欠損金に対してなんら制限を課さない場合には、逆さ合併を行うことにより、被買収会社の繰越欠損金を不当に利用するような租税回避が考えられる。

そのため、被合併法人から引き継いだ繰越欠損金だけでなく、合併前に合併法人が保有していた繰越欠損金に対しても同様の使用制限が課されている（法法57④）。さらに、適格分割、適格現物出資又は適格現物分配を行った場合に、分割承継法人、被現物出資法人又は被現物分配法人が保有していた繰越欠損金に対しても、同様の使用制限が課されている。

しかし、繰越欠損金の引継制限と同様に、支配関係が生じてから5年を超えていれば、繰越欠損金の使用制限は課されない。そのため、繰越欠損金の使用制限が問題になる事案は、M＆Aを行った後に、被買収会社との統合を行う場合であると考えられる。

なお、繰越欠損金の引継制限・使用制限が課されるかどうかは、**図表2－4**のフローチャートにより判定することになる。

③　特定資産譲渡等損失額の損金不算入

前述のように、適格組織再編成を行った場合には、資産又は負債を簿価で移転することから、組織再編成の一方の当事者が保有する資産の含み益と他方の当事者が保有する資産の含み損を不当に相殺するようなことが考えられる。

そのため、支配関係が生じてから5年を経過しない法人との間で適格組織再編成を行った場合には、適格組織再編成により引き継いだ資産（特定引継資産）、適格組織再編成前から保有していた資産

■図表２－４　繰越欠損金の引継制限・使用制限の判定フローチャート

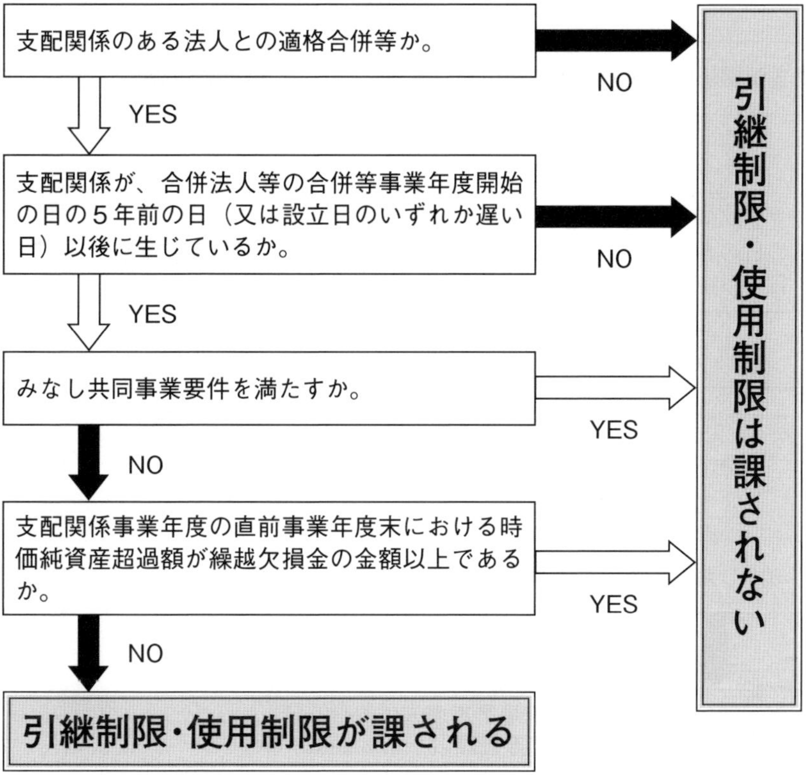

（特定保有資産）に対して、それぞれ特定資産譲渡等損失額の損金不算入が課されている。

しかし、繰越欠損金の引継制限・使用制限と同様に、支配関係が生じてから５年を超えていれば、特定資産譲渡等損失額の損金不算入は課されない。そのため、特定資産譲渡等損失額の損金不算入が問題になる事案は、Ｍ＆Ａを行った後に、被買収会社との統合を行う場合であると考えられる。

なお、特定資産譲渡等損失額の損金不算入が課されるかどうかは、**図表２－５**のフローチャートにより判定することになる。

■図表2－5　特定資産譲渡等損失額の損金不算入の判定フローチャート

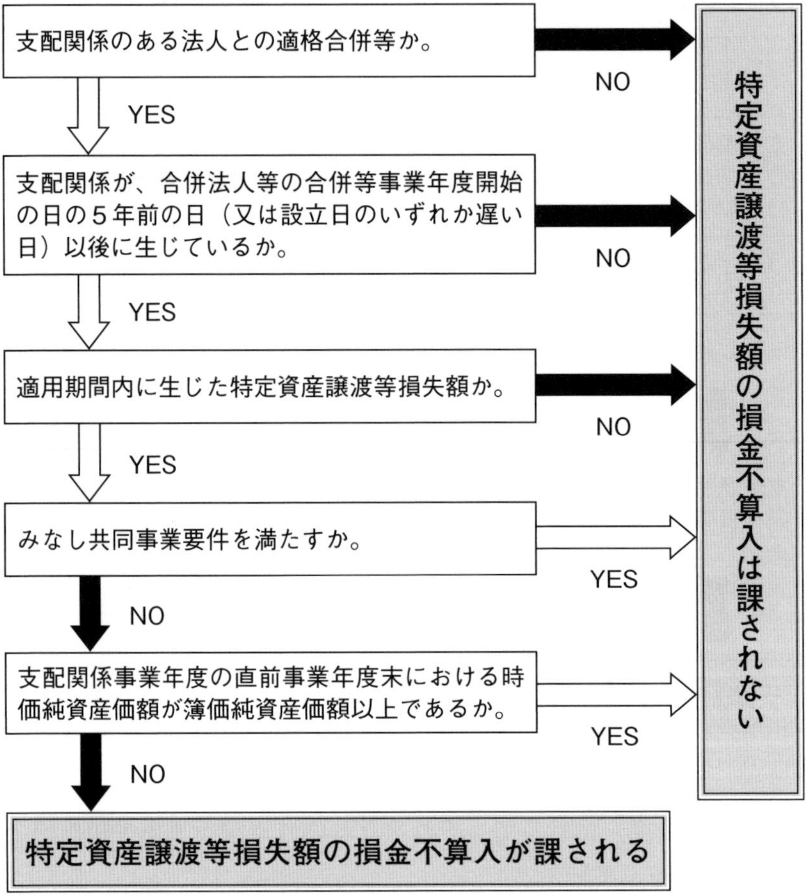

4　資産調整勘定と負債調整勘定

非適格組織再編成、事業譲受を行った場合における「のれん」「引当金」に対して、平成18年度税制改正により、資産調整勘定及び負債調整勘定の概念が導入された。具体的には、以下のものが規

定されている。

① 資産調整勘定

② 差額負債調整勘定

③ 退職給与負債調整勘定

④ 短期重要負債調整勘定

これらの基本的な考え方については、「企業結合に関する会計基準」におけるパーチェス法の考え方に類似しているといわれており、それぞれ、以下の概念に対比していると考えられる。

法人税法	会　計
資産調整勘定	のれん
差額負債調整勘定	負ののれん
退職給与負債調整勘定	退職給付引当金
短期重要負債調整勘定	特定勘定

このうち、資産調整勘定及び差額負債調整勘定は、会計上の損金経理に関係なく、5年間の均等償却が必要になる（法法62の8④⑤⑦⑧）。

5　譲渡損益の繰延べ

(1)　基本的な取扱い

平成22年度税制改正により、完全支配関係のある内国法人に対して資産の譲渡を行った場合には、当該資産の譲渡損益を繰り延べることになった（法法61の11①）。

その結果、譲受法人において、当該資産の譲渡、償却、評価換え、貸倒れ、除却その他これらに類する事由が生じるときまで、譲渡法人において、譲渡損益を繰り延べられ、これらの事由が生じた

ときに譲渡損益を実現することになる（法法61の11②）。

なお、組織再編税制と異なり、資産又は負債を簿価で譲渡するのではなく、譲渡法人において譲渡損益を繰り延べるに過ぎないことから、一方の法人が保有している繰越欠損金又は資産の含み損と、他方の法人が保有している資産の含み益とを相殺することはできないため、譲渡損益の繰延べが行われる非適格合併を除き、繰越欠損金の使用制限及び特定資産譲渡等損失額の損金不算入は課されていない。

(2) 少額資産の特例

譲渡損益の繰延べの対象となる資産は、譲渡直前の帳簿価額が10百万円以上のものとされている（法法61の11①、法令122の12①三）。

そして、譲渡直前の帳簿価額が10百万円以上であるか否かの判定単位は、**図表２－６**の資産区分に応じ、**図表２－６**に定めるところにより区分した後の単位とされている（法規27の13の２、27の15①）。

この評価単位は、特定資産譲渡等損失額の損金不算入の対象となる特定資産の評価単位と変わらない。ただし、特定資産の判定では、帳簿価額が10百万円未満であれば、特定資産譲渡等損失額の損金不算入の対象から除外できるため、納税者にとって有利になることが多い。これに対し、譲渡損益の繰延べでは、帳簿価額が10百万円未満である場合には、譲渡損失の金額が大きくなることは考えにくいものの、譲渡利益の金額が大きくなることがあり得るので、納税者にとって不利になることが多い。

さらに、譲渡損益調整資産は、固定資産、土地（土地の上に存する権利を含み、固定資産に該当するものを除く）、有価証券、金銭債権及び繰延資産とされている（法法61の11①）。資産調整勘定は、これらの資産に含まれないことから、譲渡損益の繰延べの対象にならない。

これらの点については、第５章において解説を行う。

■図表２－６　評価単位

区　分		評価単位
一　金銭債権		債務者ごと
二　減価償却資産		
	イ　建物	一棟ごと（建物の区分所有等に関する法律１条（建物の区分所有）の規定に該当する建物にあっては、同法２条１項（定義）に規定する建物の部分ごと）
	ロ　機械及び装置	一の生産設備又は一台若しくは一基（通常一組又は一式をもって取引の単位とされるものにあっては、一組又は一式）ごと
	ハ　その他	上記に準じて区分する
三　土地等		一筆（一体として事業の用に供される一団の土地等にあっては、その一団の土地等）ごと
四　有価証券		銘柄の異なるごと
五　暗号資産		種類の異なるごと
六　その他の資産		通常の取引の単位を基準として区分する

⑶　譲渡損益の繰延べを行った後に適格合併を行った場合

完全支配関係内の譲渡損益の繰延べ（法法61の11①）を行った後に、譲受法人が譲渡損益調整資産を譲渡した場合には譲渡損益が実現する。そして、譲受法人が譲渡損益調整資産を組織再編成により他の法人に移転した場合も、原則として、譲渡損益を実現すべき事由に含まれる（法法61の11②）。ただし、適格合併、適格分割、適格現物出資又は適格現物分配により、完全支配関係のある法人に対して、譲渡損益調整資産を移転した場合には、譲渡損益を計上すべき事由から除かれている（法法61の11③二、⑥）。

さらに、譲渡法人を被合併法人とする適格合併を行う場合には、譲渡法人と譲受法人との間の完全支配関係を有しないこととなるが、合併法人が完全支配関係のある法人である場合には、譲渡損益の計上は行わない（法法61の11③一）。

このように、完全支配関係のない法人に対して適格組織再編成を行った場合には、譲渡損益が実現してしまうものの、完全支配関係のある法人に対して適格組織再編成を行った場合には、譲渡損益が実現しないように配慮がなされている。

しかしながら、第４章で解説するように、譲渡損益調整資産が株式等であり、かつ、当該株式等を発行している法人を被合併法人とする適格合併を行った場合についての特例は定められていない。その結果、被合併法人株式（譲渡損益調整資産）の消却に伴い、譲渡損益を実現させる必要がある。

6　株主課税

(1)　合併及び分割型分割

合併を行った場合には、被合併法人の株主等が保有している被合併法人株式に対して合併対価資産が交付されるため、被合併法人及び合併法人だけでなく、被合併法人の株主等に対しても課税関係を生じさせる必要がある。これは、分割型分割を行った場合も同様である。

そして、非適格合併又は非適格分割型分割を行った場合には、被合併法人又は分割法人の株主等において、みなし配当が発生するという点に特徴がある（法法24①、所法25①）。具体的には、金銭等の交付がない場合にはみなし配当が発生し、金銭等の交付がある場合には、みなし配当及び株式譲渡損益が発生するという課税関係になる。

【被合併法人の株主等（非適格合併）】

①　金銭等の交付がない場合

（借）	合併対価資産	×××	（貸）	被合併法人株式	×××
				みなし配当	×××

②　金銭等の交付がある場合

(借)	金　　銭　　等	×××	(貸) 被合併法人株式	×××
			みなし配当	×××
			株式譲渡利益	×××

これに対し、適格合併又は適格分割型分割を行った場合には、みなし配当は発生しない（法法24①、所法25①）。さらに、合併法人株式又は分割承継法人株式のみの交付を受けた場合には、株式譲渡損益も発生しない（法法61の２②④、措法37の10③）。

このように、被合併法人又は分割法人の株主等におけるみなし配当の問題から、実務上、非適格合併及び非適格分割型分割を行うことができないことが多いと考えられる。

【被合併法人の株主等（適格合併）】

①　金銭等の交付がない場合

(借)	合併対価資産	×××	(貸) 被合併法人株式	×××

②　金銭等の交付がある場合

(借)	金　　銭　　等	×××	(貸) 被合併法人株式	×××
			株式譲渡利益	×××

上記のほか、株主間贈与が生じる場合（時価と異なる組織再編比率により組織再編成を行う場合）には、贈与税の問題も生じるため、ご留意されたい。

(2)　株式交換及び株式移転

株式交換又は株式移転を行った場合には、完全子法人の株主が完全子法人株式を譲渡し、対価を受領したものとして考えるため、原則として、株式譲渡損益を認識する必要がある。

ただし、完全親法人株式のみを交付する株式交換又は株式移転を行った場合には、株式譲渡損益が発生しないこととされている（法法61の２⑨⑪、所法57の４①②）。

そのため、現金交付型株式交換のような特殊な事例を除き、株式譲渡損益が発生しないことが多いと考えられる。ただし、株主間贈与が生じる場合（時価と異なる組織再編比率により組織再編成を行う場合）には、贈与税の問題も生じるため、ご留意されたい。

7　完全子会社の清算における繰越欠損金の引継ぎ

平成22年度税制改正前は、完全支配関係のある子会社（以下、「完全子会社」という）を解散し、残余財産が確定した場合には、親会社の有する子会社株式の消却により生じる損失を、親会社の課税所得の計算上、損金の額に算入することが可能であった。

しかしながら、グループ法人税制の導入に伴い、完全子会社の残余財産が確定した場合には、当該完全子会社に対する株式消却損を認識することができない一方で（法法61の２⑰）、当該完全子会社の繰越欠損金を親会社に引き継ぐことができるようになり（法法57②）、子会社との適格合併を行った場合の取扱いに足並みを揃えることになった。

そのため、適格合併を行った場合と同様に、支配関係が生じてから５年を経過していない場合には、繰越欠損金の引継制限が課されている（法法57③）。

第3節　清算税制の基礎知識

1　みなし事業年度

解散した場合には、解散の日の属する事業年度開始の日から解散の日までの期間及び解散の日の翌日からその事業年度終了の日までの期間がそれぞれみなし事業年度となる（法法14①一）。なお、ここでいう「解散の日」とは、株主総会その他これに準ずる総会等において解散の日と定めた日をいい、解散の日を定めなかったときは解散決議の日をいう（法基通１－２－４）。

そして、残余財産が確定した場合には、事業年度開始の日から残余財産の確定の日までの期間がみなし事業年度になる（法法14①五）。

2　特例欠損金

清算法人が債務超過である場合には、残余財産の確定に伴って、債務免除益が発生する。その結果、清算事業年度の債務免除益を含む単年度所得が繰越欠損金を超えている場合には、法人税、住民税及び事業税の負担が生じるという問題がある。そのため、残余財産がないと見込まれている場合には、清算事業年度で生じた利益と特例欠損金（期限切れ欠損金）とを相殺することが認められている（法法59④）。なお、特例欠損金と相殺することができる利益は債務免除益に限定されていないため、清算事業年度で生じた資産の譲渡益との相殺も認められている。

そして、上記の特例欠損金は、適用年度の前事業年度の法人税確定申告書に添付する別表五㈠「利益積立金額及び資本金等の額の計算に関する明細書」に記載されている金額を基礎に計算を行う（法基通12－３－２）。具体的には、適用年度の前事業年度の差引翌期首現在利益積立金額の合計額として記載されている金額が△1,000百万円である場合において、繰越欠損金が700百万円であるときは、特例欠損金が300百万円となる。

第４節　子会社支援税制の基礎知識

1　子会社（完全子会社を除く）に対する支援

債務超過の子会社に対する支援の手法として、債権放棄のほか、金銭出資、ＤＥＳ、疑似ＤＥＳ及び第二会社方式が考えられる。このうち、ＤＥＳとは、発行会社に対する債権の現物出資であり、現物出資後に債権者と債務者が同一になるため、混同（民法179）により当該債権が消滅する手法である。これに対し、疑似ＤＥＳとは、債権者から発行会社に対して第三者割当増資により金銭を払い込み、その後、発行会社が債権者に対して当該金銭により債務を弁済する手法である。

子会社支援を行う際に重要になるのは、子会社支援によって生じた損失を親会社において損金の額に算入することができるか否かという点である。

この点につき、債権放棄、ＤＥＳ（非適格現物出資）では、合理的な再建計画に該当するかどうかが問題となるが（法基通２－３－14、９－４－２）、そのハードルは極めて高い。そして、金銭出資、ＤＥＳ（適格現物出資）及び疑似ＤＥＳでは、金銭出資等により払い込んだ金額に対する有価証券評価損の計上が認められていない（法基通９－１－12）。

そのため、実務上、第二会社方式のみが現実的な手法であるといえる。第二会社方式とは、事業譲渡又は会社分割により、赤字子会社の資産とそれに相当する負債を受皿会社に対して譲渡し、残った赤字子会社の負債を清算手続により切り捨てさせる手法である。

■図表2－7　第二会社方式

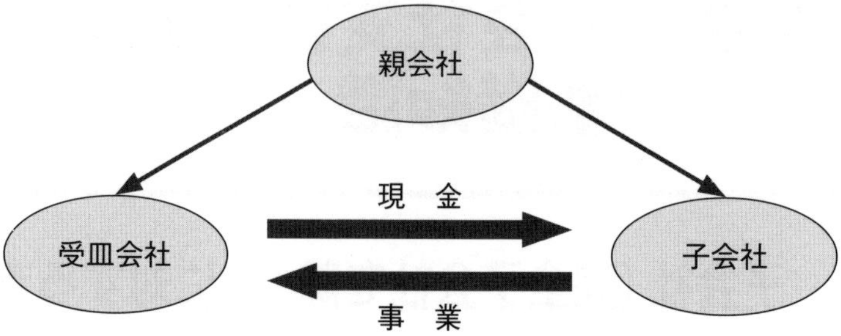

赤字子会社が清算した場合において、当該赤字子会社に対する債権放棄や債務引受に係る損失が、法人税法上、寄附金に該当したときは、損金算入限度額を超える部分の金額について、損金の額に算入することができない。これに対し、実務上、第二会社方式を採用する場合には、和解型（対税型）の特別清算を利用することが多かったと思われる。そして、かつて、和解型（対税型）の特別清算を利用した場合には、法人税基本通達9－6－1(2)に該当するものとして、損金の額に算入していた事案が多かったと思われる。

しかし、東京地判平成29年1月19日 TAINSコードZ267－13038（角弘事件）では、第二会社方式により生じた貸倒損失について、特別清算の和解型（対税型）であることを理由として、法人税基本通達9－6－1(2)の適用を認めずに、同通達9－6－1(4)又は9－4－1で判断すべきものと判示した。これは、同通達9－6－1(2)で直接的に規定されているのは協定型（本来型）の特別清算であり、和解型（対税型）の特別清算ではないからである。ただし、同通達9－6－1(4)は、債権放棄に係る債権のすべてが回収できない債権であることが要件とされているため、実務上は、第二会社方式のほとんどを同通達9－4－1により判断せざるを得ない。

そのため、子会社の整理により生じる損失の負担をしなければ、今後より大きな損失を蒙ることになることが社会通念上明らかであ

る場合にのみ、法人税基本通達９－４－１の規定により、損金の額に算入することができる。

この点につき、通常清算の事案ではあるが、東京国税局調査第一部調査審理課『Ｑ＆Ａ不良債権処理の税務判断』175－176頁（ぎょうせい、平成７年）では、第一会社（旧会社）と第二会社（新会社）との間に、持株関係、商号、所在地、役員構成、従業員、資産内容、事業内容、事業形態などを総合的に勘案して、同一性のない場合には法人税基本通達９－４－１の適用を認め、同一性がある場合には適用を認めないものとされている。すなわち、子会社の事業を廃止する場合や経営権を譲渡する場合だけでなく、子会社の再生手段として第二会社方式を利用する場合であっても、第一会社（旧会社）と第二会社（新会社）との間に同一性がなければ、同通達９－４－１の適用を受けることができると考えられる。そして、東京高判平成29年７月26日により、通常清算であっても、特別清算（和解型）であっても、第二会社方式を採用した場合には、同通達９－４－１により判断することが明らかになったため、第一会社（旧会社）と第二会社（新会社）との間における同一性の排除は、かなり重要になったといえる。

そのため、実務上、①社名を変更したり、②固定資産を受皿会社ではなく、親会社に譲渡したり、③従業員の退職金を打切支給したり、④従業員の整理解雇を行ったり、⑤役員構成を変えたりすることにより、同一性の排除を行いつつ、第二会社方式を行わなければ、今後より大きな損失を蒙ることになることが社会通念上明らかであることを立証していくことになると考えられる。

2　完全子会社に対する支援

第２節で解説したように、完全子会社の残余財産が確定した場合には、親会社が保有する子会社株式に係る消却損は認識できないが

（法法61の２⑰）、子会社が保有する繰越欠損金を親会社に引き継ぐことができる（法法57②）。

しかしながら、子会社整理損失が損金の額に算入される場合における税務上の取扱いは、完全支配関係がない場合と変わらないため、親会社においてこれらの損失に係る損金の額が発生した場合には、子会社において債務免除益に係る益金の額が発生し、当該債務免除益と相殺された後の繰越欠損金が親会社に移転することになる。

これに対し、子会社整理損失が損金の額に算入されない場合において、法人による完全支配関係があるときは、受贈益の益金不算入（法法25の２）が適用されるため、同族会社等の行為又は計算の否認（法法132）が適用される場合を除き、債務免除益と相殺される前の繰越欠損金が親会社に移転することになる。

第５節　グループ通算制度の基礎知識

1　グループ通算制度の基本的な考え方

平成14年度に連結納税制度が導入されたが、単純に各連結法人の所得金額及び欠損金額を合算する制度ではなく、連結納税グループ全体で課税所得や税額控除等を計算する制度であったことから、かなり複雑な制度であるという批判があった。

これに対応し、令和２年度税制改正により、令和４年４月１日以後開始する事業年度以降は、連結納税制度からグループ通算制度に移行することになった。

グループ通算制度では、完全支配関係がある内国法人間で損益通算を行うという連結納税制度の基本的な考え方は維持しながらも、個別申告方式を採用することで制度の簡素化が図られている。さらに、修正申告や更正が行われた場合に、他の通算法人の課税所得や法人税額の計算に影響を与えないように、遮断措置も設けられている。

2　グループ通算制度の適用範囲

グループ通算制度に加入することができる通算子法人は、通算親法人による完全支配関係がある他の内国法人（普通法人に限る）に限定されている（法法64の９①）。ただし、通算除外法人や外国法人が介在するような場合には、通算子法人になることはできない。

そして、通算親法人による完全支配関係がある内国法人のすべて

をグループ通算制度に加入させる必要があることから、一部の100%子会社をグループ通算制度から除外することはできない。

3　グループ通算制度の承認の申請書

(1)　原則的な取扱い

グループ通算制度を開始する場合には、通算親法人となる法人の最初通算事業年度開始の日の3か月前の日までに、通算親法人となる法人及びすべての通算子法人となる法人の連名で、申請書を通算親法人となる法人の納税地の所轄税務署長を経由して国税庁長官あてに提出し、その承認を受ける必要がある（法法64の9①②、法規27の16の8①）。

(2)　特　例

通算親法人となる法人の設立事業年度又はその翌事業年度からグループ通算制度を開始する場合には、新設親法人の特例が定められている（法法64の9⑦）。実務上、グループ通算制度を開始する前に株式移転を行う場合に、本特例を適用することがあり得る。

4　グループ通算制度の申告及び納付

前述のように、グループ通算制度では、個別申告方式が採用されていることから、それぞれの法人が法人税の申告及び納付を行う必要があるが、申告期限を2か月延長することが認められている（法法75の2①⑪）。

5　課税所得の計算

(1)　損益通算

グループ通算制度では、プロラタ方式により損益通算を行うこととされている。具体的には、「グループ通算制度に関するQ&A（国税庁、令和4年7月改訂）」94頁にあるように、A社の所得金額が500、B社の所得金額が100、C社の欠損金額が△50、D社の欠損金額が△250である場合には、所得金額の合計が600、欠損金額の合計が△300になることから、欠損金額をプロラタ計算により、A社に△250（＝△300×500÷600）、B社に△50（＝△300×100÷600）を配分した結果、A社の所得金額が250（＝500－250）、B社の所得金額が50（＝100－50）になる。

そして、同資料95頁にあるように、所得金額より欠損金額のほうが大きい場合、具体的には、A社の所得金額が250、B社の所得金額が50、C社の欠損金額が△500、D社の欠損金額が△100である場合には、損益通算後の欠損金額が△300（＝250＋50＋△500＋△100）になることから、これをプロラタ計算により配分し、C社の欠損金額が△250（＝△300×△500÷△600）、D社の欠損金額が△50（＝△300×△100÷△600）になる。

(2)　修正申告及び更正

グループ通算制度では、修正申告及び更正の場合には、損益通算できる損失等の額を当初申告額に固定することにより、通算グループ内の他の通算法人の所得金額及び法人税額の計算に反映させない仕組みになっている。

すなわち、「グループ通算制度に関するQ&A（国税庁、令和4年7月改訂）」101頁にあるように、当初申告におけるA社の所得金

額が500、Ｂ社の所得金額が100、Ｃ社の欠損金額が△50、Ｄ社の欠損金額が△250である場合において、Ｄ社が300の増額更正を受けたときは、Ａ社、Ｂ社が法人税の追徴を受けるのではなく、Ｄ社が300に対する法人税の追徴を受けることになる。

そして、Ｄ社が減額更正を受けたときは、Ａ社及びＢ社との損益通算ができないことから、Ｄ社の繰越欠損金として引き継ぎ、翌期以降のＡ社、Ｂ社、Ｃ社及びＤ社の課税所得と通算することになる。

しかしながら、あえて誤った当初申告を行うという租税回避が考えられることから、法人税の負担を不当に減少させることとなると認められるときは、職権更正において、プロラタ方式で全体を再計算することが認められている（法法64の５⑧）。

6　地方税の取扱い

住民税及び事業税には、グループ通算制度は導入されていない。

ただし、住民税法人税割は法人税額を基礎に計算することから、法人税の計算においてグループ通算制度の開始又は加入前に切り捨てられた繰越欠損金を住民税法人税割の計算において復活させる必要がある。そのため、住民税独自の概念として、「控除対象通算適用前欠損調整額」「控除対象合併等前欠損調整額」が導入されている（地法53④⑨、321の８④⑨）。

さらに、通算グループ内の所得金額と欠損金額を相殺した結果、法人税の計算上、すでに使用された繰越欠損金を復活させる必要があることから、「控除対象通算対象所得調整額」「控除対象配賦欠損調整額」が導入されている（地法53⑭⑳、321の８⑭⑳）。

7　グループ通算制度の開始又は加入

(1)　基本的な取扱い

グループ通算制度を開始した場合には、グループ通算制度開始前の事業年度において、時価評価課税と繰越欠損金の切捨てが行われることになる。さらに、グループ通算制度を開始した後に、他の内国法人に対する通算親法人による完全支配関係が成立した場合には、当該他の内国法人がグループ通算制度に加入することから、グループ通算制度を開始した場合と同様に、グループ通算制度加入前の事業年度において、当該他の内国法人の保有する資産に対する時価評価課税と繰越欠損金の切捨てが行われることになる。

(2)　みなし事業年度

グループ通算制度を開始する場合には、事業年度開始の日から最初通算親法人事業年度開始の日の前日までの期間をみなし事業年度として単体申告を行う必要がある（法法14④一、64の9⑥）。

さらに、すでにグループ通算制度を開始している通算親法人との間に当該通算親法人による完全支配関係を有することとなった場合には、当該完全支配関係を有することとなった日がグループ通算制度への加入日となることから、当該加入日の前日の属する事業年度開始の日からその前日までの期間がみなし事業年度になり、加入日から通算親法人事業年度終了の日までの期間がみなし事業年度になる（法法14④一、64の9⑪）。

ただし、事務の簡素化のために、完全支配関係を有することとなった日の前日の属する月次決算期間又は会計期間の末日の翌日を承認の効力発生日及び事業年度開始の日とすることも認められている（法法14⑧一、64の9⑪）。

⑶ 時価評価課税

グループ通算制度の特徴のひとつとして、グループ通算制度の開始又は加入に伴う時価評価課税が挙げられる（法法64の11、64の12）。また、時価評価対象資産とは、固定資産、土地（土地の上に存する権利を含み、固定資産に該当するものを除く）、有価証券、金銭債権及び繰延資産のうち一定の資産のことをいう。

ただし、以下の法人については、時価評価課税の対象から除外されている。

(i) グループ通算制度の開始に伴う時価評価

イ　通算親法人となる法人との間に完全支配関係の継続が見込まれる通算子法人となる法人

ロ　いずれかの通算子法人となる法人との間に完全支配関係の継続が見込まれる通算親法人となる法人

(ii) グループ通算制度の加入に伴う時価評価

イ　適格株式交換等により加入した株式交換等完全子法人

ロ　通算グループ内の新設法人

ハ　適格組織再編成と同様の要件として次の要件（加入の直前に支配関係がある場合には、(イ)から(ハ)までの要件）のすべてに該当する法人

(イ)　通算親法人との間の完全支配関係継続要件

(ロ)　従業者従事要件

(ハ)　事業継続要件

(ニ)　通算グループ内のいずれかの法人との間の事業関連性要件

(ホ)　事業規模要件又は特定役員引継要件

⑷　繰越欠損金

①　時価評価課税の対象となる法人

グループ通算制度の開始又は加入前に時価評価課税の対象になる法人が有していた繰越欠損金が切り捨てられる（法法57⑥）。

②　時価評価課税の対象とならない法人

グループ通算制度の開始又は加入前に時価評価課税の対象とならない法人が有していた繰越欠損金については、グループ通算制度の開始又は加入後であっても、当該法人の個別所得の範囲を限度として使用することが認められているものの（法法64の７②一）、他の通算法人の所得との通算が認められていない。このような繰越欠損金を「特定欠損金」という。

さらに、組織再編税制との整合性の観点から、支配関係が生じてから５年以内であり、かつ、みなし共同事業要件を満たさない場合には、以下の制限が設けられている。

⒤　支配関係発生日後に新たな事業を開始した場合

支配関係発生日後に新たな事業を開始した場合には、(ｲ)支配関係事業年度前の繰越欠損金、(ﾛ)支配関係事業年度以後に生じた繰越欠損金のうち特定資産譲渡等損失相当額がそれぞれ切り捨てられる（法法57⑧、法令112の２⑤）。

さらに、開始又は加入の日以後３年を経過する日と支配関係発生日以後５年を経過する日のいずれか早い日まで、特定資産譲渡等損失額の損金不算入が課されることになる（法法64の14①）。

(ii)　構造的に損失（償却費等）が生じる場合

上記のほか、構造的に損失（償却費等）が生じる事業を行う法人に対しては、損失を利用した恣意的な税負担の調整を防止する観点から、加入後に生じた欠損金額を損益通算の対象外にする必要があ

る。

具体的には、原価及び費用の額の合計額のうちに占める損金経理された減価償却費の額の割合が30％を超える場合には、通算グループ内で生じた欠損金額を損益通算の対象外としたうえで、特定欠損金として取り扱うことになる（法法64の６③、64の７②三、法令131の８⑥）。

(iii) いずれにも該当しない場合

上記(i)(ii)のいずれにも該当しない場合には、通算グループ内で生じた損失のうち、支配関係発生日前から有する資産の実現損から成る欠損金額を損益通算の対象から除外したうえで、特定欠損金として取り扱うことになる（法法64の６①、64の７②三）。

8 グループ通算制度からの離脱又は終了

(1) 基本的な取扱い

通算親法人による完全支配関係がある内国法人のすべてをグループ通算制度に加入させる必要があることから、通算子法人によるグループ通算制度からの離脱事由が以下のものに限られている（法法64の10⑥五、六）。

そして、グループ通算制度を開始した後は継続適用が要求されていることから、グループ通算制度の終了事由も以下のものに限られている（法法64の10⑥一～四、七）。

【グループ通算制度からの離脱事由】

① 通算子法人の解散（合併又は破産手続開始の決定による解散に限る）

② 通算子法人の残余財産の確定

③ 通算子法人が通算親法人との間に当該通算親法人による完全支配関係を有しなくなったこと

【グループ通算制度の終了事由】
① 通算親法人の解散
② 通算親法人が公益法人等に該当することとなったこと
③ 通算親法人と他の内国法人（普通法人又は協同組合等に限る）との間に当該他の内国法人による完全支配関係が生じたこと
④ 通算親法人と他の内国法人（公益法人等に限る）との間に当該他の内国法人による完全支配関係がある場合において、当該他の内国法人が普通法人又は協同組合等に該当することとなったこと
⑤ 通算法人が通算親法人のみとなったこと
⑥ やむを得ない事由があることにより、取止めについての国税庁長官の承認を受けたこと（法法64の10①）
⑦ 青色申告の承認が取り消されたこと（法法64の10⑤）

⑵ みなし事業年度

通算子法人が通算親法人との間に当該通算親法人による完全支配関係を有しないこととなった場合には、当該完全支配関係を有しないこととなった日がグループ通算制度からの離脱日になる。そのため、事業年度開始の日から離脱日の前日までの期間と離脱日から事業年度終了の日までの期間がみなし事業年度になる（法法14④二）。なお、事業年度開始の日に離脱した場合を除き、事業年度開始の日から離脱日の前日までの期間については、他の通算法人との損益通算を行うことはできない（法基通12の７－１－１）。

そして、グループ通算制度を終了する場合にも、以下に掲げる日の前日でみなし事業年度を区切る必要がある（法法14①一～三、②③）。ただし、やむを得ない事由があることにより、取止めについての国税庁長官の承認を受けた場合には、その承認を受けた日の属する事業年度終了の日の翌日からグループ通算制度が取り止められることから（法法64の10④）、みなし事業年度を区切る必要はない。

① 通算親法人が解散した場合には、解散の日の翌日（合併によ

る解散の場合には、合併の日）

② 通算親法人が公益法人等に該当することとなった場合には、その該当することとなった日

③ 通算親法人と他の内国法人（普通法人又は協同組合等に限る）との間に当該他の内国法人による完全支配関係が生じた場合には、その完全支配関係が生じた日

④ 通算親法人と他の内国法人（公益法人等に限る）との間に当該他の内国法人による完全支配関係がある場合において、当該他の内国法人が普通法人又は協同組合等に該当することとなったときは、その該当することとなった日

⑤ 通算法人が通算親法人のみとなった場合には、その通算親法人のみとなった日

⑶ 時価評価課税

以下の場合を除き、グループ通算制度から離脱する場合又は終了する場合には時価評価課税は課されない（法法64の13）。

① 離脱法人がその行う事業について継続の見込みがない場合

② 帳簿価額が1,000百万円を超える資産の譲渡等による損失を計上することが見込まれ、かつ、その法人の株式又は出資の譲渡等による損失が計上されることが見込まれている場合

⑷ 繰越欠損金

グループ通算制度から離脱する場合又は終了する場合には、青色申告の承認が取り消される場合を除き、それぞれの法人の繰越欠損金は切り捨てられないことから、それぞれの法人の将来の課税所得から控除することができる。

⑸ 投資簿価修正

グループ通算制度では、投資簿価修正の制度が導入されており、

グループ通算制度から離脱する離脱法人の株式又は出資の帳簿価額を当該離脱法人の簿価純資産価額に相当する金額に修正する必要がある（法令119の３⑤、119の４①)。これは、グループ通算制度を終了する場合についても同様である。

なお、令和４年度税制改正により、通算開始又は加入時点における資産調整勘定等に対応する金額について、離脱時の属する事業年度の確定申告書等にその計算に関する明細を添付し、かつ、その計算の基礎となる事項を記載した書類を保存している場合には、投資簿価修正後の帳簿価額とされる通算子法人の簿価純資産価額に当該資産調整勘定等に対応する金額を加算又は減算することができる措置が設けられた。

⑹ 再加入制限

①やむを得ない事由があることによりグループ通算制度の取止めについての国税庁長官の承認を受けた場合（法法64の10①）又は②青色申告の承認が取り消された場合（法法64の10⑤）には、グループ通算制度を再開することについて、５年間の制限が課されている（法法64の９①三、四、法基通12の７－２－14)。

さらに、グループ通算制度から離脱した通算子法人が同一のグループ通算制度に加入することについても、５年間の再加入制限が課されている（法法64の９①十、法令131の11③一)。

これに対し、別のグループ通算制度に加入することについての再加入制限は課されていない（法基通12の７－２－13)。

第６節　事業承継税制の基礎知識

1　制度の概要

平成30年度税制改正では、円滑な事業承継が行えるように、非上場株式等に係る贈与税・相続税の納税猶予の特例制度（以下、本書において「事業承継税制」という）が設けられた。事業承継税制とは、一定の要件を満たした場合に、贈与税・相続税の納税を猶予し、後継者の死亡等により、猶予税額が免除される制度をいう。

事業承継税制は、贈与税の納税猶予制度と相続税の納税猶予制度の２つに分かれている。もちろん、いきなり相続税の納税猶予制度を利用することもできるが、生前贈与を行った時点で贈与税の納税猶予制度を利用したうえで、相続開始の時点で相続税の納税猶予制度に切り替えることもできる。実務的には、株式の承継の時期をコントロールしやすい後者のほうが一般的である。

後者の場合、先代経営者が死亡したことにより、贈与税が免除されるが（措法70の７の６⑯、70の７の２⑫）、非上場株式が相続により取得したものとみなされるため、原則として、相続税の課税対象になる。そのため、この時点で、相続税の納税猶予制度を利用することが認められている（措法70の７の８）。

※　厳密には、平成30年度税制改正前から存在する一般事業承継税制と、平成30年度税制改正により導入された令和９年12月31日を期限とする特例事業承継税制があるが、本書では後者を「事業承継税制」と表記している。なお、特例事業承継税制は、令和８年３月31日の特例承継計画の届出期限が定められている（円滑化規17②本文）。

2　非上場株式等に係る贈与税の納税猶予制度

(1)　制度の概要

贈与税の納税猶予制度とは、特例経営承継受贈者（後継者等）が、非上場会社を経営していた特例贈与者（先代経営者等）から贈与によりその会社の株式等を取得し、その会社を経営していく場合には、その特例経営承継受贈者が納付すべき贈与税額のうち、贈与により取得した議決権株式等に係る贈与税の納税を猶予するという制度である（措法70の７の５）。ただし、この制度の適用を受けるためには、中小企業における経営の承継の円滑化に関する法律12条１項の認定を受けることが必要になる。

また、この制度は、贈与税額の猶予であり、免除ではないことから、例えば、承継した株式の譲渡を行う場合には、猶予されていた贈与税及び利子税の納税が必要となるという点に留意が必要である。

(2)　特例経営承継受贈者

特例経営承継受贈者とは、特例贈与者から贈与により特例認定贈与承継会社の非上場株式等の取得をした個人で、次に掲げる要件のすべてを満たす者（その者が２人又は３人以上である場合には、当該特例認定贈与承継会社が定めた２人又は３人までに限る）をいう（措法70の７の５②六）。

①　当該個人が、当該贈与の日において18歳以上であること。

②　当該個人が、当該贈与の時において、当該特例認定贈与承継会社の代表権（制限が加えられた代表権を除く）を有していること。

③　当該贈与の時において、当該個人及び同族関係者の有する当

該特例認定贈与承継会社の非上場株式等に係る議決権の数の合計が、当該特例認定贈与承継会社に係る総株主等議決権数の100分の50を超える数であること。

④　次に掲げる場合の区分に応じ、それぞれ次に定める要件を満たしていること。

(イ)　当該個人が１人の場合

当該贈与の時において、当該個人が有する当該特例認定贈与承継会社の非上場株式等に係る議決権の数が、当該個人と同族関係者のうちいずれの者が有する当該特例認定贈与承継会社の非上場株式等に係る議決権の数をも下回らないこと。

(ロ)　当該個人が２人又は３人の場合

当該贈与の時において、当該個人が有する当該特例認定贈与承継会社の非上場株式等に係る議決権の数が、当該特例認定贈与承継会社の総株主等議決権数の100分の10以上であること、及び当該個人と同族関係者（特例経営承継受贈者を除く）のうちいずれの者が有する当該特例認定贈与承継会社の非上場株式等に係る議決権の数をも下回らないこと。

⑤　当該個人が、当該贈与の時から当該贈与の日の属する年分の贈与税の申告書の提出期限（当該提出期限前に当該個人が死亡した場合には、その死亡の日）まで引き続き当該贈与により取得をした当該特例認定贈与承継会社の特例対象受贈非上場株式等のすべてを有していること。

⑥　当該個人が、当該贈与の日まで引き続き３年以上にわたり当該特例認定贈与承継会社の役員その他の地位を有していること。

⑦　一般事業承継税制の適用を受けていないこと。

⑧　当該個人が、当該特例認定贈与承継会社の経営を確実に承継

すると認められること。

(3) 先代経営者

先代経営者とは、贈与の時前において、特例認定贈与承継会社の代表権（制限が加えられた代表権を除く）を有していた個人で、次に掲げる要件のすべてを満たすものをいう（措令40の８の５①一）。

① 当該贈与の直前（当該個人が当該贈与の直前において当該特例認定贈与承継会社の代表権を有しない場合には、当該個人が当該代表権を有していた期間内のいずれかの時及び当該贈与の直前）において、当該個人及び同族関係者の有する当該特例認定贈与承継会社の非上場株式等に係る議決権の数の合計が、当該特例認定贈与承継会社の総株主等議決権数の100分の50を超える数であること。

② 当該贈与の直前（当該個人が当該贈与の直前において当該特例認定贈与承継会社の代表権を有しない場合には、当該個人が当該代表権を有していた期間内のいずれかの時及び当該贈与の直前）において、当該個人が有する当該特例認定贈与承継会社の非上場株式等に係る議決権の数が、当該個人と同族関係者のうちいずれの者が有する当該非上場株式等に係る議決権の数をも下回らないこと。

③ 当該贈与の時において、当該個人が当該特例認定贈与承継会社の代表権を有していないこと。

なお、先代経営者からの贈与に伴い、先代経営者以外の少数株主から贈与を受ける場合の当該少数株主に対しては、上記のような制限は課されていない（措令40の８の５①二）。

(4) 適用対象会社

贈与税の納税猶予制度の適用を受けられる会社を「特例認定贈与

承継会社」といい、以下の３つの要件を満たす必要がある。

①　中小企業者の要件（円滑化法２、円滑化令１）

以下の資本金と従業員数のいずれかの要件を満たすこと。

【円滑化法】

業種	資本金	従業員数
製造業・建設業・運輸業・その他	300百万円以下	300人以下
卸売業	100百万円以下	100人以下
サービス業	50百万円以下	100人以下
小売業	50百万円以下	50人以下

【政令により拡大した業種】

業種	資本金	従業員数
ゴム製品製造業	300百万円以下	900人以下
ソフトウェア業又は情報処理サービス業	300百万円以下	300人以下
旅館業	50百万円以下	200人以下

②　税制上の要件（措法70の７の５②一、措令40の８の５⑨、40の８⑩）

下記のすべての要件を満たす必要がある。

(イ)　当該会社の常時使用従業員の数が１人以上であること。

(ロ)　当該会社が、資産保有型会社又は資産運用型会社に該当しないこと。

(ハ)　当該会社の株式等及び特定特別関係会社の株式等が、非上場株式等に該当すること。

(ニ)　当該会社及び特定特別関係会社が、風俗営業会社に該当しないこと。

(ホ)　当該会社の特別関係会社が外国会社に該当する場合にあっては、当該会社の常時使用従業員の数が５人以上であること。

(ヘ)　贈与の日の属する事業年度の直前の事業年度（当該贈与の日

が当該贈与の日の属する事業年度の末日である場合には、当該贈与の日の属する事業年度及び当該事業年度の直前の事業年度）における総収入金額（主たる事業活動から生ずる収入の額とされるべきものとして財務省令で定めるものに限る）が、零を超えること。

(ト)　特例経営承継受贈者以外の者が黄金株を有していないこと。

(チ)　当該会社及び特定特別関係会社が、中小企業における経営の承継の円滑化に関する法律２条に規定する中小企業者に該当すること。

ただし、贈与前３年以内に特例経営承継受贈者（同族関係者を含む）から現物出資又は贈与により取得した資産合計額の総資産に占める割合が70％以上である場合には、本特例の適用はない（措法70の７の５㉔、70の７㉙）。

この制限規定は、個人資産を会社へ移転し、株式等の形に変えて贈与をすることにより、事業承継税制の適用を受ける行為を防止する観点から設けられている。また、贈与のときにおいて現物出資等資産をすでに有していない場合であっても、それを有しているものとみなしてその価額を算定するという点に留意が必要である。

③　経済産業大臣の認定要件（円滑化規６①七）

下記のすべての要件を満たす必要がある。

(イ)　上場会社等又は風俗営業会社のいずれにも該当しないこと。

(ロ)　資産保有型会社に該当しないこと。

(ハ)　資産運用型会社に該当しないこと。

(ニ)　総収入金額が零を超えること。

(ホ)　常時使用する従業員の数が１人以上（中小企業者の特別子会社が外国会社に該当する場合（当該中小企業者又は当該中小企業者による支配関係がある法人が当該特別子会社の株式又は持

分を有する場合に限る）にあっては５人以上）であること。

(ヘ) 贈与の時以後において、中小企業者の特定特別子会社が上場会社等、大会社又は風俗営業会社のいずれにも該当しないこと。

(ト) 後継者が特例経営承継受贈者であること。

(チ) 特例贈与者が保有する株式等を一括贈与（３分の２に達するまで、又は全株）すること。

(リ) 特例経営承継受贈者以外の者が黄金株を有していないこと。

(5) 資産保有型会社及び資産運用型会社

① 資産保有型会社

資産保有型会社とは、贈与の日の属する事業年度の直前の事業年度の開始の日から納税の猶予に係る期限が確定する日までの期間内のいずれかの日において、次の(イ)及び(ハ)に掲げる金額の合計額に対する(ロ)及び(ハ)に掲げる金額の合計額の割合が100分の70以上となる会社をいう（措法70の７の５②三、70の７②八）。

(イ) その日における当該会社の総資産の貸借対照表に計上されている帳簿価額の総額

(ロ) その日における当該会社の特定資産の貸借対照表に計上されている帳簿価額の合計額。なお、特定資産とは、以下に掲げるものをいう（措規23の９⑮、円滑化規１⑰二）。

- 有価証券及び有価証券とみなされる権利（ただし、当該会社の特別子会社が資産保有型子会社又は資産運用型子会社に該当しない場合には、当該特別子会社の株式は除外する）
- 遊休不動産、賃貸不動産及び販売用不動産
- ゴルフ場その他の施設の利用に関する権利
- 絵画、彫刻、工芸品その他の有形の文化的所産である動産、貴金属及び宝石
- 現金、預貯金その他これらに類する資産（特例経営承継受贈

者及び同族関係者に対する貸付金、未収金その他これらに類する資産を含む）

(ハ) その日以前５年以内において、特例経営承継受贈者及び同族関係者が当該会社から受けた剰余金の配当等の額と過大役員給与等の合計額

② 資産運用型会社

資産運用型会社とは、贈与の日の属する事業年度の直前事業年度の開始の日から納税の猶予に係る期限が確定する日の属する事業年度の直前事業年度終了の日までの期間内のいずれかの事業年度における総収入金額に占める特定資産の運用収入の合計額の割合が100分の75以上となる会社をいう（措法70の７の５②四、70の７②九)。

この場合における特定資産の運用収入には、特定資産に係る配当金、受取利息、受取家賃や特定資産を譲渡した場合のその譲渡価額がそれぞれ含まれる。なお、平成31年度改正前租税特別措置法では、特定資産に該当する不動産を譲渡した場合には、一時的に資産運用型会社に該当する可能性があった。この点については、平成31年度税制改正により、事業活動のために必要な資金を調達するために特定資産を譲渡したことにより、一時的に上記の割合が100分の75以上になったとしても、当該事業年度開始の日から当該事業年度終了の日の翌日以後６か月を経過する日の属する事業年度終了の日までを除外して資産運用型会社に該当するかどうかを判定することになったため（措令40の８㉒但書、措規23の９⑯)、特定資産に該当する不動産を譲渡したことにより、資産運用型会社に該当するリスクは軽減されたと考えられる。

③ 例外規定

資産保有型会社又は資産運用型会社に該当したとしても、次に掲げる要件のすべてに該当する場合には、事業承継税制の適用を受け

ることができる（措令40の８の５⑤、40の８⑥）。

⑴　当該資産保有型会社等が、贈与の日まで引き続き３年以上にわたり、商品の販売その他の業務で財務省令に定めるものを行っていること。

⑵　⑴の贈与の時において、親族外従業員の数が５人以上であること。

⑶　⑴の贈与の時において、⑵の親族外従業員が勤務している事務所、店舗、工場その他これらに類するものを所有し、又は賃借していること。

⑹　贈与税額の免除

①　特例贈与者が死亡した場合

先代経営者である特例贈与者が死亡した場合には、猶予されている贈与税は免除される（措法70の７の５⑪、70の７⑮二）。しかし、生前贈与を受けた特例認定贈与承継会社の非上場株式は、相続又は遺贈により取得したものとみなされて相続税の課税を受けることになる（措法70の７の７）。そのため、この場合に課される相続税についても、一定の要件を満たした場合には、その課税価格に対応する相続税の全額に対して、相続税の納税猶予の適用を受けることができる（措法70の７の８）。

②　それ以外

上記のほか、以下の場合は、猶予されている贈与税の全額が免除される（措法70の７の５⑪）。

⑴　特例贈与者の死亡前に当該特例経営承継受贈者が死亡した場合

⑵　特例経営承継受贈者が納税猶予の対象となった非上場株式を次の後継者へ贈与した場合において、その後継者が贈与税の納

税猶予の特例の適用を受ける場合

(ハ)　その他、法的整理や組織再編が行われた場合のうち、一定の場合

(7)　猶予税額の納付（猶予期限の確定）

以下の事由が生じた場合には、猶予された贈与税及び利子税を支払う必要がある（措法70の７の５③、70の７③、措令40の８㉓～㉕、措規23の９⑰）。ただし、以下のうち①～③、⑭～⑱については、経営贈与承継期間（５年間）に行われた場合に限り、猶予税額を納付する必要がある。

①　特例経営承継受贈者が代表権を有しないこととなった場合（当該代表権を有しないこととなったことについてやむを得ない理由がある場合を除く）

②　特例経営承継受贈者及び同族関係者の有する議決権の数の合計が当該特例認定贈与承継会社の総株主等議決権数の100分の50以下となった場合

③　特例経営承継受贈者の同族関係者（他の特例経営承継受贈者を除く）が、特例経営承継受贈者が有する議決権の数を超える数の議決権を有することとなった場合

④　特例経営承継受贈者が非上場株式等の一部の譲渡又は贈与をした場合

⑤　特例経営承継受贈者が非上場株式等の全部の譲渡又は贈与をした場合

⑥　吸収分割型分割又は金銭等を交付する組織変更を行った場合

⑦　解散した場合（合併による解散を除く）

⑧　資産保有型会社又は資産運用型会社のうち政令で定めるものに該当することとなった場合

⑨　総収入金額（営業外収益、特別利益を除く）が零となった場合

⑩　資本金の額の減少をした場合又は準備金の額の減少をした場合

⑪　特例経営承継受贈者が納税猶予の特例の適用を受けることをやめる旨を記載した届出書を納税地の所轄税務署長に提出した場合

⑫　特例認定贈与承継会社が合併により消滅した場合（当該合併により当該特例認定贈与承継会社に相当するものが存する場合として財務省令で定める場合を除く）

⑬　特例認定贈与承継会社が株式交換等により他の会社の株式交換完全子会社等となった場合（当該株式交換等により当該特例認定贈与承継会社に相当するものが存する場合として財務省令で定める場合を除く）

⑭　非上場株式等に該当しないこととなった場合

⑮　風俗営業会社に該当することとなった場合

⑯　特例認定贈与承継会社が発行する黄金株を特例経営承継受贈者以外の者が有することとなったとき

⑰　非上場株式等の全部又は一部について、議決権を制限した場合

⑱　贈与者が特例認定贈与承継会社の代表権を有することとなった場合

⑲　都道府県知事への報告を怠った場合又は税務署長に継続届出書を提出しなかった場合

3　非上場株式等に係る相続税の納税猶予制度

相続税の納税猶予制度とは、特例経営承継相続人等（後継者）が、非上場会社を経営していた特例被相続人（先代経営者）から相続又は遺贈によりその会社の株式等を取得し、その会社を経営していく場合には、その経営承継相続人等が納付すべき相続税額のう

ち、相続又は遺贈により取得した議決権株式等に係る相続税の納税を猶予するという制度である（措法70の７の６）。

なお、この制度は、相続税額の猶予であり、免除ではないことから、例えば、承継した株式の譲渡を行う場合には、猶予されていた相続税及び利子税の納税が必要となるという点に留意が必要である。

具体的な内容については、特例経営承継相続人等の定義以外は、贈与税の納税猶予制度と大きく変わらないため、そちらを参照されたい。なお、相続税における特例経営承継相続人等の定義は、特例被相続人から特例認定承継会社の非上場株式等の取得をした個人で、次に掲げる要件のすべてを満たす者（その者が２人又は３人以上である場合には、当該特例認定承継会社が定めた２人又は３人までに限る）をいう（措法70の７の６②七、措規23の12の３⑪）。

① 当該個人が、相続の開始の日の翌日から５か月を経過する日において、特例認定承継会社の代表権を有していること。

② 相続の開始の時において、当該個人及び同族関係者の有する特例認定承継会社の非上場株式等に係る議決権の数の合計が、当該特例認定承継会社に係る総株主等議決権数の100分の50を超える数であること。

③ 次に掲げる場合の区分に応じ、それぞれ次に定める要件を満たしていること。

㈠ 当該個人が１人の場合

相続の開始の時において、当該個人が有する特例認定承継会社の非上場株式等に係る議決権の数が、当該個人と同族関係者のうちいずれの者が有する当該特例認定承継会社の非上場株式等に係る議決権の数をも下回らないこと。

㈺ 当該個人が２人又は３人の場合

相続の開始の時において、当該個人が有する当該特例認定承継会社の非上場株式等に係る議決権の数が、当該特例認定

承継会社の総株主等議決権数の100分の10以上であること、及び当該個人と同族関係者（特例経営承継相続人等を除く）のうち、いずれの者が有する当該特例認定承継会社の非上場株式等に係る議決権の数をも下回らないこと。

④　当該個人が、当該相続の開始の時から当該相続に係る相続税の申告書の提出期限（当該提出期限前に当該個人が死亡した場合には、その死亡の日）まで引き続き当該相続又は遺贈により取得をした当該特例認定承継会社の特例対象非上場株式等のすべてを有していること。

⑤　一般事業承継税制の適用を受けていないこと。

⑥　当該個人が、相続の開始の直前において、当該会社の役員であること（当該相続に係る被相続人が70歳未満で死亡した場合において、当該個人が特例承継計画に特例後継者として記載されているときを除く）

第３章

Ｍ＆Ａにおける
失敗事例

本章では、M＆Aにおける失敗事例について解説を行う。M＆Aにおける失敗事例として、税制適格要件や繰越欠損金のところを思い浮かべる読者も多いかもしれないが、実際には、様々な項目での失敗事例が散見されている。

なお、買収後の適格合併により繰越欠損金を引き継ぐ事案については、第4章において解説を行うため、本章では解説を行わない。

第1節　税制適格要件

1　支配関係継続要件

(1)　支配関係継続要件を満たしてしまった事例

税制適格要件のほとんどは、組織再編成の直前に完全支配関係又は支配関係があるかどうか、組織再編成後に完全支配関係又は支配関係が継続することが見込まれているかどうかにより判定される。このうち、本書では、「組織再編成後に完全支配関係又は支配関係が継続することが見込まれている」という要件について「支配関係継続要件」と表記することとする。

そして、組織再編成の時点では、株式を譲渡する予定はなかったが、組織再編成後の後発事象により、株式を譲渡することになった場合には、支配関係継続要件に抵触しないと解されている。この点につき、朝長英樹『組織再編成をめぐる包括否認と税務訴訟』369頁（清文社、平成26年）では、「予定されている」という状態にある場合、具体的には「売却計画が事前に決定された」という状態に

ある場合に限り、支配関係継続要件に抵触するものとして説明されている。

これに対し、実務上、分割承継法人株式を交付する分社型分割を行った後に分割承継法人株式を譲渡するというスキームがある。

■図表３－１　分割承継法人株式を交付する方法

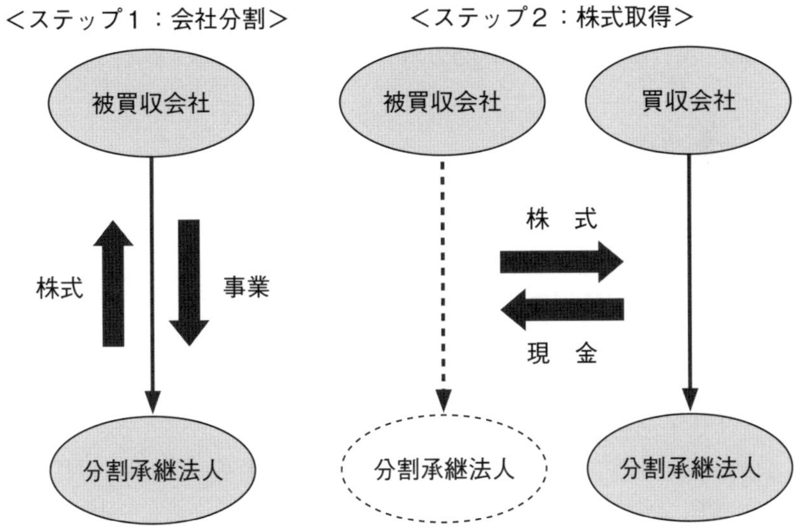

分割時点で分割承継法人株式を譲渡することが見込まれていた場合には、支配関係継続要件を満たさないことから、非適格分社型分割に該当する。そして、非適格分社型分割に該当することから、分割承継法人において資産調整勘定（法法62の８）を認識することができるため、分割承継法人において節税メリットを享受することができる。なお、簿価純資産価額が100百万円であり、分割承継法人株式の時価が300百万円である場合における税務上の仕訳は、以下のとおりである（簡便化のために、含み益の原因のすべてがのれんであるとしている）。

①　非適格分社型分割に該当した場合

⑴　分割法人の仕訳

ⓐ　分社型分割

（借）	分割承継法人株式	300百万円	（貸）	資産及び負債	100百万円
				分割益	200百万円

ⓑ　株式譲渡

（借）	現金預金	300百万円	（貸）	分割承継法人株式	300百万円

⑵　分割承継法人の仕訳

（借）	資産及び負債	100百万円	（貸）	資本金等の額	300百万円
	資産調整勘定	200百万円			

②　適格分社型分割に該当した場合

⑴　分割法人の仕訳

ⓐ　分社型分割

（借）	分割承継法人株式	100百万円	（貸）	資産及び負債	100百万円

ⓑ　株式譲渡

（借）	現金預金	300百万円	（貸）	分割承継法人株式	100百万円
				株式譲渡益	200百万円

⑵　分割承継法人の仕訳

（借）	資産及び負債	100百万円	（貸）	資本金等の額	100百万円

このように、分割法人からすれば、非適格分社型分割に該当したとしても、適格分社型分割に該当したとしても、譲渡損益を認識するタイミングは異なるものの、譲渡損益の金額は変わらない。これに対し、分割承継法人からすると、非適格分社型分割に該当しない

と資産調整勘定を認識することができないため、支配関係継続要件を満たすことにより適格分社型分割に該当してしまった事例は、立派な失敗事例であるといえる。

そして、支配関係継続要件を満たしてしまう事例として、分割の時点では、譲渡をしやすいように事業を切り離しただけであり、譲渡先も譲渡価額も未定であったという事例が挙げられる。このような場合には、「売却計画が事前に決定された」という段階に至っていないため、支配関係継続要件を満たすことになる。

どの段階で、「売却計画が事前に決定された」という段階に至るのかについては、様々な見解があり得るが、少なくとも、譲渡予定価額が分割法人の希望に過ぎず、買い手候補会社との間で譲渡価額についてのやり取りがなされていない段階では、「売却計画が事前に決定された」という段階に至ったということはできない。譲渡価額が推定できないと、そもそもM＆Aが成立しないだけでなく、非適格分社型分割に伴う譲渡損益及び資産調整勘定の計算ができないからである。

このように、M＆Aが成立するかどうかが不透明な状態で譲渡をしやすいように事業を切り離すという行為に対しては、支配関係継続要件を満たしてしまうリスクがあるという点に留意が必要である。

【逆の意味での失敗事例】

上記の分割承継法人がX社に譲渡された２年後に、さらにY社に転売された事案があった。その事案は、支配関係継続要件を満たさないにもかかわらず、適格分社型分割に該当するものとして処理していたのである。デューデリジェンスの際に発覚したため、Y社が分割承継法人を買収した後に、速やかに更正の請求を行い、資産調整勘定を認識したという事例がある。

この事例では、分割法人における課税所得は変わらないものの、

分割承継法人における課税所得が変わるため、Y社にとってみれば、買収後に法人税等の還付と残り３年間の節税効果が手に入ったことになる。すなわち、X社にとってみれば失敗事例であり、Y社にとってみれば棚ぼたの利益を享受できた事例であるということがいえる。

⑵　支配関係継続要件を満たさなかった事例

オーナー社長がA社とB社の発行済株式の全部を保有している場合において、A社を合併法人とし、B社を被合併法人とする非適格合併を行ったときは、B社において譲渡損益が生じるだけでなく、オーナー社長においてみなし配当が生じることから、譲渡所得よりも税負担の大きい配当所得として課税されることになる。そして、前述の事案とは逆に、適格組織再編成に該当すると思ったところ、非適格組織再編成になってしまった失敗事例も存在する。

そのような失敗事例が生じた理由として、株式の譲渡が予定されているかどうかについて、経理担当者が把握しておらず、代表取締役や一部の者のみが把握していることにより、支配関係継続要件に抵触するという問題を会計事務所が把握せずに、合併が進められていたというものが挙げられる。

筆者の経験した事案でも、経理担当者がM＆Ａの計画を把握していることはほとんどなく、代表取締役と一部の者のみで計画を実行していることがほとんどである。１～２年前に組織再編成を行った会社を買収するために、デューデリジェンスを実行することもあるが、そのような中で、支配関係継続要件に抵触しそうな組織再編成を発見することも少なくない。このような事案のほとんどが、会計事務所の所長や幹部ではなく、５～６年くらいの実務経験者が申告業務を担当している事案であり、組織再編成の内容につき、経営者と会話することなく、経理担当者から情報をもらうことで申告業務を行っている事案である。

組織再編成は、会社の組織を大きく変える事項であるため、なるべく会計事務所の所長クラス、幹部クラスが、経営者に直接確認すべきである。そうした中で、事実関係のすべてを把握することができるため、ミスを減らすことができると考えられる。

【M＆Aをストップさせた事例】

オーナー社長がA社とB社の発行済株式の全部を保有している場合において、A社を合併法人とし、B社を被合併法人とする吸収合併を予定する一方で、オーナー社長がA社株式の譲渡を検討していた事例があった。その事例では、オーナー社長に非適格合併に該当した場合に生じる税額を伝えたところ、いったんM＆Aはストップすることになった。

買い手候補会社からすると、オーナー社長の気が変わることを非常に恐れていたが、こちらとしては税務上のリスクを排除するために、資料の提供や情報交換と称した会食についても、すべてストップしてもらった。

本事例では、買い手候補会社の懸念どおり、M＆Aがストップするだけでなく、M＆Aそのものが流れてしまったが、数年後にオーナー社長の気が変わって、新しい買い手候補会社にA社を譲渡することになった。もちろん、合併のときには、新しい買い手候補会社との交渉は始まっていないため、支配関係継続要件には抵触しない。

筆者からすると、オーナー社長の税務相談に応じていたため、配当所得に対するリスクをとにかく軽減しないといけなかったが、買い手候補会社の税務相談に応じていた場合には、保守的に対応すればするほど案件が流れるリスクがあるため、どこまで保守的に対応すべきなのかは、悩ましい論点である。

2 合弁会社の設立

共同新設分割を行った場合において、事業関連性要件を満たすためには、分割法人の分割事業と他の分割法人の分割事業とが相互に関連している必要がある（法令4の3⑧一）。

しかし、分割で許認可を移転することができない場合において、共同新設分割を行ったときは、分割を行ってから許認可を取得するまでの間は事業を開始することができない。そのため、実務上、ペーパー会社を設立し、許認可を取得させてから共同吸収分割を行うことが一般的である。

しかしながら、共同新設分割から共同吸収分割にスキームが変更になったことに伴って、分割法人から分割承継法人への吸収分割と他の分割法人から分割承継法人への吸収分割に分けたうえで、税制適格要件の判定を行うことになる。すなわち、分割法人の分割事業と他の分割法人の分割事業との間の事業関連性ではなく、分割法人の分割事業と分割承継法人の分割承継事業、他の分割法人の分割事業と分割承継法人の分割承継事業との事業関連性により事業関連性要件の判定を行うため、分割承継法人に事業そのものが存在しないと判断される場合には、事業関連性要件を満たすことができず、共同事業を行うための適格分割に該当させることができない。

さらに、許認可の申請のような事業の準備段階であっても、事業が存在すると判断できる場合もあるが、事業の準備行為が分割法人から引き継ぐ事業のために行われている場合には、事業が存在すると判断することができない。

このように、許認可の問題により税制適格要件を満たせない場合があり得る。このような場合には、分割により分割法人において生じる譲渡益を小さくするために、分割事業の価値を低く評価するようにするしか対応策がないというのが実態である。

■図表３－２　ペーパー会社に対する共同吸収分割

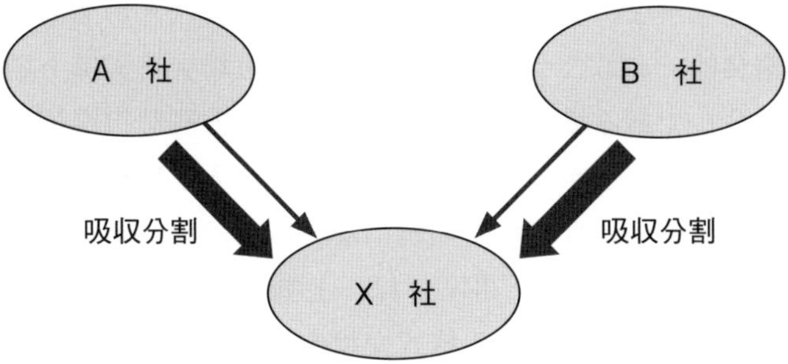

3　持株会社との株式交換における事業関連性要件の判定

株式交換を行った場合において、事業関連性要件を満たすためには、株式交換完全子法人の子法人事業と株式交換完全親法人の親法人事業とが相互に関連している必要がある（法令４の３⑳一)。

子会社に対する経営指導等を行うことにより経営指導料を徴収している場合には、事業があると考えられる。そして、株式交換後に株式交換完全子法人に対して同様の経営指導等を行うのであれば、事業関連性があると考えられる（国税庁ＨＰ文書回答事例「持株会社を株式交換完全親法人とする株式交換における事業関連性の判定について」参照)。

これに対し、株式交換完全親法人が株式を保有しているだけの会社である場合には、株式交換完全子法人と株式交換完全親法人の子会社との間に事業関連性があったとしても、事業関連性要件を満たすことができない。同様に、株式交換完全子法人が株式を保有しているだけの会社である場合には、株式交換完全子法人の子会社と株式交換完全親法人の子会社との間に事業関連性があったとしても、事業関連性要件を満たすことができない。

実務上は、株式交換完全子法人の株主からすると非上場株式をもらっても意味がないことから、株式交換完全親法人が上場会社又は上場準備会社であることが多い。そして、上場会社又は上場準備会社が持株会社である場合には、子会社に対する経営指導等を行っていることが多いことから、株式交換完全親法人が持株会社であったとしても、事業関連性要件が問題になることはそれほど多くはない（ただし、筆者が経験した事案では、上場準備会社である持株会社を株式交換完全親法人とする株式交換を行おうとしたところ、持株会社が経営指導業務を開始する前であり、単なるペーパー会社が株式交換完全親法人になってしまうことから、スキームの変更を行った事案があった）。

これに対し、株式交換により非上場会社を買収する場合には、当該非上場会社の子会社を買収することが目的であり、当該非上場会社が単なる株式を保有している会社である場合があり得る。このような場合には、非適格株式交換に該当してしまう可能性があるため、株式交換前に持株会社とその子会社である事業会社との合併を行うことにより、事業関連性要件を満たせるようにしておく必要がある。

■図表３－３　株式交換（買収会社が持株会社である場合）

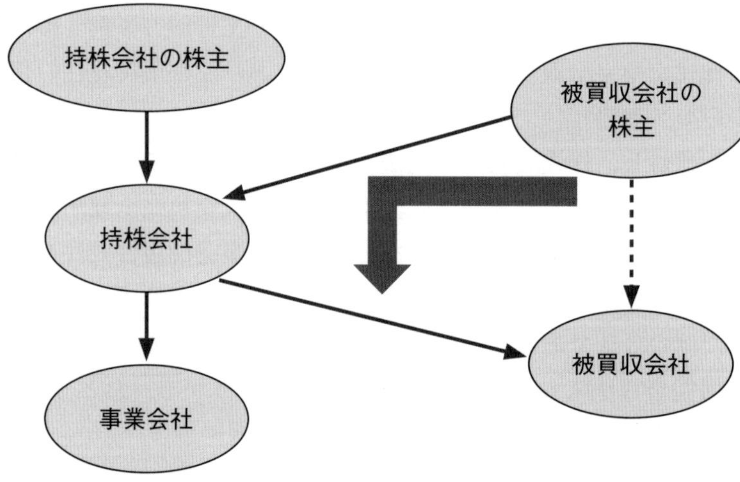

■図表３－４　株式交換（被買収会社が持株会社である場合）

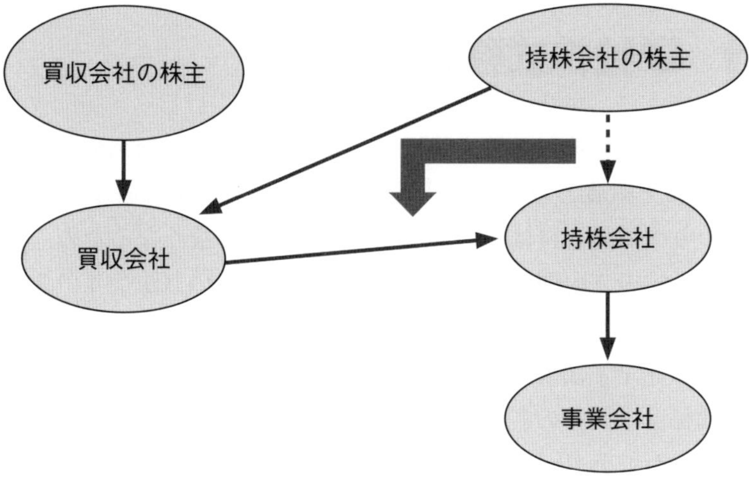

4　持株会社との株式交換における事業規模要件の判定

株式交換を行った場合において、事業規模要件を満たすためには、株式交換完全子法人の子法人事業と株式交換完全親法人の親法人事業（子法人事業と関連する事業に限る）のそれぞれの売上金額、子法人事業と親法人事業のそれぞれの従業者の数もしくはこれらに準ずるものの規模の割合がおおむね５倍を超えないことが必要になる（法令４の３⑳二）。

そして、株式交換完全子法人の子法人事業とそれに関連する株式交換完全親法人の親法人事業のそれぞれの売上金額、それぞれの従業者の数を比較するため、連結子会社の売上金額、従業者の数を含めずに事業規模要件の判定をすることになる。

このように、連結全体では事業規模要件を満たせる案件であっても、実際には事業規模要件を満たせない場合もあり得るため、留意

が必要である。

5　単独株式移転

単独株式移転後に、株式移転完全親法人が株式移転完全子法人株式の一部を譲渡したり、株式移転完全子法人が第三者割当増資を行ったりする場合には、完全支配関係が継続しなくなるため、原則として、完全支配関係内の株式移転に該当しない（法令４の３㉒）。そして、支配関係内の株式移転に該当するためには、株式移転前に株式移転完全子法人と他の株式移転完全子法人との間で当事者間の支配関係又は同一の者による支配関係のいずれかの関係があることが求められており、単独株式移転は想定されていない（法令４の３㉓）。

さらに、法人税法62条の９第１項において、株式移転に係る時価評価課税の対象から除外されている完全支配関係がある場合の株式移転として、株式移転完全子法人と他の株式移転完全子法人との間に完全支配関係がある場合のみが規定されており、単独株式移転は規定されていない。

そのため、単独株式移転後に株式移転完全親法人が株式移転完全子法人株式の一部を譲渡したり、株式移転完全子法人が第三者割当増資を行ったりする場合には、税制適格要件を満たすことができないし、グループ法人税制の適用も受けることができない。

なお、理論上は、このような事案に対しては、グループ法人税制を適用し、時価評価課税の対象から除外すべきであるが、条文上、そのようにはなっていない。そのため、実務上、このような規定を利用して、単独株式移転後に株式移転完全子法人株式を譲渡することによりＭ＆Ａを行う事案も少なくない。この場合には、株式移転完全子法人において時価評価課税の対象になるが、帳簿価額が10百万円に満たないものについては、時価評価の対象から除外されてい

る（法令123の11①四）。そして、株式移転完全親法人における株式移転完全子法人株式の受入価額が時価であることから（法令119①二十七）、株式移転完全親法人が株式移転完全子法人株式を譲渡したとしても、株式移転後の時価の変動がない限り、株式譲渡損益は発生しない。すなわち、株式移転完全子法人における時価評価課税の金額が軽微である限り、ほとんど課税が生じることなく、M&Aを行うことが可能になってしまう。

このように、非適格株式移転に該当することがデメリットである事案は失敗事例であるということになるが、逆にメリットになる事案はループホールとして利用できる事例であるといえる（第4章第1節⓬も参照されたい）。

■図表３－５　単独株式移転後の株式譲渡

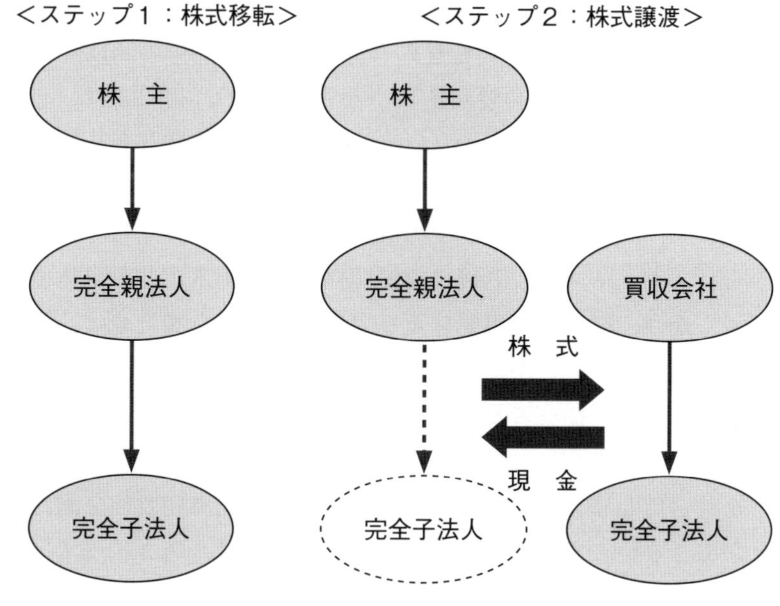

6 持株会社のスクイーズアウト

平成29年度税制改正により、全部取得条項付種類株式の端数処理、株式併合の端数処理及び特別支配株主の株式等売渡請求による完全子法人化（以下、これらを総称して「スクイーズアウト」という）について、株式交換と同様に組織再編税制の一環として位置づけられ、グループ内の株式交換と同様の税制適格要件を満たさない場合には、完全子法人の保有する資産の含み損益に対して課税されることになった。

ただし、スクイーズアウトにより金銭を交付したとしても、金銭等不交付要件に抵触しないという特例が定められている（法法２十二の十七）。

そして、いずれの手法を採用するにしても、会社法上、スクイーズアウトの前に発行済株式総数の３分の２又は100分の90以上の数の株式を保有している必要がある（会社法179①、309②四）。そのため、スクイーズアウトに先立って、買収会社が被買収会社株式の相当部分を取得することが一般的である。

すなわち、スクイーズアウトの直前に支配関係が成立していることから、スクイーズアウト後に支配関係が継続することが見込まれており、かつ、従業者従事要件及び事業継続要件を満たせば、税制適格要件を満たすことができる。

しかしながら、従業者及び事業が存在しない持株会社が事業会社を支配している場合において、当該持株会社に対するスクイーズアウトを行ってしまうと、従業者従事要件及び事業継続要件を満たすことができない。そのため、このような場合には、スクイーズアウトの前に、持株会社と事業会社の合併を行う必要がある。

■図表３－６　持株会社のスクイーズアウト

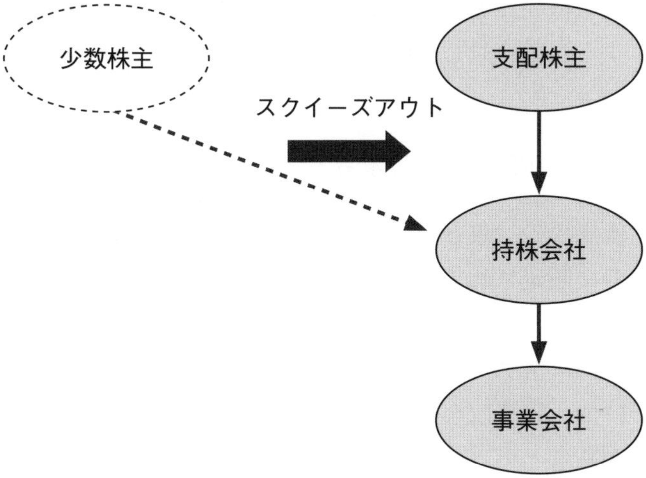

7　スクイーズアウト後の株式譲渡

実務上、被買収会社の株主が複数である場合には、買収会社からすれば、被買収会社の旧支配株主にスクイーズアウトをやらせてから、当該被買収会社の株式を買い取りたいと考えていることが少なくない。その理由は以下のとおりである。

- 契約の相手先を限定したい。
- スクイーズアウトに伴う少数株主との争いの矢面に立ちたくない。

そして、スクイーズアウトを行ってから株式を譲渡する場合における法人税法上の取扱いは、以下のとおりである。

①　旧支配株主が法人である場合

スクイーズアウトを行った後に、旧支配株主が被買収会社株式を

譲渡してしまうと、支配関係継続要件を満たすことができないことから、税制適格要件を満たすことができない。そのため、被買収会社が保有する資産に対して時価評価課税を行う必要がある（法法62の9）。

②　旧支配株主が個人である場合

時価評価課税の対象となるスクイーズアウトは、支配株主が法人である場合に限定されているため、このような問題は生じない。

このように、スクイーズアウトを行った後に株式を譲渡したという理由だけで、被買収会社が保有する資産に対して時価評価課税を行う必要があるというのは違和感があり、実務でも、間違えやすい論点である。筆者が遭遇した事例では、結果的に含み損であったことから、むしろメリットになった事例であったが、もし含み益であった場合には、失敗事例になっていたかもしれない事例であるため、同じミスが生じないように努めているつもりである。

■図表３－７　スクイーズアウト後の株式譲渡

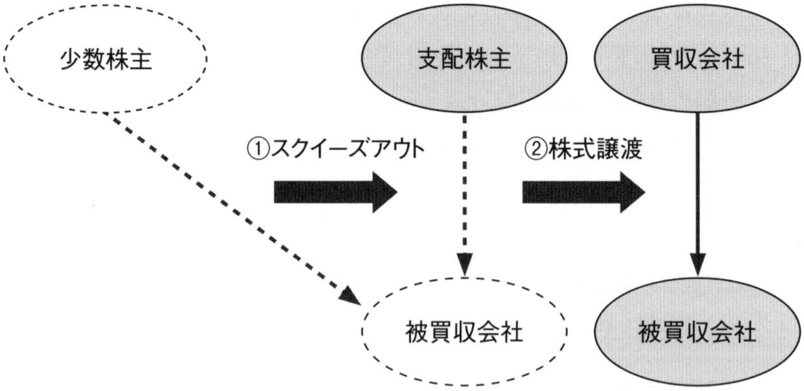

第２節　繰越欠損金

1　合併法人に対して繰越欠損金の使用制限及び特定保有資産譲渡等損失額の損金不算入が課されるのを失念していた事例

適格吸収合併を行った場合において、みなし共同事業要件を満たさず、かつ、被合併法人と合併法人との間で、以下のうち最も遅い日から支配関係が継続していると認められないときは、繰越欠損金の引継制限及び特定引継資産譲渡等損失額の損金不算入が課されている（法法57③、62の７）。

①　合併法人の適格合併の日の属する事業年度開始の日の５年前の日

②　被合併法人の設立の日

③　合併法人の設立の日

さらに、被合併法人の繰越欠損金及び特定資産だけではなく、合併法人の繰越欠損金及び特定資産に対しても、繰越欠損金の使用制限及び特定保有資産譲渡等損失額の損金不算入が課されている（法法57④、62の７）。

確定申告書の作成段階で、これらの点を失念する税理士はそれほど多くはないが、確定申告書を作成する段階で、合併があったことを初めて知ったという話を聞くことは少なくない。さすがに、被合併法人に繰越欠損金がある場合にはクライアントも気を付けてくれるため、それほど失敗事例は多くはないが、合併法人に繰越欠損金

や特定資産があったとしても、クライアントがその点を失念することは少なくない。もちろん、みなし共同事業要件を満たしていたり、時価純資産価額が簿価純資産価額を超える場合の特例（法令113、123の９）を適用することができたり、制限の対象となる金額が軽微だったりすることで、結果的に大きな問題にならないことも多い。

筆者の経験した事案では、合併法人が上場準備会社であったことにより、直前の資金調達により多額の自己創設のれんを有する株価により第三者割当増資を行っていた事案があった。この場合には、当該第三者割当増資における発行価額が妥当である場合に限り、当該発行価額に基づいて時価純資産価額及び時価純資産超過額を算定することができる（合併法人が自己創設のれんを加味したうえで時価純資産価額及び時価純資産超過額を算定することができるという見解につき、佐藤信祐ほか『Ｍ＆Ａ・組織再編成の税務詳解Q&A』（中央経済社、令和２年）535－536頁参照)。ただし、当該第三者割当増資における発行価額が妥当でない場合には、当該発行価額に基づいて時価純資産価額及び時価純資産超過額を算定することができないため、第三者割当増資における発行価額が妥当であるかどうかの検証が重要になってくる。

しかし、そのときに経験したことであるが、会社の経理担当者から、みなし共同事業要件を満たせるように操作できないかという相談が来やすいということがわかった。具体的には、確定申告書を作成する段階では、役員構成を変更することができないことから、特定役員引継要件を満たせるような操作はできないため、事業規模要件を満たせるように操作したいという相談である。事業規模要件を満たせるように操作したいと言い出している時点で、資本金の額により事業規模要件を満たすことはできないため、売上金額又は従業者の数で事業規模要件を満たせるようにする必要がある。すなわち、売上金額及び従業者の数に係る事業規模を被合併事業と合併事

業の売上金額又は従業者の数で判定することから、事業単位を細かく区切り、都合のよい数字を算出できないかという相談である。

結果的に、時価純資産価額が簿価純資産価額を超える場合の特例を適用することができたことから、そのような操作をする必要はなかったが、もしそのような操作をした場合には、法人税確定申告書に添付する「組織再編成に係る主要な事項の明細書」と比較することにより、そのような操作をしたことが容易にわかってしまうため、税務調査で否認されるリスクがきわめて高いと考えられる。

【合併法人に対して繰越欠損金の使用制限及び特定保有資産譲渡等損失額の損金不算入が課されることが合併前に判明した事案】

上記の事案は、確定申告書を作成する段階で、合併があったことを初めて知った事案であったが、一般的には、合併前に税理士に対して合併についての相談をすることが多いため、このような問題をどのように回避するのかという点が重要になる。このような場合には、合併ではなく、被合併法人となる法人から合併法人となる法人に事業譲渡を行ったうえで、被合併法人となる法人を清算するとい

■図表3－8　事業譲渡＋清算スキーム

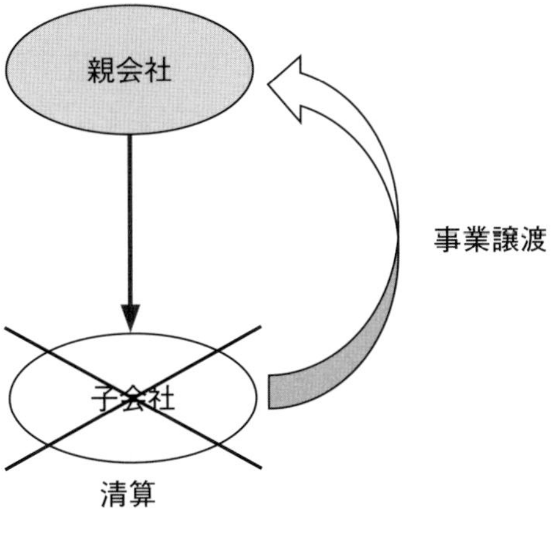

う手法が考えられる。

この手法を採用した場合には、被合併法人となる法人の繰越欠損金のうち引継制限の対象になる金額が切り捨てられてしまうが、合併法人となる法人が資産及び負債を時価で取得することから、少なくとも合併法人となる法人の繰越欠損金及び特定資産に対する制限は課されないということがいえる。

2　分社型分割＋株式譲渡によるM＆Aと適格合併

前述のように、支配関係が生じてから５年以内に適格合併を行った場合には、被合併法人の繰越欠損金及び特定資産だけでなく、合併法人の繰越欠損金及び特定資産に対しても、繰越欠損金の使用制限（法法57④）及び特定保有資産譲渡等損失額の損金不算入（法法62の７）が課される。

このような繰越欠損金の使用制限及び特定保有資産譲渡等損失額の損金不算入は、適格組織再編成を行った場合に適用されるが、非適格組織再編成を行った場合には適用されない。そのため、分割対価として金銭を交付する分社型分割を行った場合には、金銭等不交付要件を満たさないことから、非適格分社型分割に該当するため、繰越欠損金の使用制限及び特定保有資産譲渡等損失額の損金不算入は課されない（なお、繰越欠損金を引き継がないことから繰越欠損金の引継制限は課されず、資産及び負債を時価で譲渡していることから、特定引継資産譲渡等損失額の損金不算入も課されない）。

これに対し、分割承継法人株式を交付する分社型分割により分割承継法人に事業を移転させたうえで、分割承継法人株式を買収会社に譲渡する手法も考えられるが、支配関係継続要件を満たさないため、このような分社型分割も非適格分社型分割になる。その後、買収会社が分割承継法人株式の全部を取得した後に、買収会社を合併

■図表３－９　現金交付型分割

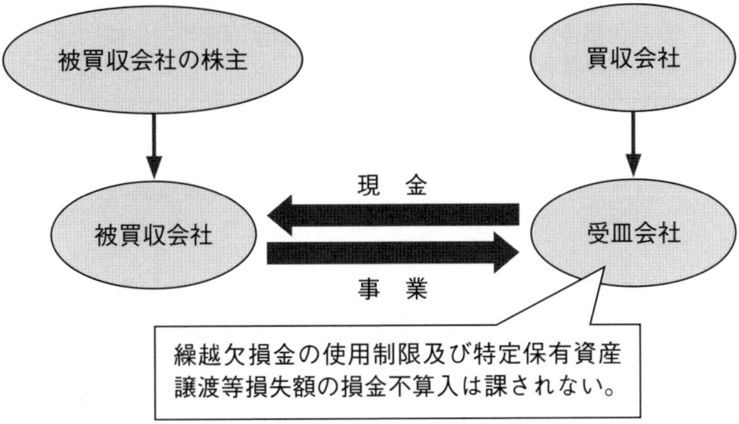

法人とし、分割承継法人を被合併法人とする吸収合併を行うことも考えられるが、このような合併は、合併の直前に合併法人が被合併法人の発行済株式の全部を保有していることから、適格合併として取り扱われる。

このような適格合併は、合併法人（買収会社）と被合併法人（分割承継法人）との間の支配関係が生じてから５年を経過していないことから、繰越欠損金の引継制限・使用制限及び特定資産譲渡等損失額の損金不算入が課される。

このうち、繰越欠損金の引継制限及び特定引継資産譲渡等損失額の損金不算入は、被合併法人が新設法人であることから、繰越欠損金が存在せず、時価で資産を取得していることから、含み損のある資産が存在しないため、それぞれ問題にならない。

これに対し、合併法人に繰越欠損金や含み損のある資産がある場合には、繰越欠損金の使用制限及び特定保有資産譲渡等損失額の損金不算入が課されてしまうという失敗事例になる。このような場合には、分割対価として金銭を交付する分社型分割によるＭ＆Ａを検討すべきであるということがいえる。

■図表３－10　非適格分社型分割後の適格合併

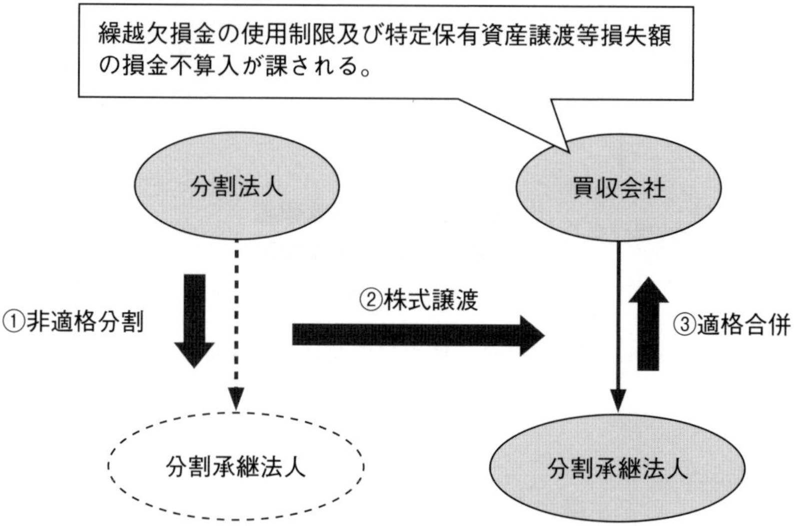

（注）　みなし共同事業要件のうち、特定役員引継要件を満たすためには、被合併法人の適格合併前における特定役員である者のいずれかの者と合併法人の適格合併前における特定役員である者のいずれかの者とが当該適格合併後に合併法人の特定役員となることが見込まれている必要がある（法令112③五、⑩）。

そして、支配関係発生日以後に特定役員を送り込むことで特定役員引継要件を満たそうとする行為を防止するために、被合併法人及び合併法人の適格合併前における特定役員は、支配関係発生日前に当該被合併法人又は合併法人の役員又は当該これらに準ずる者であった者に限られている。ただし、被合併法人又は合併法人の設立によって支配関係が生じた場合には、「支配関係発生日前」を「設立の日」と読み替えることとされている。

これに対し、上記の事例では、分割承継法人株式を当該分割承継法人の設立の日に買収会社が分割法人から取得していることから、設立によって支配関係が生じたわけではない。そのため、分割の日

に買収した場合には、支配関係発生日の前日に分割承継法人（被合併法人）が存在しないことから、当該分割承継法人の設立の日から買収会社の特定役員が分割承継法人の特定役員を兼任したとしても、特定役員引継要件を満たすことができないように思える。

この点については、同日とはいえ、支配関係が生じる前に分割承継法人（被合併法人）の特定役員に就任していることから、特定役員引継要件を満たすものとして取り扱っても差し支えないとする見解が有力である。

3　合併前の事業移転

支配関係が生じてから５年を経過していない場合であっても、みなし共同事業要件を満たすのであれば、繰越欠損金の引継制限・使用制限及び特定資産譲渡等損失額の損金不算入がそれぞれ課されない。そして、みなし共同事業要件を満たすためには、以下の要件を満たす必要がある（法令112③⑩）。

①　事業関連性要件
②　事業規模要件
③　事業規模継続要件
④　②及び③を満たさない場合には、特定役員引継要件

このように、みなし共同事業要件を満たすためには、事業関連性要件を満たすことが必要になる。例えば、吸収合併を行った場合において、事業関連性要件を満たすためには、被合併法人の被合併事業と合併法人の合併事業とが相互に関連している必要がある。そして、被合併事業とは被合併法人の合併前に行う主要な事業のうちのいずれかの事業をいい、合併事業とは合併法人の合併前に行う事業のうちのいずれかの事業をいう。すなわち、事業関連性要件を満たすためには、被合併法人及び合併法人において事業があることが前

提になる。

しかしながら、被買収会社の繰越欠損金を引き継ぐために、当該被買収会社を被合併法人とする適格合併を行いたいが、債権者異議手続きに時間がかかることから、合併前に合併法人となる法人に事業を移管しようとした失敗事例がある。

この場合には、合併前に合併法人となる法人に事業が移管され、合併の直前において被合併法人に事業が存在しなくなってしまうことから、事業関連性要件を満たすことができないため、繰越欠損金の引継制限・使用制限及び特定資産譲渡等損失額の損金不算入が課されることになる。そのため、筆者が遭遇した事案では、合併前に合併法人となる法人への事業移管をさせずに、合併により合併法人に事業を移転してもらった。

上記のほか、合併前に被合併法人となる法人の一部の従業者又は事業を合併法人となる法人のグループ会社に移管することで事業規模要件又は事業規模継続要件の判定に影響を与えることも考えられる。

実務上、完全支配関係が成立してしまうと、グループ内で従業者や事業を移管することをしてしまいがちであるが、上記のような問題もあることから、合併により事業を引き継ぐ必要があるという点に留意が必要である。

4　資産管理会社であることにより繰越欠損金の制限が課された事例

平成18年度改正前法人税法では、繰越欠損金のあるペーパー会社を取得し、当該ペーパー会社で事業を開始することで、繰越欠損金を不当に利用するという租税回避が行われていた。

そのため、平成18年度税制改正では、外部から繰越欠損金や含み損のある資産を有する欠損等法人を買収した場合において、その支

配された日から５年以内に、一定の事由に該当することになったときは、「特定株主等によって支配された欠損等法人の欠損金の繰越しの不適用（法法57の２）」、「特定株主等によって支配された欠損等法人の資産の譲渡等損失額の損金不算入（法法60の３）」がそれぞれ課されることになった。

具体的に、これらの規定が適用される場合として、以下の５つが挙げられる。

① 欠損等法人が特定支配日の直前において事業を営んでいない場合において、特定支配日以後に事業を開始すること。

② 欠損等法人が特定支配日の直前において営む事業（以下、「旧事業」という）のすべてを当該特定支配日以後に廃止し、又は廃止することが見込まれている場合において、当該旧事業の当該特定支配日の直前における事業規模のおおむね５倍を超える資金の借入れ又は出資による金銭その他の資産の受入れを行うこと。

③ 他の者又は関連者が当該他の者及び関連者以外の者から欠損等法人に対する特定債権を取得している場合において、当該欠損等法人が旧事業の当該特定支配日の直前における事業規模のおおむね５倍を超える資金借入れ等を行うこと。

④ 「欠損等法人が特定支配日の直前において事業を営んでいない場合」、「欠損等法人が旧事業のすべてを当該特定支配日以後に廃止し、又は廃止することが見込まれている場合」又は「特定債権が取得されている場合」において、欠損等法人が自己を被合併法人とする適格合併を行い、又は当該欠損等法人（他の内国法人との間に当該他の内国法人による完全支配関係があるものに限る）の残余財産が確定すること。

⑤ 欠損等法人が特定支配関係を有することとなったことに基因して、当該欠損等法人の当該特定支配日の直前の特定役員のすべてが退任（業務を執行しないものとなることを含む）をし、

かつ、当該特定支配日の直前において当該欠損等法人の業務に従事する使用人（以下、「旧使用人」という）の総数のおおむね100分の20以上に相当する数の者が当該欠損等法人の使用人でなくなった場合において、当該欠損等法人の非従事事業（当該旧使用人が当該特定支配日以後その業務に実質的に従事しない事業をいう）の事業規模が旧事業の当該特定支配日の直前における事業規模のおおむね５倍を超えることとなること。

さらに、適用事由に該当した日（「該当日」という）以後に欠損等法人を合併法人とする適格合併を行った場合には、当該欠損等法人に被合併法人の繰越欠損金を引き継ぐことが認められていない(法法57の２②一)。つまり、欠損等法人の適用事業年度前の繰越欠損金だけでなく、適格合併により被合併法人から引き継ぐ繰越欠損金に対しても使用制限が課されることになる。

その結果、従業者及び事業が存在しない資産管理会社が事業会社を支配している場合において、当該事業会社を買収するために、当該資産管理会社を買収するときは、当該資産管理会社が繰越欠損金や含み損のある資産を有することにより欠損等法人に該当することがある。このような場合に、買収後に、資産管理会社を合併法人、事業会社を被合併法人とする適格合併を行う場合には、適格合併による事業の受入れが事業の開始に該当することから、「欠損等法人が特定支配日の直前において事業を営んでいない場合において、特定支配日以後に事業を開始した場合」に該当する。さらに、合併により事業を受け入れた日が該当日であり、当該該当日以後に欠損等法人が自己を合併法人とする適格合併を行っていることから、欠損等法人である資産管理会社は事業会社の繰越欠損金を引き継ぐことができない（西村美智子・纐纈明美「欠損金のあるオーナーの資産管理会社を買収し合併した場合の欠損金の制限（欠損等法人)」国税速報6042号26－27頁（平成21年))。

■図表３－11　資産管理会社の買収

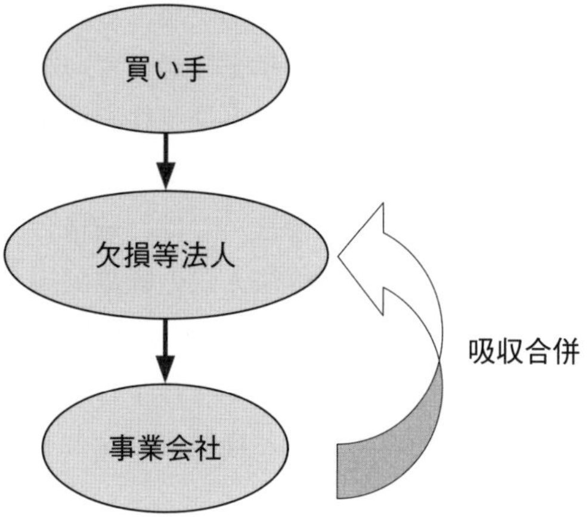

このような問題は、買収前に資産管理会社と事業会社との適格合併を行うことにより、特定支配日の直前において事業を営んでいない法人が存在しないようにすることで解決することができる。

そのほか、被買収会社が欠損等法人に該当しなかったものの、当該被買収会社の子会社が欠損等法人に該当したことにより、当該欠損等法人の繰越欠損金に対して使用制限が課された事案や当該欠損等法人との組織再編成ができなかった事案もある。この問題についても、買収前に被買収会社とその子会社との適格合併を行うことにより解決することができる。

このように、欠損等法人の規制は、適用される場面がそれほど多くはないが故に、組織再編税制に比べて、検討を失念しがちな論点であるため、留意が必要である。

5　みなし共同事業要件を満たしても繰越欠損金の制限が課された事例

例えば、買収会社の保有する不動産の譲渡益が多額になることが

見込まれる場合に、当該譲渡益と繰越欠損金とを相殺するために、欠損等法人を買収するという事案が想定される。このような場合には、支配関係が生じてから５年を経過していないものの、組織再編税制だけ考えれば、みなし共同事業要件を満たすのであれば、欠損等法人の繰越欠損金を引き継ぐことができるようにも思える。

そして、合併法人（買収会社）では、適格合併の日の属する事業年度から被合併法人（欠損等法人）の繰越欠損金を利用することができるため（法法57②)、３月決算法人を想定すれば、×９年３月31日までに合併を行えば、×８年４月１日から×９年３月31日までの間に生じる不動産の譲渡益と繰越欠損金とを相殺できるようにも思える。

もちろん、みなし共同事業要件を満たさないのであれば、組織再編税制でも規制されるため、欠損等法人の規制を気にする必要はない。これに対し、実務上、みなし共同事業要件を満たしながら、欠損等法人の規制を受けてしまうことが判明し、欠損等法人の買収をあきらめた失敗事例がある。

そして、このような事例として、欠損等法人が一応は事業を行っているが、合併後、短期間に当該事業が「廃止することが見込まれている場合」が挙げられる。なぜなら、「旧事業の特定支配日の直前における事業規模のおおむね５倍を超える資金の借入れ又は出資による金銭その他の資産の受入れ」を行わなくても、「欠損等法人が旧事業のすべてを当該特定支配日以後に廃止し、又は廃止することが見込まれている場合」において、欠損等法人を被合併法人とする適格合併を行う場合には、適用事由に該当してしまうからである。

このように、欠損等法人が事業を行っていたとしても、当該事業を廃止することが見込まれている場合には、当該欠損等法人が保有していた繰越欠損金を引き継ぐことができない可能性があるという点に留意が必要である。

6　M＆A後の合併により繰越欠損金の制限が課された事例

前述のように、①欠損等法人が特定支配日の直前において営む事業（以下、「旧事業」という）のすべてを当該特定支配日以後に廃止し、又は廃止することが見込まれている場合、②他の者又は関連者が当該他の者及び関連者以外の者から欠損等法人に対する特定債権を取得している場合、③欠損等法人が特定支配関係を有することとなったことに基因して、当該欠損等法人の当該特定支配日の直前の特定役員のすべてが退任をし、かつ、当該特定支配日の直前において当該欠損等法人の業務に従事する使用人の総数のおおむね100分の20以上に相当する数の者が当該欠損等法人の使用人でなくなった場合には、新事業又は非従事事業が旧事業の５倍になったときにおける欠損等法人の制限が課されている。

問題となるのは、上記の事業規模の拡大には、合併又は分割による事業又は資産の受入れが含まれているという点である。例えば、上記③については、特定支配関係を有することとなったことに基因して、特定役員のすべてが退任し、使用人の20％以上が欠損等法人の使用人でなくなることはそれほど珍しいことではないと思われる。そして、欠損等法人の合併を繰り返すことで規模を拡大していくことは、ホテル、温泉旅館、ゴルフ場といった不動産の多い産業であれば珍しいことではなく、税負担の減少目的を無視しても一般的に行われていることだと思われる。このような場合に、「旧事業」が拡大したのではなく、「非従事事業」を受け入れたと認められるときは、欠損等法人の制限が課されることが考えられるため、ご留意されたい。

【事業規模の算定方法】

旧事業の事業規模については、欠損等法人の支配日直前期間（欠損等法人の支配日の１年前の日から当該支配日までの期間をいう）又は支配日直前事業年度（欠損等法人の支配日の属する事業年度の直前の事業年度をいう）の収益の額により計算し、非従事事業の事業規模については、支配日以後期間（欠損等法人の支配日以後の期間を１年ごとに区分した期間をいう）又は支配日以後事業年度（欠損等法人の支配日の属する事業年度以後の事業年度をいう）の収益の額により計算することになる（法令113の３⑩）。

ただし、欠損等法人の事業規模算定期間における非従事事業の事業規模（当該事業規模算定期間において、共同事業を行うための適格組織再編成の要件のすべてを満たす組織再編成により移転を受けた事業に係る部分を除く）が当該事業規模算定期間の直前の事業規模算定期間における非従事事業の事業規模のおおむね５倍を超えない場合には、欠損等法人の制限が課されないものとされている（法令113の３⑲）。

第３節　その他の失敗事例

1　譲渡価額のアロケーション

一般的にＭ＆Ａは第三者間取引であることから、その間で合意された価額は時価と推定されるため、寄附金又は受贈益の問題が生じるはずがないように思われる。ただし、第三者間取引であることにより、総額が時価と推定できたとしても、そのアロケーションに問題がある場合が考えられる。

例えば、Ｐ社がＡ社の発行済株式の全部を保有している場合において、Ｐ社が行っている一部の事業とＡ社株式を譲渡するときは、Ａ社株式の譲渡価額を引き下げるとともに、Ｐ社が行っている事業の譲渡価額を引き上げることにより、資産調整勘定の金額を引き上げようとすることが考えられる。

すなわち、本来であれば、Ａ社株式を1,000百万円、Ｐ社が行っている事業を500百万円で譲渡すべきところ、Ａ社株式を300百万円、Ｐ社が行っている事業を1,200百万円で譲渡することにより、買収会社側における資産調整勘定の償却による節税メリットを引き上げようとすることが考えられる。このような場合には、税務調査において、Ａ社株式の取得価額を引き上げるとともに、資産調整勘定の金額を引き下げるように指摘を受ける可能性が高い。

2　第三者間取引

(1)　株式譲渡

一般的にM&Aは第三者間取引であることから、その間で合意された価額は時価と推定されるため、寄附金又は受贈益の問題が生じるはずがないように思われる。ただし、実務上、第三者間取引であっても、非時価取引であると疑われる事案も想定される。

例えば、X社がA社の発行済株式の全部を保有している場合に、A社株式の譲渡価額を引き上げるとともに、X社のグループ会社であるP社とA社との間の取引価額を調整することにより、P社において損金の額を発生させようとすることが考えられる。このような事実があった場合には、非時価取引に該当することから、寄附金又は受贈益の問題が生じることになる。

さらに、クロスボーダーの取引では、日本国外の取引が見えにく

■図表3－12　時価と異なる価額による株式譲渡

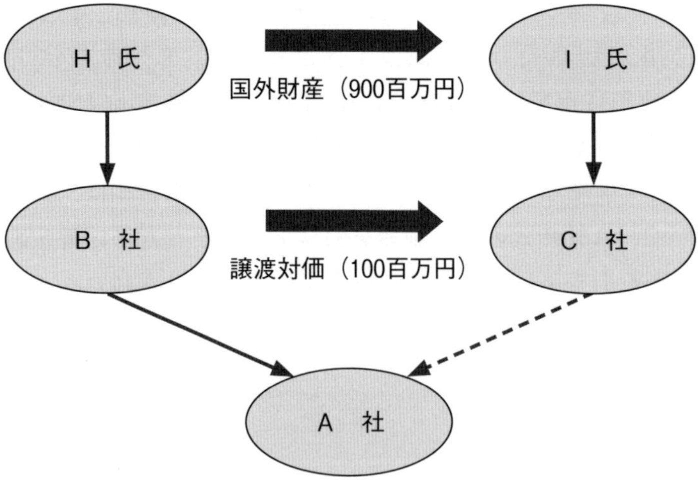

いことから、時価と異なる価額で株式が譲渡されている事案も想定される。例えば、日本国内において時価が1,000百万円であるＡ社株式を100百万円で譲渡している場合において、Ｙ国において900百万円の財産が引き渡されている事案が想定される。もちろん、このような事案についても、寄附金又は受贈益の問題が生じることになる。

(2) 第三者割当増資

第三者割当増資についても、非時価取引が行われることが考えられる。例えば、不当に高い金額で第三者割当増資を行いながらも、被買収会社から買収会社のグループ会社に多額の費用を発生させることにより、被買収会社において多額の損金の額を発生させようとすることが考えられる。もちろん、このような費用は損金の額に算入することが認められない可能性が高い。

さらに、クロスボーダーの取引では、日本国外の取引が見えにくいことから、第三者割当増資又は自己株式の取得を時価と異なる価額で行いながら、日本国外で不正な取引が行われることが考えられる。

例えば、時価が100百万円であるにもかかわらず、1,000百万円で第三者割当増資を行い、２～３年後に100百万円で買い戻すことが考えられる。すなわち、**図表３－13**にあるように、発行法人（Ａ社）からＨ氏又はＢ社に対して100百万円を貸し付けた後に、Ｈ氏又はＢ社が100百万円でＡ社株式を買い戻し、その後、発行法人（Ａ社）に自己株式として買い取らせるということが考えられる。

一般的に、法人税法は時価による取引を前提として規定されていることから、時価と異なる価額による資本等取引により法人税の負担を不当に減少させることについては、経済人として不自然な行為であるとして同族会社等の行為又は計算の否認（法法132）が適用される可能性がある。そのため、**図表３－13**のような事案について

■図表３－13　時価と異なる価額による第三者割当増資と自己株式の取得

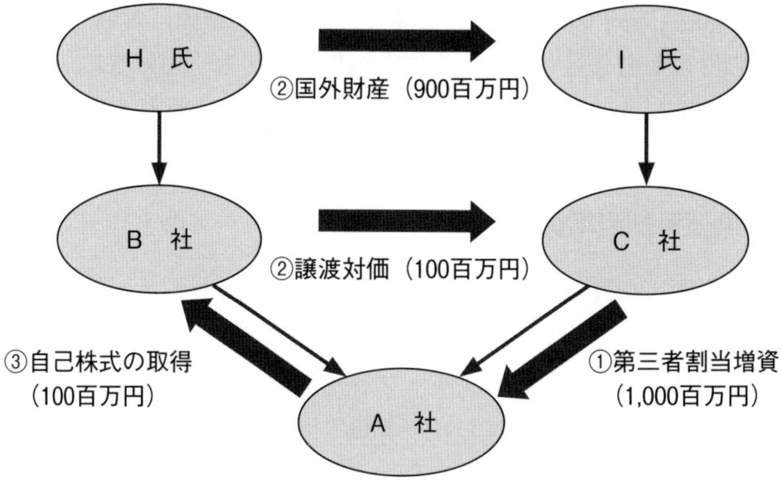

は、同族会社等の行為又は計算の否認が適用され、差額の900百万円に対する受贈益がＡ社（発行法人）又はＢ社（発行法人の既存株主）に生じる可能性がある（**図表３－13**の取引において、Ｈ氏及びＩ氏において課税上の問題が生じることはいうまでもない）。

⑶　公認会計士及び税理士が留意すべきこと

公認会計士又は税理士の立場として留意が必要なのは、自己株式の取得に係る株価算定報告書の作成を依頼される可能性があるという点である。自己株式の取得に係る株価算定報告書を作成する場合には、自己株式の取得の対象となる株式を株主が取得した時期及びその取得価額の根拠を把握したうえで、自己株式の取得との整合性についても検討する必要がある。なぜなら、上記のような事情がある場合には、公認会計士又は税理士が作成した株価算定報告書があったとしても、時価であるとは認められないからである。

本書のテーマは「失敗事例」であるが、公認会計士又は税理士が

上記のような事情を確認しないで株価算定報告書を作成した場合には、税務調査で否認されることにより当該公認会計士又は税理士にとっての失敗事例になり得るため、ご留意されたい。

3　事業の転売

例えば、A社がX社からY事業の買収を行う場合において、Y事業のうち一部の事業を早期に転売するときに、転売時に資産調整勘定を譲渡原価に含めることができるかどうかという問題がある。具体的には、①X社を分割法人とし、A社を分割承継法人とする非適格吸収分社型分割（現金交付型分割）を行った後に、②A社を分割法人とし、B社を分割承継法人とする非適格吸収分社型分割（現金交付型分割）を行う事案である。

この事案では、X社からY事業を受け入れる際に、A社において資産調整勘定（1,000百万円）を認識したものの、そのうち、300百万円については、B社に移転する事業に係るものであることから、A社からB社に対して非適格吸収分社型分割により事業を移転するときも、B社において資産調整勘定を認識せざるを得ない。

そうなると、A社においてB社に移転した資産調整勘定（300百万円）に相当する部分の金額を譲渡原価に含めることができるようにも思えてしまう。

しかし、資産調整勘定及び差額負債調整勘定は、5年間の均等償却により損金の額又は益金の額に算入することのみが認められており（法法62の8④⑤⑦⑧）、たとえ全部の事業を譲渡したとしても、その残額を損金の額又は益金の額に算入することは認められていない。

なお、非適格合併を行った場合や残余財産が確定した場合には、当該資産調整勘定又は差額負債調整勘定をすべて取り崩すことができるという特例が定められているが、非適格吸収分社型分割には、

■図表３－14　事業の転売

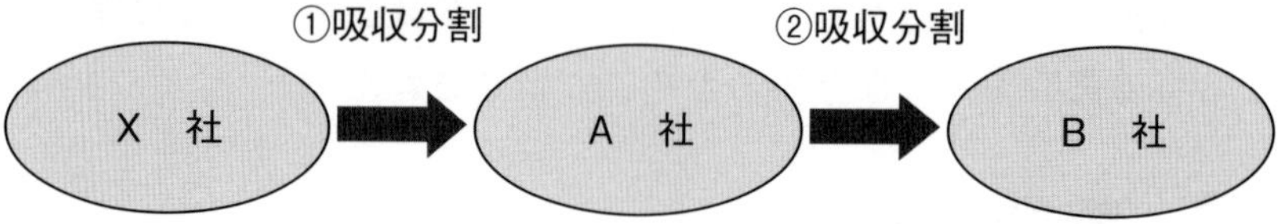

このような特例は定められていないことから、５年間の均等償却を継続する必要がある。

このように、分割承継法人において、新たに資産調整勘定を認識する場合であっても、分割法人において資産調整勘定の未償却残高を譲渡原価に含めることができない。そのため、上記の事案では、Ａ社において1,000百万円の資産調整勘定、Ｂ社において300百万円の資産調整勘定が認識されることから、Ａ社において、300百万円の譲渡利益が発生することになる。

Ａ社及びＢ社において資産調整勘定に対する５年間の均等償却をすることから、長期的にはそのデメリットは解消されるが、単年度で多額の譲渡利益が生じるという問題がある。Ｍ＆Ａの実務では、被買収会社の事業のうち不要な事業を早期に譲渡することもあり、そのような場合には、上記のような問題が生じやすい。

実際に、この事案に遭遇したことがあるが、クライアントからすれば、当然に譲渡原価に含めることができると思っていたらしく、単年度で多額の譲渡利益が生じるという問題に驚かれていたと記憶している。結局のところ、転売により生じる税額が許容範囲であったことから、その問題については容認してもらったが、もし許容できない問題ということになれば、Ａ社が転売するのではなく、Ｘ社からＢ社に転売予定の事業を譲渡してもらう形にせざるを得ない。Ｍ＆Ａにおいては、早い段階において税務リスクを潰しておく必要があるという点にご留意されたい。

4　株式又は出資を取得した後の配当

(1)　所得税額控除

株式又は出資を取得した後に１年以内に配当を行った場合には、「その元本を所有していた期間に対応するものとして計算される所得税の額」のみが所得税額控除の対象になるため、源泉所得税の一部について、所得税額控除の対象にすることができない。

かつては、株式又は出資を取得した後に配当をした場合には、所得税額控除が一部しか適用されずに、残りの源泉所得税が返ってこないという問題があった。しかし、令和５年10月１日以後に支払いを受ける配当で次に掲げるものについては、源泉所得税が課されないことになった（所法177、所令301）。すなわち、源泉所得税が課されないことから、所得税額控除の対象にならないため、上記のような問題は生じないことになった。ただし、一般社団法人、一般財団法人、人格のない社団等及び公益法人等については、この特例は適用されない。

① 完全子法人株式等に該当する株式又は出資に係る配当

② 配当の支払いに係る基準日において、当該内国法人が直接に保有する他の内国法人の株式又は出資の発行済株式又は出資の総数又は総額に占める割合が３分の１を超える場合における当該他の内国法人の株式又は出資に係る配当

そのため、初版では、株式又は出資を取得した後の配当に係る所得税額控除を失敗事例として挙げさせていただいたが、現行法上は、それほど大きな問題になることは少ないと思われる。ただし、上記に該当しないものについては、依然として失敗事例になり得るという点にご留意されたい。

(2) 受取配当等の益金不算入

買収会社が被買収会社株式を取得した後に、被買収会社から買収会社に対して配当を行った場合には、受取配当等の益金不算入が適用できるかどうかの問題がある。なぜなら、受取配当等の益金不算入において、完全子法人株式等に該当するためには、配当の計算期間を通じて完全支配関係があることが必要であり（法法23⑤、法令22の２）、関連法人株式等に該当するためには、６か月以上の期間において発行済株式総数の３分の１を超える数の株式又は出資を引き続き有していることが必要になるからである（法法23④、法令22）。

さらに、株式交換又はスクイーズアウトにより、株式交換等完全親法人が取得した株式交換等完全子法人株式に対しても、完全子法人株式等及び関連法人株式等の特例が定められていない。そのため、株式交換又はスクイーズアウトにより、株式交換等完全親法人が取得した株式交換等完全子法人から配当をさせた場合には、一部の金額に対して受取配当等の益金不算入が適用できなくなるという問題がある。

このように、受取配当等の益金不算入のメリットを十分に享受するためには、株式又は出資を取得してから１年又は６か月以上を経過させてから配当をさせる必要があるという点にご留意されたい。

(注) 実務上、稀なケースであると考えられるが、短期所有株式等に該当する場合には、受取配当等の益金不算入を適用することができない（法法23②）。なお、みなし配当については短期所有株式等の対象から除外されている。

5　分割型分割後の株式譲渡

被買収会社の株主が個人である場合には、当該個人株主における配当所得課税の問題があるのに対し、被買収会社の株主が法人である場合には、みなし配当が生じたとしても受取配当等の益金不算入を適用することができる。そのため、**図表３－15**のような非適格分割型分割を利用する手法も考えられる。

■図表３－15　非適格分割型分割を利用した手法

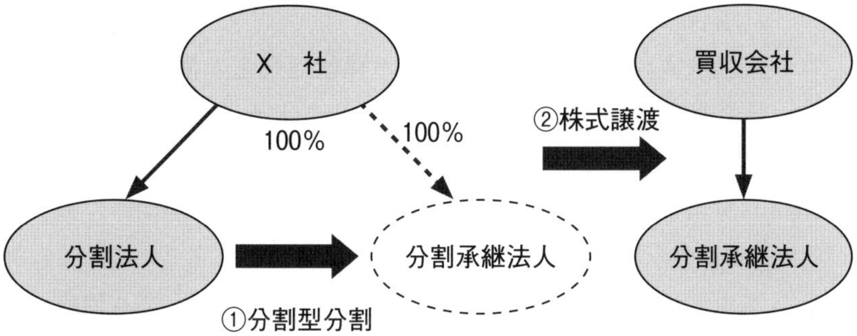

この場合には、分割法人の支配株主における仕訳は以下のとおりとなる。

【支配株主における仕訳】

①　分割型分割の仕訳

(借)	分割承継法人株式	×××	(貸)	分割法人株式	×××
				みなし配当	×××

②　株式譲渡の仕訳

(借)	現金預金	×××	(貸)	分割承継法人株式	×××
	株式譲渡損	×××			

＜みなし配当の計算（法令23①二、所令61②二）＞

$$みなし配当の金額＝X－Y×\frac{ロ}{イ}×保有比率$$

X＝交付を受けた分割対価資産の時価

Y＝分割法人の分割型分割の直前の資本金等の額

イ＝分割法人の分割型分割の日の属する事業年度の前事業年度終了の時の簿価純資産価額（当該前事業年度終了の時から当該分割型分割の直前の時までの間に資本金等の額又は利益積立金額（法令９一、六に掲げる金額を除く）が増加又は減少した場合には、その増減後の金額）

ロ＝分割法人の分割型分割の直前の移転純資産の簿価純資産価額（「控除した金額」と規定していることから、零が下限になる）

（注１）分割型分割の日以前６か月以内に仮決算による中間申告書を提出し、かつ、その提出の日から分割型分割の日までの間に確定申告書を提出していなかった場合には、中間申告書に係る期間（事業年度開始の日以後６か月の期間）終了の時の簿価純資産価額が上記イの金額になる。

（注２）「当該分割型分割の直前の資本金等の額が零以下である場合には零と、当該分割型分割の直前の資本金等の額及びロに掲げる金額が零を超え、かつ、イに掲げる金額が零以下である場合には１とし、当該割合に小数点以下３位未満の端数があるときはこれを切り上げる」と規定していることから、以下のように取り扱われる。

- 分割法人の分割型分割の直前の資本金等の額が零以下である場合には、分割移転割合（ロ／イ）は零とする。
- 分割法人の分割型分割の直前の資本金等の額及びロの金額が零を超え、かつ、イの金額が零以下である場合には、分割移転割合は１とする。

・分割移転割合は小数点以下３位未満の端数を切り上げて計算する。

(注３)「(当該金額がイに掲げる金額を超える場合（イに掲げる金額が零に満たない場合を除く。）には、イに掲げる金額)」と規定されていることから、分割移転割合が１を超えるときは、分割移転割合を１として計算する。ただし、ロの金額が零以下である場合には、分割移転割合は零になる。

＜分割承継法人株式に付け替える部分の計算（法令119①六、119の8、23①二、所令113①③、61②二）＞

分割承継法人株式の取得価額＝A×$\frac{ロ}{イ}$＋みなし配当の金額

A＝分割法人株式の分割型分割の直前の帳簿価額

イ＝みなし配当の計算において使用した分割移転割合の数値と同じ数値を使用する。

ロ＝同　上

このように、みなし配当に相当する金額だけ被買収会社株式（分割承継法人株式）の取得価額を引き上げる効果があるため、被買収会社株式を譲渡した時点の株式譲渡益を小さくするか、株式譲渡損を大きくする効果が期待できる。

すなわち、事業譲渡又は非適格分社型分割による手法と異なり、被買収会社の株主において株式譲渡損益が生じることから、株式譲渡損が生じるということであれば、非適格分割型分割による手法のほうが事業譲渡又は非適格分社型分割による手法よりも有利であるということがいえる。

一般的に、被買収会社の株主において株式譲渡損が生じる事例とは、１株あたりの被買収会社の資本金等の額よりも１株あたりの被

買収会社株式の帳簿価額が大きい事例である。そのため、M&Aを頻繁に繰り返しているクライアントであれば、1株あたりの被買収会社の資本金等の額よりも1株あたりの被買収会社株式の帳簿価額が大きいことも少なくないため、非適格分割型分割による手法を提案することもあり得る。

しかしながら、資本金等の額がマイナスである場合には、分割移転割合が零となるため、分割法人株式の帳簿価額から分割承継法人株式の取得価額に付け替えられる部分の金額がなく、みなし配当に相当する金額が分割承継法人株式の取得価額になる。さらに、みなし配当の計算上、分割対価資産の時価から控除すべき資本金等の額も零になることから、分割承継法人株式の時価と取得価額が一致するため、分割承継法人株式を譲渡したとしても、株式譲渡損が生じないということになってしまう。

こういうミスは、記憶に頼った仕事をしているときに生じやすい。書籍や条文を確認しながら株式譲渡損益の試算をしていれば、こういったミスは生じないはずである。かつては、こういったミスが散見された時期があったが、ほとんどの事案において人手不足が原因で仕事が雑になっていたことが原因である。

トーマツに勤務していたときの理事長から「パートナーと職員の給料を倍にするのは簡単だ。どんどん営業をして仕事を取ってくればよい。しかし、そうなると仕事が雑になり事故が起きやすくなる」と言われたことがある。長期的に稼ぐためには、余裕を持った仕事の仕方が必要になるし、常に新しい情報を得るための時間的な余裕も必要になる。

6　第三者割当増資＋分割型分割＋株式譲渡

被買収会社の株主が内国法人であり、かつ、当該被買収会社が債

務超過である場合において、買収会社が被買収会社株式を取得するときに、買収会社が被買収会社の債務超過を負担する理由はないため、被買収会社の株主が債務超過を負担する必要がある。そして、債務超過を解消する手法として、債権放棄と第三者割当増資が考えられる。債権放棄を行った場合において、法人税基本通達９－４－１を満たすときは、債権放棄損失を損金の額に算入することができる。しかし、被買収会社で債務免除益が発生することから、被買収会社の繰越欠損金が減少するという問題がある。

これを解決するために、第三者割当増資により債務超過を解消する手法が採用されることがある。例えば、300百万円の第三者割当増資の引受けを行った後に、引き受けた株式を無償で譲渡した場合の税務上の仕訳は、以下のとおりである。

【被買収会社の株主の仕訳】

①　第三者割当増資

（借）	子会社株式	300百万円	（貸）	現金預金	300百万円

②　株式譲渡

（借）	現金預金	0百万円	（貸）	子会社株式	300百万円
	譲渡損失	300百万円			

【被買収会社の仕訳】

（借）	現金預金	300百万円	（貸）	資本金等の額	300百万円

なお、債務超過会社に対して第三者割当増資の引受けを行った場合には、回収することができないことが明らかにもかかわらず、第三者割当増資の引受けを行ったとみなされるため、第三者割当増資により払い込んだ金銭の額が寄附金に該当するのではないかとも考えられる。しかし、そうであっても、経営権の放棄に伴う子会社株

式の譲渡をするために行われた第三者割当増資であることから、法人税基本通達９－４－１に該当する可能性が高いため、実務上、問題になることはほとんどない。

これに対し、被買収会社では、第三者割当増資により払い込まれた金銭の額は、資本金等の額として取り扱われる（法令８①一）。その結果、第三者割当増資を行った場合には、債権放棄を行った場合と異なり、債務免除益は発生しないことになる。

このように、第三者割当増資を行った後に株式譲渡を行うことで、被買収会社の株主において株式譲渡損を認識しつつ、被買収会社の繰越欠損金を毀損させないことができる。

さらに、被買収会社にＭ＆Ａ対象外の事業がある場合には、Ｍ＆Ａ対象外の事業を切り離す必要がある。そのための手法として、①事業譲渡又は分社型分割によりＭ＆Ａ対象外の事業を切り離す手法、②分割型分割によりＭ＆Ａ対象外の事業を切り離す手法の２つがある。このうち、①の手法については、(イ)事業譲渡又は現金交付型分割（分社型）により受皿会社にＭ＆Ａ対象外の事業を切り離す手法と、(ロ)株式交付型分割（分社型）を行った後に、分割承継法人株式を支配株主に譲渡し、分割法人株式（被買収会社株式）を買収会社に譲渡する手法がある。いずれの手法を採用したとしても、税制適格要件を満たさないため、分社型分割を行った場合には、非適格分社型分割として取り扱われる。

■図表3－16　事業譲渡又は現金交付型分割（分社型）後の株式譲渡

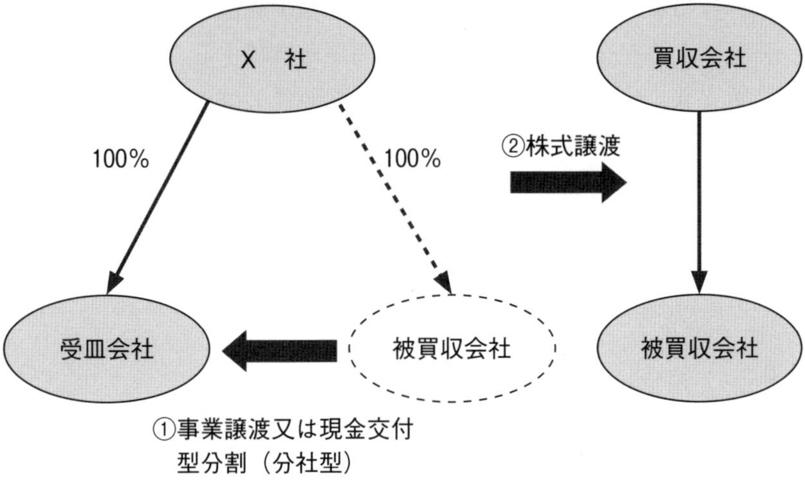

■図表3－17　分社型分割後の株式譲渡

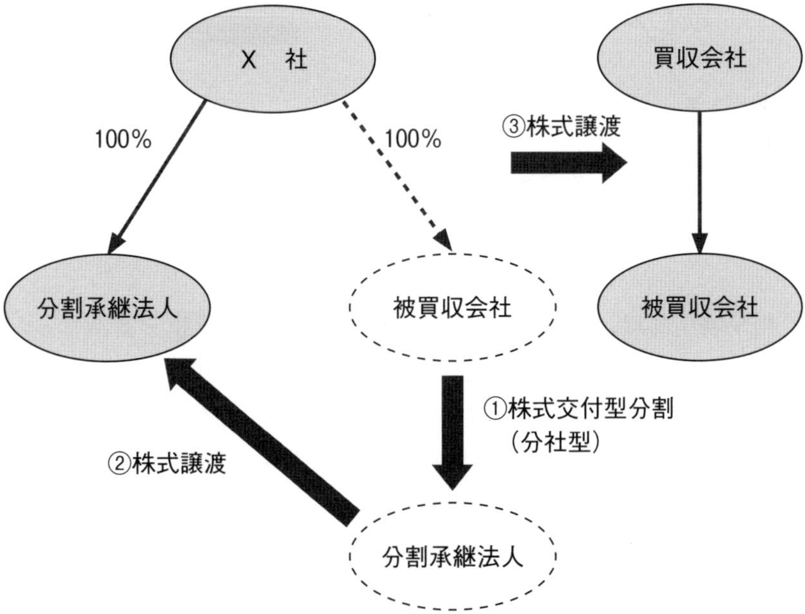

これに対し、②分割型分割によりＭ＆Ａ対象外の事業を切り離す手法を採用した場合には、同一の者と分割承継法人との間に当該同一の者による完全支配関係又は支配関係が継続することが要求されるに留まり、分割法人に対する完全支配関係又は支配関係が継続することは要求されていない（法令４の３⑥二イ、ハ⑴、⑦二）。すなわち、分割型分割を行った後に、分割法人株式（被買収会社株式）を譲渡したとしても、グループ内の分割型分割に該当することから、一定の要件を満たせば、適格分割型分割に該当することになる。

■図表３－18　適格分割型分割を利用した手法

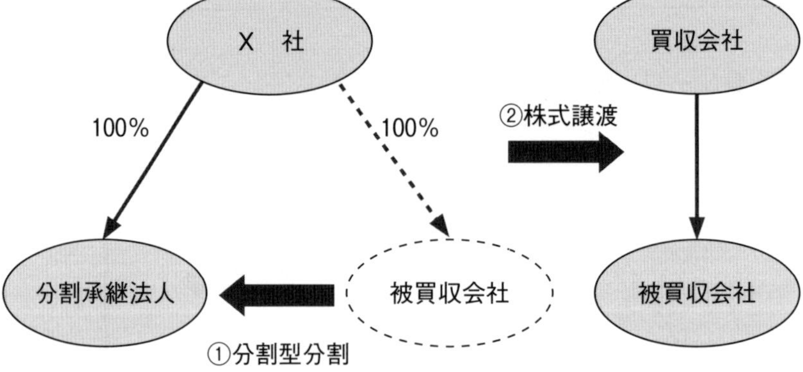

当事務所では、分割法人の株主において株式譲渡損を認識するために、Ｍ＆Ａ対象外の事業を分社型分割により切り離すものと思っていたところ、クライアントから分割型分割による手法も検討してほしいと依頼されたことがあった。その結果、第三者割当増資を行った後に適格分割型分割を行ってしまうと、第三者割当増資により被買収会社株式の帳簿価額が増加したにもかかわらず、分割型分割により分割承継法人株式の取得価額に付け替えられることが発覚した。

■図表３－19　第三者割当増資後の分割型分割

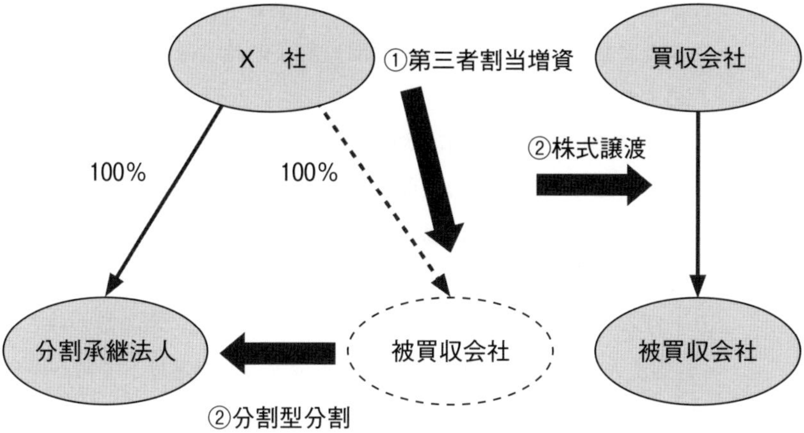

<分割承継法人株式に付け替える部分の計算（法令119①六、119の8、23①二、所令113①③、61②二）>

$$\text{分割承継法人株式の取得価額} = \mathrm{A} \times \frac{\text{ロ}}{\text{イ}}$$

Ａ＝分割法人株式の分割型分割の直前の帳簿価額

イ＝分割法人の分割型分割の日の属する事業年度の前事業年度終了の時の簿価純資産価額（当該前事業年度終了の時から当該分割型分割の直前の時までの間に資本金等の額又は利益積立金額（法令９一、六に掲げる金額を除く）が増加又は減少した場合には、その増減後の金額）

ロ＝分割法人の分割型分割の直前の移転純資産の簿価純資産価額（「控除した金額」と規定していることから、零が下限となる）

（注１） 分割型分割の日以前６か月以内に仮決算による中間申告書を提

出し、かつ、その提出の日から分割型分割の日までの間に確定申告書を提出していなかった場合には、中間申告書に係る期間（事業年度開始の日以後６か月の期間）終了の時の簿価純資産価額が上記イの金額になる。

（注２）「当該分割型分割の直前の資本金等の額が零以下である場合には零と、当該分割型分割の直前の資本金等の額及びロに掲げる金額が零を超え、かつ、イに掲げる金額が零以下である場合には１とし、当該割合に小数点以下３位未満の端数があるときはこれを切り上げる」と規定していることから、以下のように取り扱われる。

- 分割法人の分割型分割の直前の資本金等の額が零以下である場合には、分割移転割合（ロ／イ）は零とする。
- 分割法人の分割型分割の直前の資本金等の額及びロの金額が零を超え、かつ、イの金額が零以下である場合には、分割移転割合は１とする。
- 分割移転割合は小数点以下３位未満の端数を切り上げて計算する。

（注３）「（当該金額がイに掲げる金額を超える場合（イに掲げる金額が零に満たない場合を除く。）には、イに掲げる金額）」と規定されていることから、分割移転割合が１を超えるときは、分割移転割合を１として計算する。ただし、ロの金額が零以下である場合には、分割移転割合は零になる。

さらに悪いことに、第三者割当増資により時価ベースの債務超過は解消されるものの、簿価ベースの債務超過は解消されない事案であったため、分割移転割合が１になってしまい、分割法人株式の帳簿価額の全額が分割承継法人株式の取得価額に付け替えられた結果、分割法人株式の譲渡収入がそのまま分割法人株式に係る譲渡益になってしまう事案であった。

このように、分割承継法人株式の取得価額を構成してしまった結

果、被買収会社の株主で生じるはずだった多額の株式譲渡損が生じなくなるだけでなく、株式譲渡益が生じることになりかねなかった事案である。そのため、このような事案については、事業譲渡又は分社型分割によりM＆A対象外の事業を切り離す手法を採用すべきであり、どうしても分割型分割によりM＆A対象外の事業を切り離す手法を採用するのであれば、分割型分割後に第三者割当増資を行う必要があるということがいえる。

7　分割型分割＋株式譲渡

平成29年度税制改正により分割型分割における支配関係継続要件が見直され、支配株主と分割承継法人との間の完全支配関係又は支配関係が継続することのみが求められ、支配株主と分割法人との間の完全支配関係又は支配関係が継続することまでは要求されないことになった（法令４の３⑥二イ、ハ⑴、⑦二）。そのため、分割型分割によりM＆A対象外の事業を分割承継法人に移転した後に分割法人株式を譲渡したとしても、支配関係継続要件を満たすことがで

■図表３－20　適格分割型分割を利用したM＆A方法

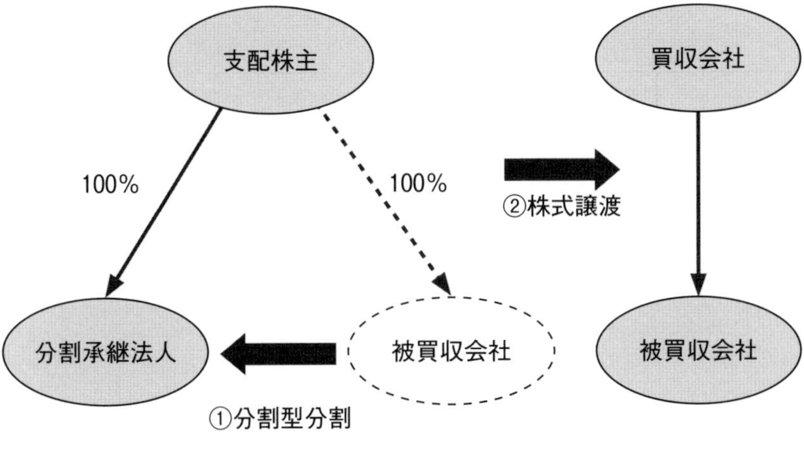

きるようになった。

しかしながら、適格分割型分割に該当したとしても、分割法人から分割承継法人に移転する資産及び負債が簿価で移転されるだけであって、支配株主による分割法人株式の譲渡に対しては、株式譲渡損益が発生することから、法人税又は所得税が課税されることになる。ストラクチャーの設計において、この点を失念してしまうと、M＆Ａ対象外の事業を切り離してから被買収会社株式を譲渡するのではなく、M＆Ａ対象の事業を事業譲渡又は分社型分割により譲渡したほうが望ましかったのではないかという話になる。

さらに、M＆Ａ対象外の事業を切り離す場合には、M＆Ａ対象の事業に含まれる不動産ではなく、M＆Ａ対象外の事業に含まれる不動産に対する不動産取得税及び登録免許税が課されることになる。もちろん、不動産取得税に対しては非課税要件が認められていることから（地法73の７二、地令37の14）、不動産取得税が課されない場合もあり得るが、登録免許税については課税されてしまうため、きちんとその試算をしておく必要がある。

■図表３－21　M&A 対象の事業を譲渡する方法

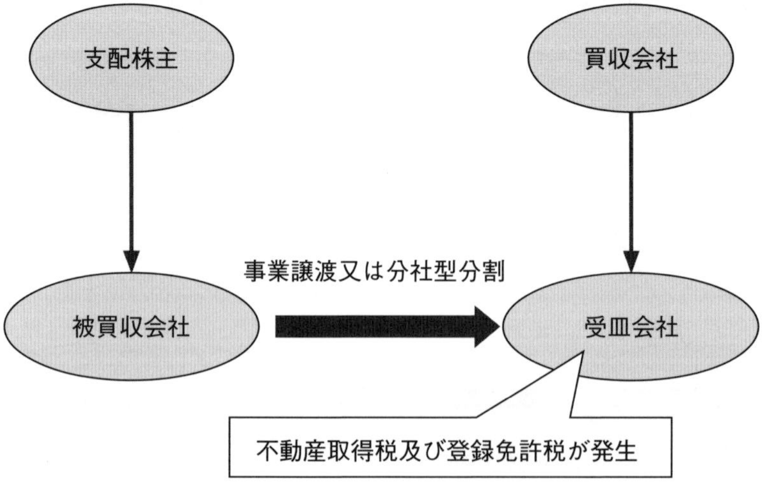

■図表３－22　M&A 対象外の事業を切り離してから株式を譲渡する方法

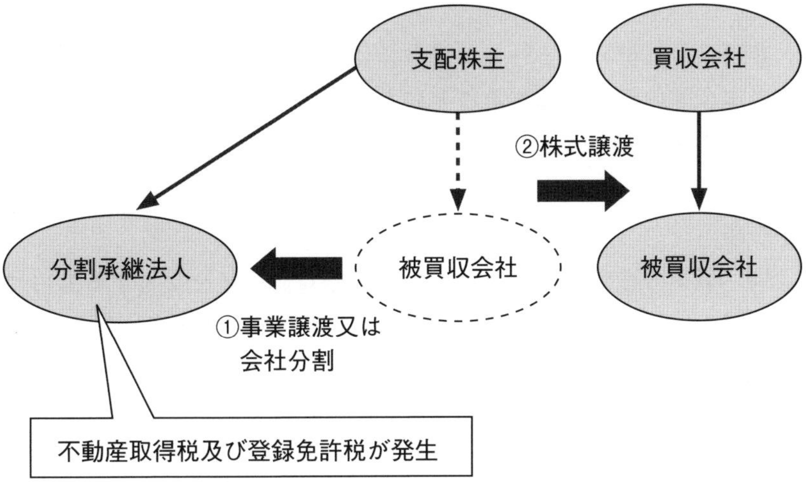

8　債務超過会社に対する非適格分割

(1)　債務超過会社に対する非適格分社型分割

①　概　要

実務上、債務超過会社をＭ＆Ａの対象にする場合には、①当該子会社の債務超過を解消するとともに、②親会社や他のグループ会社が保有している資産のうち、当該子会社の事業に関連するものをＭ＆Ａを行う前に当該子会社に移転する必要がある。

以下では、親会社から債務超過3,000百万円の子会社に対して、資産2,000百万円及びのれん1,000百万円を非適格分社型分割により移転した後に、親会社が当該子会社の株式を譲渡した場合の取扱いについて解説を行うものとする。

②　資本金等の額

非適格分社型分割を行った場合には、以下の金額を基礎に増加する資本金等の額を計算することになる（法令8①七）。

イ　事業の移転を伴うもの（分割対価資産を交付するものに限る）：分社型分割により分割法人に交付した分割対価資産の価額

ロ　事業の移転を伴わないもの（分割対価資産を交付するものに限る）：移転資産の価額から移転負債の価額を減算した金額

ハ　無対価分割で分割法人が分割承継法人の発行済株式又は出資の全部を保有する関係があるもの：移転資産（営業権は独立取引営業権に限る）の価額（資産調整勘定の金額を含む）から移転負債の価額（負債調整勘定の金額を含む）を控除した金額

※　対価の交付を省略したと認められない無対価分割で分割法人が分割承継法人の発行済株式又は出資の一部を保有している場合には、分割対価資産の価額を0円であるものとして、上記イにより計算することから、増加する資本金等の額は0円になる。なお、対価の交付を省略したと認められない無対価分割で分割法人が分割承継法人の発行済株式又は出資を保有していない場合には、分割型分割として取り扱われたうえで（法法2十二の九ロ）、増加する資本金等の額が0円になる（法令8①六）。

③　資産調整勘定

非適格分社型分割を行った場合には、分割法人の分割の直前において行う事業及び当該事業に係る主要な資産又は負債のおおむね全部が当該分割により分割承継法人に移転するものに限り、資産調整勘定を認識することができるものとされている（法法62の8①、法

令123の10①)。

そして、分割対価資産を交付する非適格分社型分割を行った場合には、分割承継法人が交付した分割対価資産の時価を基礎に資産調整勘定を計算することになるが、寄附金又は受贈益がある場合には、当該寄附金又は受贈益に相当する金額を減算又は加算する必要がある(法法62の8①)。

これに対し、分割法人が分割承継法人の発行済株式又は出資の全部を保有する場合における無対価分割では、資産評定により資産調整勘定の金額を計算することになる(法令123の10⑯一)。

④ 譲渡損益

法人税法62条1項では、分割対価資産の時価を基礎に譲渡損益の計算をすることが明らかにされているが、寄附金又は受贈益がある場合には、あるべき分割対価資産の時価を基礎に譲渡損益の計算を行う必要がある。

さらに、分割法人が分割承継法人の発行済株式又は出資の全部を保有する場合における無対価分割では、移転資産の価額(資産調整勘定の金額を含む)から移転負債の価額(負債調整勘定の金額を含む)を控除した金額により分割承継法人株式の取得価額を計算することから(法令119の3㉓一、119の4①)、当該分割承継法人株式の取得価額を基礎に譲渡損益の計算を行うことになる。

⑤ 小 括

分割承継法人株式を交付する非適格分社型分割により、親会社から子会社(債務超過3,000百万円)に資産2,000百万円及びのれん1,000百万円を移転した場合には、分割対価資産である分割承継法人株式の時価が0円(=△3,000百万円+2,000百万円+1,000百万円)であることから、分割承継法人において増加する資本金等の額が0円になるため、分割法人及び分割承継法人における税務上の仕訳が

以下のようになる。なお、法人税基本通達９－４－１に該当することを前提にしている。

【分割法人の仕訳】

（借）	分割承継法人株式	0百万円	（貸）	資産	2,000百万円
	寄附金	3,000百万円		譲渡益	1,000百万円

【分割承継法人の仕訳】

（借）	資産	2,000百万円	（貸）	資本金等の額	0百万円
	資産調整勘定	1,000百万円		受贈益	3,000百万円

これに対し、分割法人が分割承継法人の発行済株式又は出資の全部を保有する場合における無対価分割では、分割承継法人において増加する資本金等の額が30億円になり、分割法人における分割承継法人株式の取得価額が30億円になることから、分割法人及び分割承継法人における税務上の仕訳が以下のようになる。

【分割法人の仕訳】

（借）	分割承継法人株式	3,000百万円	（貸）	資産	2,000百万円
				譲渡益	1,000百万円

【分割承継法人の仕訳】

（借）	資産	2,000百万円	（貸）	資本金等の額	3,000百万円
	資産調整勘定	1,000百万円			

このように、同じ非適格分社型分割を行った場合であっても、分割承継法人株式を交付するのかしないのかにより、全く異なる取扱いになる。そのため、ストラクチャーの検討において、分割承継法人株式を交付するのかしないのかを確認しておかないと、税務上の

影響額の試算を間違えてしまうという失敗事例になる。とりわけ、上記の事案では、法人税基本通達９－４－１の要件を満たすことで、受贈益の益金不算入を適用することができなくなる可能性があるため（法基通４－２－５）、資本金等の額として取り扱うことができる無対価分割のほうが有利になり得る。

この事例については、法人税法上、対価の交付を省略したと認められる無対価分割が、対価を交付したものとして取り扱われるという前提があることから、間違えやすい事例であるといえる。このような失敗事例を避けるためには、常に条文を確認する必要がある。

⑵　債務超過会社に対する非適格分割型分割

兄弟会社から分割承継法人株式を交付する非適格分割型分割を行った場合には、分割法人が交付を受けた分割承継法人株式（０円）を分割法人の株主等に分配することから、基本的に非適格分社型分割の取扱いと変わらない。

これに対し、対価の交付を省略したと認められる無対価分割を行った場合には、交付を受けたとみなされる分割承継法人株式の取得価額（法法24③、法令23⑦）を基礎に譲渡損益の計算を行うため（法法62①）、分割法人及び分割承継法人における税務上の仕訳は以下のようになり、かつ、分割法人の株主等においてみなし配当が生じることになる。

【分割法人の仕訳】

（借）	分割承継法人株式	3,000百万円	（貸）	資　産	2,000百万円
				譲渡益	1,000百万円
	資本金等の額	××百万円		分割承継法人株式	3,000百万円
	利益積立金額	××百万円			

【分割承継法人の仕訳】

(借) 資　　　　　　産	2,000百万円	(貸) 資本金等の額	3,000百万円
資産調整勘定	1,000百万円		

9 特定同族会社等の留保金課税

(1) 受取配当等の益金不算入

内国法人が他の内国法人から配当金を受け取った場合には、法人税法上、受取配当等の益金不算入の適用を受けることができる。ここでいう「益金不算入」とは、収益から除外して、法人税の課税所得の計算を行うという意味である。これは、他の内国法人で課税済みのその他利益剰余金から分配を受けるため、二重課税を回避する必要があるからである。

しかし、100%子会社からの配当であればともかくとして、それ以外の場合には、受取配当金に対応する負債利子が発生していると考えられることや、株式譲渡益と区別して課税関係を成立させる必

■図表3－23　受取配当等の益金不算入

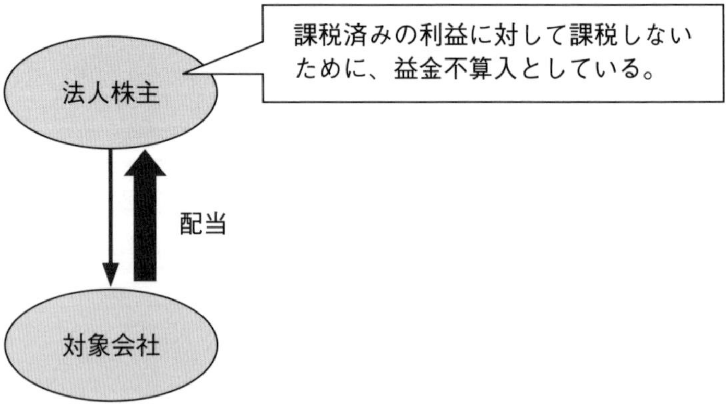

要もないものもあるため、完全子法人株式等、関連法人株式等、その他の株式等、非支配目的株式等に分けて計算を行うことになる。いずれに該当したとしても、受取配当金に対しては、受取配当等の益金不算入が適用されることから、他の利益に比べて、税負担を圧縮することが可能となる。

その一方で、特定同族会社等の留保金課税の計算上、受取配当等の益金不算入を適用する前の所得を基礎に留保金額の計算を行うこととされているため（法法67③二)、受取配当等に相当する金額が留保金課税の対象になるケースがあるという点が問題になることがある。

なお、ここでいう特定同族会社とは、被支配会社のうち、①被支配会社であることについての判定の基礎となった株主等のうちに被支配会社でない法人がないもの又は②被支配会社であることについての判定の基礎となった株主等のうちに被支配会社でない法人がある場合において、当該法人をその判定の基礎となる株主等から除外して判定するものとしたときに、被支配会社となるものをいい（法法67①)、被支配会社とは、会社の株主等の１人並びにこれと特殊の関係がある個人及び法人がその会社の発行済株式又は出資の総数又は総額（自己の株式又は出資を除く）の100分の50を超える数又は金額の株式又は出資を有する場合その他政令で定める場合におけるその会社をいう（法法67②、法令139の７)。

ただし、資本金の額又は出資金の額が100百万円以下である場合には、以下に掲げる場合に限り、特定同族会社等の留保金課税の対象になる。

① 大法人（次に掲げる法人をいう）との間に当該大法人による完全支配関係がある普通法人
　⑴ 資本金の額又は出資金の額が500百万円以上である法人
　⑵ 相互会社
　⑶ 受託法人

② 普通法人との間に完全支配関係があるすべての大法人が有する株式及び出資の全部を当該すべての大法人のうちいずれか一の法人が有するものとみなした場合において当該いずれか一の法人と当該普通法人との間に当該いずれか一の法人による完全支配関係があることとなるときの当該普通法人

③ 投資法人

④ 特定目的会社

このように、特定同族会社等の留保金課税は、適用される法人が少ないが故に見落としがちではあるが、適用されてしまう場合には、思わぬ課税を受けることになる。実務上、このような間違いについては、確定申告書を作成している時点で特定同族会社等の留保金課税が適用されることに気づくことから、その時点で「受取配当金であれば課税されない」という認識が間違いであったことに気づくと思われる。

実際に、当事務所で経験した事案でも、グループ内の株式異動のために、株式譲渡前に配当金を支払うことで株価を圧縮しようとした事案に対して、特定同族会社等の留保金課税の対象になるという他の税理士からの指摘があり、スキームを変更せざるを得なかったことがある。それ以来、特定同族会社等の留保金課税の対象になるかどうかを調べてからスキームの提案をするようになったが、同業者からいろいろと話を聞いてみると、この論点について失念している人がかなり多かったため、失敗事例になりやすい事案であるともいえる。

(2) 繰越欠損金

法人税の計算は、事業年度ごとに行われることから、原則として、ある事業年度の利益と他の事業年度の損失とを相殺することはできない。しかし、青色申告法人では、9年又は10年間の繰越欠損

金の繰越しが認められており、ある事業年度で発生した損失を将来の事業年度における課税所得と相殺することが認められている（法法57①、平成27年改正法附則27②）。

しかし、特定同族会社等の留保金課税の適用法人では、繰越欠損金を使用する前の所得を基礎に留保金額の計算を行うこととされているため（法法67③六）、繰越欠損金が十分にあったとしても、法人税等が課されてしまうことがある。

当事務所が経験した事案でも、適格合併により繰越欠損金を引き継ぐことから、法人税等が課されないと思ったところ、特定同族会社等の留保金課税が発生することが発覚した事案がある（本書校了段階の事案であれば、後述する大法人における繰越欠損金の損金算入が課税所得の50％しか認められないということも併せて検討する必要があろう）。無償減資をすれば特定同族会社等の留保金課税の対象から除外できた事案であったが、事業上の理由により無償減資をするわけにもいかなかったため、やむを得ずそのまま適格合併のみを実行したという事案であった。対案がないことから失敗事例といえるかどうかという問題はあるが、特定同族会社等の留保金課税の対象から除外できるにもかかわらず除外しなかった場合には、失敗事例になり得るため、留意が必要である。

10　大法人と繰越欠損金

前述のように、青色申告法人では、９年又は10年間の繰越欠損金の繰越しが認められており、ある事業年度で発生した損失は将来の事業年度における課税所得と相殺することができる。

しかしながら、中小法人に該当しない場合には、原則として、繰越欠損金を利用しようとする事業年度の課税所得の50％までしか繰越欠損金を使用することができない。

この場合における中小法人とは、普通法人（投資法人、特定目的

会社及び受託法人を除く）のうち、資本金の額もしくは出資金の額が100百万円以下であるものをいうが、以下に掲げる法人については、中小法人から除外するものとされている（法法57⑪一イ）。

① 大法人（次に掲げる法人をいう。以下同じ）との間に当該大法人による完全支配関係がある普通法人

⑴ 資本金の額又は出資金の額が500百万円以上である法人

⑵ 相互会社

⑶ 受託法人

② 普通法人との間に完全支配関係がある全ての大法人が有する株式及び出資の全部を当該全ての大法人のうちいずれか一の法人が有するものとみなした場合において当該いずれか一の法人と当該普通法人との間に当該いずれか一の法人による完全支配関係があることとなるときの当該普通法人

その結果、株式譲渡方式における被買収会社の株主、事業譲渡方式又は会社分割方式における被買収会社において、十分な繰越欠損金があったとしても、法人税等の負担が生じることが考えられる。実際に、筆者も別の書籍の執筆をしている際に、この論点を失念して原稿を納品してしまい、校正の段階で慌てて修正をしたことがある。

さらに、資本金の額が500百万円以上である法人が、繰越欠損金を多額に有する中小法人の発行済株式の全部を取得した結果、課税所得の50％までしか繰越欠損金を使用することができなくなり、キャッシュ・フローが悪化する事案も考えられる。そのため、ＤＣＦ法によるバリュエーションにおいて買収してから数年間は法人税等が発生しない前提でキャッシュ・フローの見積りをしてしまっている事案ではＤＣＦ法による評価額が本来の評価額よりも高くなりすぎてしまうし、買収してから数年間は法人税等が発生しない前提で経営者が買収を検討してしまっている事案では割高な評価額でＭ

＆Ａが成立してしまうリスクが生じることになる。

上記のほか、資本金の額が100百万円を超えていることにより外形標準課税の対象になっている場合には、繰越欠損金を控除する前の課税所得を基礎に単年度損益が計算されるため（地法72の18②）、付加価値割額が増加することが考えられる。

このように、繰越欠損金が多額にあることを理由として、法人税等の負担が発生しないと考えてしまうと、異なる結論になってしまうこともあるため、留意が必要である。

11　特別税額控除

租税特別措置法42条の４から53条では、特別税額控除及び特別償却の特例が設けられているが、その多くにおいて、「解散（合併による解散を除く。）の日を含む事業年度及び清算中の各事業年度を除く」と規定されている。そのため、Ｍ＆Ａを行った後に解散する場合には、特別税額控除及び特別償却の特例を受けることができないことが考えられる。

Ｍ＆Ａを行った後に解散する場合には、非適格組織再編成又は事業譲渡が行われることが多く、資産及び負債が時価で移転することから、特別償却の適用を受けることができなくなっても、さほど支障がないことがほとんどである。これに対し、特別税額控除の適用を受けることができなくなる場合には、税負担が増加してしまうことが考えられる。かつては、特別税額控除の適用を受けるような法人が非適格組織再編成又は事業譲渡によりＭ＆Ａを行うことは稀であったため、実際に失敗事例を見聞きしているわけではないが、近年の税制改正により、特別税額控除の制度が拡充されていることから、今後、失敗事例が生じる可能性がある。

第４節　組織再編税制以外の制度における失敗事例

1　グループ通算制度の再加入制限

会社分割によるＭ＆Ａ手法として、分割承継法人から分割法人に対して金銭を交付する手法（以下、「現金交付型分割方式」という）と分割承継法人から分割法人に対して分割承継法人株式を交付する手法（以下、「株式交付型分割方式」という）が挙げられる。

このうち、現金交付型分割方式は、被買収会社（分割法人）の事業を買収会社（分割承継法人）に移転し、対価として金銭が交付されることから、金銭等不交付要件を満たさないため、法人税法上、非適格分社型分割として取り扱われ（法法２十二の十一）、かつ、不動産取得税の非課税要件を満たすこともできない（地法73の７二、地令37の14）。

■図表３－24　現金交付型分割方式

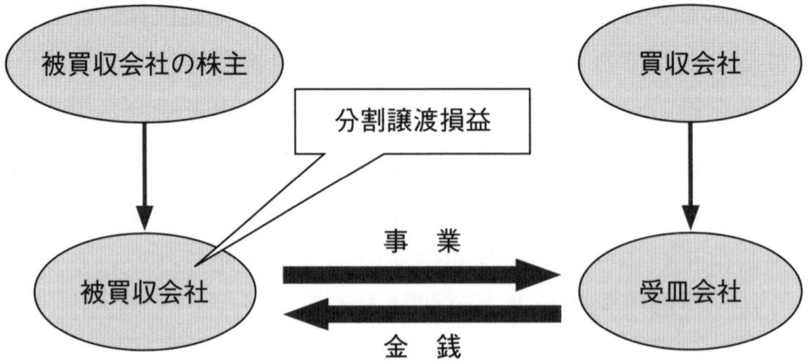

これに対し、株式交付型分割方式では、被買収会社（分割法人）が分割承継法人に事業を移転した後に分割承継法人株式を買収会社に譲渡することから、分割法人と分割承継法人との間の支配関係が継続することが見込まれていないため、法人税法上、非適格分社型分割として取り扱われる（法令4の3⑥⑦）。ただし、不動産取得税の非課税要件では、支配関係継続要件が課されていないことから、現金交付型分割方式と異なり、不動産取得税の非課税要件を満たす可能性がある。

■図表3－25　株式交付型分割方式

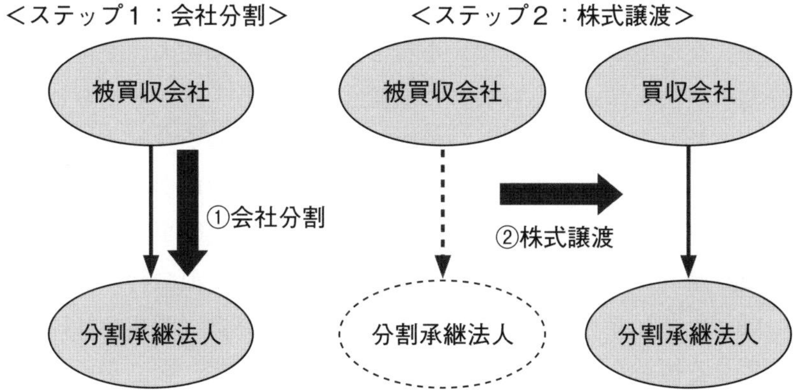

このように、不動産取得税の観点からは、株式交付型分割方式のほうが望ましいものの、後述するように、分割法人の租税債務に対する第二次納税義務が分割承継法人に対して課されることがあるという問題がある。

第二次納税義務の問題であれば、分割法人に担税力があれば、それほど問題になることはない。実務上、株式交付型分割方式が問題となるのは、会計上、分割承継法人の個別財務諸表においてのれんを認識することができないという理由によるものがほとんどである。

もちろん、連結財務諸表においては、いずれの方式であってものれんを認識できるのであるが、現金交付型分割方式であれば、取得に該当することから個別財務諸表においてものれんを認識できるのに対し、株式交付型分割方式の場合には、分割時点において親子関係が維持されていることから、共通支配下の取引等に該当するため、分割承継法人においてのれんを認識できないという違いがある。その結果、分割承継法人の個別財務諸表における簿価純資産価額が小さくなるという問題が生じる。

これに対し、不動産取得税の非課税要件を満たしながらも、分割承継法人における個別財務諸表においてのれんを認識するためには、買収会社に受皿会社を設立させ、当該受皿会社を分割承継法人とする株式交付型分割（分社型）を行った後に、分割法人に交付された分割承継法人株式を買収会社に譲渡するという手法が考えられる。

しかしながら、20年くらい前のことだが、買収会社が連結納税制度を導入していたものの、受皿会社の株式を被買収会社が取得した時点で連結納税制度から離脱してしまうという失敗事例を経験するところだった。この場合には、被買収会社から受皿会社の株式を買い戻したとしても、５年間の再加入制限が課され、受皿会社において生じる損益を連結納税制度に取り込むことができなくなる（旧法令14の６①四）。そして、この再加入制限は、現行法におけるグループ通算制度においても導入されている（法法64の９①十、法令131の11③一）。

この時は、上司のレビューにより再加入制限の問題が発覚し、スキームを変更することで対応したと記憶している。平成17年改正前商法の時代に経験した失敗事例であり、現行会社法であれば、無対価分割による手法で対応することになると思われる。無対価分割であれば、不動産取得税における金銭等不交付要件に抵触せず、かつ、会計上ものれんを認識することができるからである（なお、分割の直前に分割法人が分割承継法人株式を保有していない場合に

■図表３－26　買収会社の受皿会社への吸収分社型分割

＜ステップ１：会社分割＞

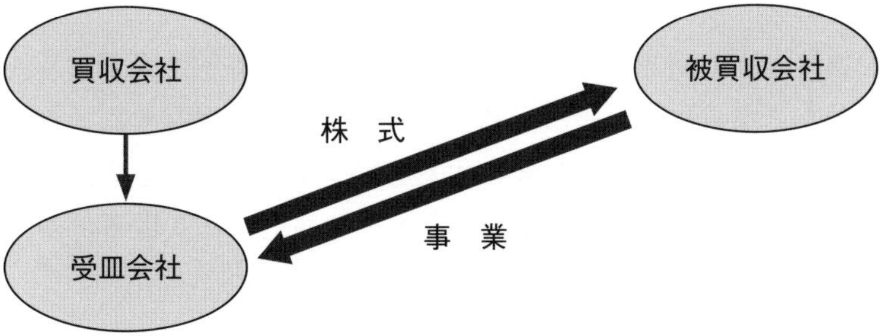

＜ステップ２：株式譲渡＞

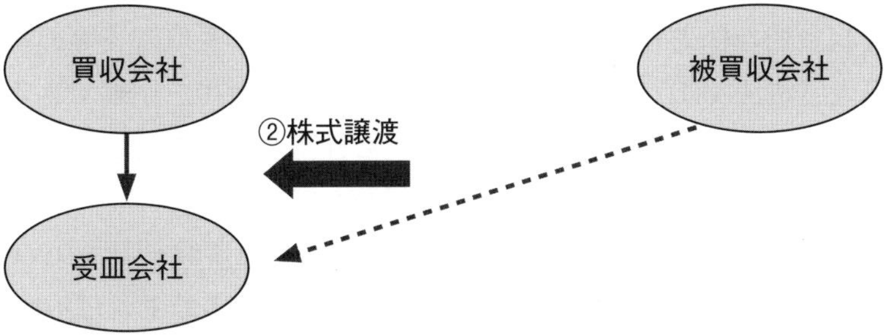

は、当該無対価分割は分割型分割に該当するが（法法２十二の九ロ）、按分型要件が課されるのは分割対価資産が交付される分割型分割に限定されているため、按分型要件には抵触しない）。

2　通算子法人株式の投資簿価修正

(1)　基本的な取扱い

通算子法人がグループ通算制度から離脱する場合には、当該通算子法人の株主等において当該通算子法人の株式又は出資（以下、「通算子法人株式」という）に対する投資簿価修正を行う必要がある。そして、投資簿価修正後の通算子法人株式の帳簿価額が当該離

脱する通算子法人の簿価純資産価額に相当する金額（資産調整勘定対応金額等がある場合には所定の調整を加えた金額）とされている（法令119の３⑤⑥、119の４①）。

株式譲渡方式でＭ＆Ａを行う場合も同様に、通算子法人がＭ＆Ａの対象になる場合には、当該通算子法人の株主等が保有する通算子法人株式を投資簿価修正の対象にする必要がある。これを失念してしまうと、株式譲渡損益の試算を誤ってしまうという失敗事例が生じることになる。

(2) 通算子法人からの配当後の株式譲渡

被買収会社の株主等が内国法人である場合には、受取配当等の益金不算入（法法23①）を適用することにより課税所得を圧縮できることから、Ｍ＆Ａの手法として、被買収会社から配当を行った後に株式譲渡を行うという手法は一般的に行われている。

例えば、株式の帳簿価額が1,000百万円である被買収会社を9,000百万円で譲渡する場合には、単純な株式譲渡を行うのであれば8,000百万円の株式譲渡益が生じるのに対し（法法61の２①）、2,000百万円の配当を行った後に、7,000百万円で株式譲渡を行う場合には、原則として、2,000百万円に対しては受取配当等の益金不算入が適用され（法法23①）、6,000百万円の株式譲渡益のみが課税対象になる（法法61の２①）。

これに対し、被買収会社がグループ通算制度に加入している通算子法人である場合には、投資簿価修正を行う必要がある。すなわち、2,000百万円の配当を行った場合には、被買収会社の簿価純資産価額が2,000百万円減少することから、被買収会社株式の帳簿価額から2,000百万円を減算させる必要がある。

その結果、株式譲渡益が減少しないことから、株式譲渡前に配当を行うスキームは、グループ通算制度下においては、有効な手段にならない。具体的には、以下の事例を参照されたい。なお、単純化

のため、設立時からグループ通算制度に加入している場合を前提にしている。

【具体例】

＜前提条件＞

被買収会社の貸借対照表　　(単位：百万円)

	税務簿価	時　価		税務簿価	時　価
資産	11,000	11,000	負債	8,000	8,000
資産調整勘定	0	6,000	純資産※	3,000	9,000
合　計	11,000	17,000	合　計	11,000	17,000

※　純資産の内訳

	税務簿価	時　価
資本金	500	500
資本準備金	500	500
利益剰余金	2,000	8,000
純資産	3,000	9,000

- 被買収会社の株主は内国法人１社のみであり、グループ通算制度を採用している。
- 被買収会社の株主における被買収会社株式の取得価額は1,000百万円である。
- 被買収会社株式の譲渡価額は9,000百万円である。
- 被買収会社の株主は、受取配当の全額に対して受取配当等の益金不算入を適用することができる。
- 法人税、住民税及び事業税における実効税率は30%である。

＜ストラクチャーの比較＞

単純に株式を譲渡する場合と分配可能額の全額（2,000百万円）に相当する金額の配当を行った後に株式を譲渡する場合の税務上の

影響額を比較すると、以下のようになる。

(i) 被買収会社側の税負担

	株式譲渡方式（配当なし）	株式譲渡方式（配当あり）
被買収会社	株主が変わるだけなので、課税関係は生じない。	同左
被買収会社の株主	株式譲渡益に対して課税されるが、被買収会社株式の投資簿価修正により譲渡原価の金額が3,000百万円になる。 【税負担】 (譲渡価額－譲渡原価)×30% ＝(9,000百万円－3,000百万円)×30% ＝1,800百万円	左記のうち、2,000百万円に対して受取配当等の益金不算入の適用を受けることから、譲渡収入の金額が7,000百万円になる。 しかしながら、被買収会社の簿価純資産価額が2,000百万円減少することから、投資簿価修正後の帳簿価額が1,000百万円になる。 【税負担】 (譲渡価額－譲渡原価)×30% ＝(7,000百万円－1,000百万円)×30% ＝1,800百万円
合　計	税負担　1,800百万円	税負担　1,800百万円

(ii) 買収会社側の税負担

	株式譲渡方式（配当なし）	株式譲渡方式（配当あり）
買収会社	単なる株式の取得なので、課税関係は生じない。	同左
合　計	税負担　0百万円	税負担　0百万円

(iii) 合計

	配当なし	配当あり	有利不利判定
被買収会社側	1,800百万円	1,800百万円	有利不利なし
買収会社側	0百万円	0百万円	有利不利なし
合　計	1,800百万円	1,800百万円	有利不利なし

なお、離脱日の前日における簿価純資産価額を基礎に投資簿価修正を行うのに対し（法令119の３⑤）、例えば、10月１日の午前に配当をしたうえで、同日の午後に株式譲渡をした場合には、離脱日に簿価純資産価額が減少することから、配当を支払ったとしても、離脱法人の株式の帳簿価額が引き下げられないという問題が生じる。理論上は、９月30日に配当を行ったものとみなすことにより、配当の支払いによる簿価純資産価額の減少を投資簿価修正に反映させるべきである。この点については、条文又は通達等による明確化が期待される。

(3) 債務超過会社のM＆A

債務超過会社がM＆Aの対象になる場合には、債務超過会社に対する債権放棄又は第三者割当増資を行った後に株式譲渡を行うか、解散の日の翌日以降に事業譲渡又は分社型分割を行うことが一般的である。

債権放棄により生じる損失については、経営権の譲渡のために行われる債権放棄であることから、法人税基本通達９－４－１の要件を満たすことが一般的である。第三者割当増資についても同様に、第三者割当増資により払い込んだ金銭の額が株式譲渡損益を構成することになるが、当該株式譲渡損益は法人税基本通達９－４－１の要件を満たすことが一般的である。さらに、解散の翌日以降に事業譲渡又は分社型分割を行った場合には、事業譲渡益又は会社分割益と期限切れ欠損金（特例欠損金）とを相殺することができる（法法59④）。

これに対し、通算子法人がＭ＆Ａの対象になる場合には、投資簿価修正の影響も考慮する必要がある。具体的には、以下の事例を参照されたい。

【具体例①（債権放棄を行った後の株式譲渡方式との比較）】

＜前提条件＞

被買収会社の貸借対照表　(単位：百万円)

	税務簿価	時　価		税務簿価	時　価
資産	11,000	11,000	負債	14,000	14,000
資産調整勘定	0	0	純資産※	△ 3,000	△ 3,000
合　計	11,000	11,000	合　計	11,000	11,000

※　純資産の内訳

	税務簿価	時　価
資本金	50	50
資本準備金	50	50
利益剰余金	△ 3,100	△ 3,100
純資産	△ 3,000	△ 3,000

- 被買収会社の株主は内国法人１社のみであり、グループ通算制度を採用している。
- 被買収会社の株主における被買収会社株式の取得価額は1,000百万円である。
- 株式譲渡方式を採用する場合には、被買収会社に対して3,000百万円の債権放棄を行ってから、０百万円で譲渡することを予定している。
- 被買収会社の法人税における繰越欠損金は5,000百万円であり、住民税及び事業税における繰越欠損金も同様である。
- 法人税法上、被買収会社の株主において生じる損失が寄附金に該当しないものと仮定する。
- 法人税、住民税及び事業税における実効税率は30％である。

＜ストラクチャーの比較＞

株式譲渡方式と分社型分割方式の税務上の影響額を比較すると以

下のようになる。なお、単純化のため、ここでは、法人税、住民税及び事業税の影響額のみを比較し、それぞれの法人において繰越欠損金を利用できるだけの十分な収益力があるものと仮定する。

イ　被買収会社側の税負担

	株式譲渡方式	分社型分割方式
被買収会社	債務免除益が3,000百万円生じるが、繰越欠損金のほうが大きいことから、課税関係は生じない（中小法人の特例が適用できない場合は無視している）。	解散後に債務免除益が3,000百万円生じるが、繰越欠損金のほうが大きいことから、課税関係は生じない。
被買収会社の株主	債権放棄により生じた損失を損金の額に算入することができる。 【税負担の軽減】 △3,000百万円×30% ＝△900百万円 株式譲渡損益が生じるが、被買収会社株式の投資簿価修正により譲渡原価の金額が０百万円になる。 【税負担】 （譲渡価額－譲渡原価）×30% ＝（０百万円－０百万円）×30% ＝0百万円	子法人の解散により生じた子会社整理損失を損金の額に算入することができる。 【税負担の軽減】 △3,000百万円×30% ＝△900百万円 完全支配関係がある子法人の残余財産の分配を受けた場合（残余財産の分配を受けないことが確定した場合を含む）には、株式譲渡損益を認識しない。 被買収会社の繰越欠損金は、法人株主である他の通算法人の繰越欠損金として引き継げることから、法人税だけでなく、住民税及び事業税についても節税効果が期待できる。 【税負担の軽減】 △2,000百万円×30% ＝△600百万円
合　計	税負担　△900百万円	税負担　△1,500百万円

ロ　買収会社側の税負担

	株式譲渡方式	分社型分割方式
買収会社	単なる株式の取得なので、課税関係は生じない。	
分割承継法人／被買収会社	買収会社側で被買収会社の繰越欠損金を利用することができる。 【税負担の軽減】 △2,000百万円×30% ＝△600百万円	分割承継法人は、分割法人の繰越欠損金を引き継ぐことができない。
合　計	税負担　△600百万円	税負担　0百万円

ハ　合計

	株式譲渡方式	分社型分割方式	有利不利判定
被買収会社側	△900百万円	△1,500百万円	分社型分割方式が有利
買収会社側	△600百万円	0百万円	株式譲渡方式が有利
合　計	△1,500百万円	△1,500百万円	有利不利なし

（注１）　①株式譲渡の日が事業年度開始の日である場合（法法64の10⑥六参照）又は②残余財産の確定の日の翌日が事業年度開始の日である場合（法法64の10⑥五参照）には、それぞれグループ通算制度において、法人税法上、債務免除により生じた益金の額と債権放棄により生じた損金の額を相殺することから、上記とは異なる結論になる。

（注２）　離脱日の前日における簿価純資産価額を基礎に投資簿価修正を行うのに対し（法令119の３⑤）、例えば、10月１日の午前に債権放棄をしたうえで、同日の午後に株式譲渡をした場合には、離脱日の前日ではなく、離脱日に簿価純資産価額が増加することから、債権放棄を行う前の簿価純資産価額を基礎に投資簿価修正を行うという解釈も成り立つ。このように解した場合には、投資簿価修正後の帳簿価額が△3,000百万円となり、株式譲渡益が3,000

百万円も生じてしまうことになる。理論上は、９月30日に債権放棄を行ったものとみなすことにより、債権放棄による簿価純資産価額の増加を投資簿価修正に反映させるべきであるが、実務上は、無用の混乱を避けるために、10月１日（離脱日）ではなく、９月30日（離脱日の前日）以前に債権放棄を行うべきである。

【具体例②（第三者割当増資を行った後の株式譲渡方式との比較）】

＜前提条件＞

被買収会社の貸借対照表　(単位：百万円)

	税務簿価	時　価		税務簿価	時　価
資産	11,000	11,000	負債	14,000	14,000
資産調整勘定	0	0	純資産※	△ 3,000	△ 3,000
合　計	11,000	11,000	合　計	11,000	11,000

※　純資産の内訳

	税務簿価	時　価
資本金	50	50
資本準備金	50	50
利益剰余金	△ 3,100	△ 3,100
純資産	△ 3,000	△ 3,000

- 被買収会社の株主は内国法人１社のみであり、グループ通算制度を採用している。
- 被買収会社の株主における被買収会社株式の取得価額は1,000百万円である。
- 株式譲渡方式を採用する場合には、被買収会社に対して3,000百万円の第三者割当増資の引受けを行ってから、０百万円で譲渡することを予定している。
- 被買収会社の法人税における繰越欠損金は5,000百万円であり、住民税及び事業税における繰越欠損金も同様である。

• 法人税法上、被買収会社の株主において生じる損失が寄附金に該当しないものと仮定する。
• 法人税、住民税及び事業税における実効税率は30％である。

<ストラクチャーの比較>

株式譲渡方式と分社型分割方式の税務上の影響額を比較すると、以下のようになる。なお、単純化のため、ここでは、法人税、住民税及び事業税の影響額のみを比較し、それぞれの法人において繰越欠損金を利用できるだけの十分な収益力があるものと仮定する。

イ　被買収会社側の税負担

	株式譲渡方式	分社型分割方式
被買収会社	債務免除益が生じないことから、第三者割当増資に伴う登録免許税の発生、住民税均等割及び事業税資本割の負担のみが生じることになる（中小法人の特例が適用できない場合は無視している。なお、実務上、中小法人の特例が適用できなくなる事案もあるため、ご留意されたい）。	解散後に債務免除益が3,000百万円生じるが、繰越欠損金のほうが大きいことから、課税関係は生じない。
被買収会社の株主	株式譲渡損益が生じるが、被買収会社株式の投資簿価修正により譲渡原価の金額が０百万円になる。 【税負担】 （譲渡価額－譲渡原価）×30％ ＝（０百万円－０百万円）×30％ ＝０百万円	子法人の解散により生じた子会社整理損失を損金の額に算入することができる。 【税負担の軽減】 △3,000百万円×30％ ＝△900百万円 完全支配関係がある子法人の残余財産の分配を受けた場合（残余財産の分配を受けないことが確定した場合を含む）には、株式譲渡損益を認識しない。

		被買収会社の繰越欠損金は、法人株主である他の通算法人の繰越欠損金として引き継げることから、法人税だけでなく、住民税及び事業税についても節税効果が期待できる。 【税負担の軽減】 △2,000百万円×30% ＝△600百万円
合　計	税負担　０百万円	税負担　△1,500百万円

ロ　買収会社側の税負担

	株式譲渡方式	分社型分割方式
買収会社	単なる株式の取得なので、課税関係は生じない。	
分割承継法人／被買収会社	買収会社側で被買収会社の繰越欠損金を利用することができる。 【税負担の軽減】 △5,000百万円×30% ＝△1,500百万円	分割承継法人は、分割法人の繰越欠損金を引き継ぐことができない。
合　計	税負担　△1,500百万円	税負担　０百万円

ハ　合計

	株式譲渡方式	分社型分割方式	有利不利判定
被買収会社側	０百万円	△1,500百万円	分社型分割方式が有利
買収会社側	△1,500百万円	０百万円	株式譲渡方式が有利
合　計	△1,500百万円	△1,500百万円	有利不利なし

（注１）　残余財産の確定の日の翌日が事業年度開始の日である場合（法法64の10⑥五参照）には、グループ通算制度において、法人税法上、債務免除により生じた益金の額と債権放棄により生じた損金の額を相殺することから、上記とは異なる結論になる。

（注２）　離脱日の前日における簿価純資産価額を基礎に投資簿価修正を行うのに対し（法令119の３⑤）、例えば、10月１日の午前に第三者割当増資をしたうえで、同日の午後に株式譲渡をした場合には、離脱日の前日ではなく、離脱日に簿価純資産価額が増加することから、第三者割当増資を行う前の簿価純資産価額を基礎に投資簿価修正を行うという解釈も成り立つ。このように解した場合には、投資簿価修正後の帳簿価額が△3,000百万円となり、株式譲渡益が3,000百万円も生じてしまうことになる。理論上は、９月30日に第三者割当増資を行ったものとみなすことにより、第三者割当増資による簿価純資産価額の増加を投資簿価修正に反映させるべきであるが、無用の混乱を避けるために、実務上は、10月１日（離脱日）ではなく、９月30日（離脱日の前日）以前に第三者割当増資を行うべきである。

【具体例③（債務超過額のほうが繰越欠損金よりも大きい場合）】

＜前提条件＞

被買収会社の貸借対照表　　（単位：百万円）

	税務簿価	時　　価		税務簿価	時　　価
資産	5,000	5,000	負債	14,000	14,000
資産調整勘定	0	0	純資産※	△ 9,000	△ 9,000
合　計	5,000	5,000	合　計	5,000	5,000

※　純資産の内訳

	税務簿価	時　　価
資本金	50	50
資本準備金	50	50
利益剰余金	△ 9,100	△ 9,100
純資産	△ 9,000	△ 9,000

- 被買収会社の株主は内国法人１社のみであり、グループ通算制度を採用している。
- 被買収会社の株主における被買収会社株式の取得価額は1,000百万円である。
- 株式譲渡方式を採用する場合には、被買収会社に対して10,000百万円の第三者割当増資の引受けを行ってから、1,000百万円で譲渡することを予定している。
- 被買収会社の法人税における繰越欠損金は5,000百万円であり、住民税及び事業税における繰越欠損金も同様である。
- 法人税法上、被買収会社の株主において生じる損失が寄附金に該当しないものと仮定する。
- 法人税、住民税及び事業税における実効税率は30％である。

＜ストラクチャーの比較＞

株式譲渡方式と分社型分割方式の税務上の影響額を比較すると以下のようになる。なお、単純化のため、ここでは、法人税、住民税及び事業税の影響額のみを比較し、それぞれの法人において繰越欠損金を利用できるだけの十分な収益力があるものと仮定する。

イ　被買収会社側の税負担

	株式譲渡方式	分社型分割方式
被買収会社	債務免除益が生じないことから、第三者割当増資に伴う登録免許税の発生、住民税均等割及び事業税資本割の負担のみが生じることになる（前述の事例と同様に中小法人の特例が適用できない場合は無視している）。	解散後に債務免除益が9,000百万円生じるが、繰越欠損金及び特例欠損金と相殺することができるため、課税関係は生じない。
被買収会社の株主	株式譲渡損益が生じるが、被買収会社株式の投資簿価修	子法人の解散により生じた子会社整理損失を損金の額に算

	正により譲渡原価の金額が1,000百万円になる。 【税負担】 （譲渡価額－譲渡原価）×30% ＝（1,000百万円－1,000百万円）×30% ＝0百万円	入することができる。 【税負担の軽減】 △9,000百万円×30% ＝△2,700百万円 完全支配関係がある子法人の残余財産の分配を受けた場合（残余財産の分配を受けないことが確定した場合を含む）には、株式譲渡損益を認識しない。
合　計	税負担　0百万円	税負担　△2,700百万円

ロ　買収会社側の税負担

	株式譲渡方式	分社型分割方式
買収会社	単なる株式の取得なので、課税関係は生じない。	
分割承継法人／被買収会社	買収会社側で被買収会社の繰越欠損金を利用することができる。 【税負担の軽減】 △5,000百万円×30% ＝△1,500百万円	分割承継法人は、分割法人の繰越欠損金を引き継ぐことができない。
合　計	税負担　△1,500百万円	税負担　0百万円

ハ　合計

	株式譲渡方式	分社型分割方式	有利不利判定
被買収会社側	0百万円	△2,700百万円	分社型分割方式が有利
買収会社側	△1,500百万円	0百万円	株式譲渡方式が有利
合　計	△1,500百万円	△2,700百万円	分社型分割方式が有利

株式譲渡方式を採用してしまうと、債務超過額のほうが繰越欠損金よりも大きい場合であっても、投資簿価修正が行われた結果、第三者割当増資により払い込んだ金銭の額を損金の額に算入すること

ができない。すなわち、株式譲渡方式を採用することにより買収会社側で利用できる繰越欠損金よりも、分社型分割方式を採用することにより被買収会社の株主において生じる子会社整理損失のほうが大きいことから、分社型分割方式のほうが有利であるといえる。

ただし、残余財産の確定の日の翌日が事業年度開始の日である場合（法法64の10⑥五参照）には、グループ通算制度において、法人税法上、債務免除により生じた益金の額と債権放棄により生じた損金の額を相殺することから、上記とは異なる結論になる。

このように、グループ通算制度を採用している場合には、通算子法人株式の投資簿価修正が行われた結果、株式譲渡損益の金額が変わってくる。そのため、投資簿価修正の影響を考慮しないでストラクチャーを検討してしまうと、失敗事例になってしまうことから、留意が必要である。

3　事業承継税制を適用した後のM＆A

平成30年度税制改正により、事業承継税制が利用しやすくなった。従来の制度と比較して非常に使いやすくなっただけでなく、被相続人から後継者が引き継いだ非上場株式に対する贈与税及び相続税の全額が猶予されることから、事業承継税制の適用を受ける非上場会社が増えたといわれている。

そのため、事業承継の時点では想定していなかったとしても、事業承継税制を適用した後継者が相続した非上場会社を対象とするＭ＆Ａが行われることがある。その際、事業承継税制の適用を受けた非上場会社の株式を譲渡した場合、事業のすべてを譲渡したことにより総収入金額が零になった場合、解散した場合又は資産保有型会社等になった場合には、納税猶予の期限が確定し、猶予税額を支払う必要が生じてしまう。

さらに、Ｍ＆Ａの手法として、Ｍ＆Ａ対象外の事業を切り離して

から被買収会社株式を譲渡する手法を採用されることがあるが、このような場合には、被買収会社株式を譲渡したことにより、納税猶予の期限が確定することになる。今のところ、M＆Aをきっかけとして、納税猶予の期限が確定した事案は公表されていないが、いずれはそのような事案も出てくると思われる。

■図表３－27　M＆A対象外の事業を切り離してから被買収会社株式を譲渡する手法

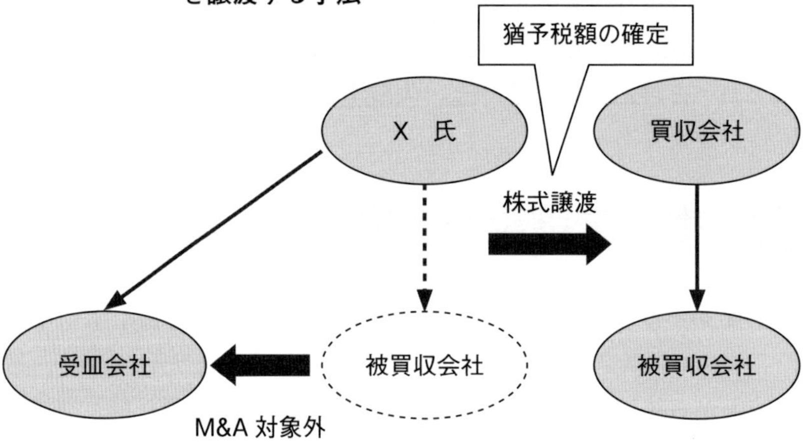

第５節　法人税以外の税金

1　住民税均等割及び事業税資本割

Ｍ＆Ａ事案では、買収会社側で資産調整勘定を認識したいというニーズが少なくない。これを実現するために、事業譲渡又は非適格分社型分割による買収手法を採用することが一般的である。

前述のように、非適格分社型分割による買収手法として、現金交付型分割方式と株式交付型分割方式が挙げられる。このうち、株式交付型分割方式を採用した場合において、非適格分社型分割に該当したときは、分割法人に交付した分割承継法人株式の分社型分割のときの時価が分割承継法人において増加すべき資本金等の額になる（法令８①七）。具体的には、以下の仕訳のとおりである。

【分割承継法人】

（借）	資産	×××	（貸）	負債	×××
	資産調整勘定	×××		資本金等の額	×××

上記の仕訳のように、借方に資産調整勘定を認識するということは、貸方の資本金等の額が増加することを意味する。資産調整勘定を認識することで節税メリットを享受したいというクライアントに対しては、その副作用として資本金等の額の増加による住民税均等割及び事業税資本割の影響についても説明しておく必要がある。

当事務所が経験した事案でも、Ｍ＆Ａを行った後に、住民税均等割及び事業税資本割が数億円増加する事案があったが、売り手サイ

ドに対してコンサルティングを行っていたことから、どのように問題を解決したのかは不明である（おそらく、住民税均等割及び事業税資本割が増加する前提のバリュエーションを行ったものと推定される）。買い手サイドに対してコンサルティングを行った事案では、数千万円程度の増加であり、資産調整勘定の償却メリットのほうがはるかに大きかったため、税負担の増加を許容したという案件もあった。一般的には、支店数が多いほど、住民税均等割が多額になりやすいため、支店数が多いM＆Ａ案件のときには、大きな問題になりやすいと思われる。

2 仕入税額控除

(1) 事業譲渡

事業譲渡を行った場合には、資産及び負債をまとめて譲渡するため、課税資産と非課税資産とに合理的に区分し、課税資産に対応する部分に対してのみ、消費税が課される（消令45③、消基通10－1－5）。

事業譲渡における消費税について、それほど問題がないように思われるかもしれないが、事業譲渡を行った場合には、譲渡資産に課税資産だけでなく、非課税資産である土地や貸付金が含まれていることがある（消法6①、別表第2）。この場合に、事業譲渡法人の非課税売上が増えることから、課税売上割合の引下要因となり、結果として、仕入税額控除額が減少することがある。なお、このような場合には、個別対応方式を適用している事業者が「消費税課税売上割合に準ずる割合の適用承認申請書」を提出することにより、仕入税額控除の減少幅を最小限にできた事例も存在するため、実務上は、「消費税課税売上割合に準ずる割合の適用承認申請書」を提出するか否かを検討する必要がある（消法30③）。

さらに、事業譲受法人における課税売上割合が小さい場合には、事業譲渡に伴って生じた消費税に対して、事業譲受法人が十分に仕入税額控除を認識できないこともあり得る。

このように、事業譲渡を行う場合には、仕入税額控除を十分に認識できるかどうかの検討が必要になる。

⑵ 会社分割

法人税の計算上、被買収会社が負担した付随費用は会社分割損益から減算することができるが、消費税の計算上、当該付随費用に対して課される消費税を仕入税額控除の対象にすることができるか否かが問題となる。

この点については、現金交付型分割を行った場合には、分割による資産及び負債の移転に対しては消費税が課されないことから、課税資産の譲渡等と非課税資産の譲渡等に共通して要する課税仕入れとして処理すべきであると考えられる（消基通11－２－16）。

これに対し、株式交付型分割を行った場合には、分割による資産及び負債の移転と株式譲渡の２つの取引が行われる。このうち、分割による資産及び負債の移転のみに要したことが明らかであれば、課税資産の譲渡等と非課税資産の譲渡等に共通して要する課税仕入れとして処理すべきであると考えられる（消基通11－２－16）。そして、株式譲渡のみに要したことが明らかであれば、非課税資産の譲渡等にのみ要する課税仕入れとして取り扱われる。さらに、分割による資産及び負債の移転と株式譲渡の両方のために行われたと認められる場合にも、資産の譲渡等のうち非課税資産の譲渡等しか行われていないことから、非課税資産の譲渡等にのみ要する課税仕入れとして取り扱われる。

このように、現金交付型分割方式と比べると、株式交付型分割方式のほうが仕入税額控除の計算が不利になってしまうことがあるため、留意が必要である。

⑶　株式譲渡

法人税又は所得税の計算上、被買収会社の株主等が負担した付随費用を株式譲渡損益から減算することができるが、消費税の計算上、当該付随費用に対して課される消費税を仕入税額控除の対象にすることができるか否かが問題となる。

この点については、株式譲渡に対応する課税仕入れであることから、非課税資産の譲渡等にのみ要する課税仕入れとして取り扱われるため、仕入税額控除の対象にならないと考えられる。

さらに、被買収会社の株主等が個人である場合には、当該個人株主が消費税の課税対象とならない免税事業者であることがほとんどであることから、仕入税額控除の対象にすることができないことがほとんどであると思われる。

M＆Aに伴う付随費用は多額になることが多いのに対し、付随費用に対する仕入税額控除の取扱いについては、M＆Aのストラクチャーを検討する際にほとんど考慮されていない。実務上、オーナー企業の買収のほとんどが株式譲渡方式により行われているが、消費税率も10％まで引き上げられたことから、付随費用に対する仕入税額控除についても検討が必要になると思われる。

3　不動産取得税

実務上、①P社が新設分社型分割によりA社を設立する、②当該新設分社型分割により取得したA社株式（分割承継法人株式）をX社に譲渡する、③株式取得後、X社を合併法人とし、A社を被合併法人とする吸収合併を行うというスキームが考えられる。

■図表3－28　ストラクチャー

＜ステップ1：新設分社型分割＞

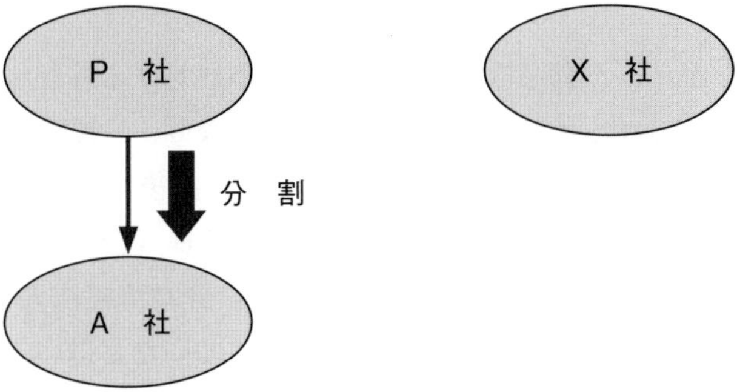

＜ステップ2：株式譲渡＞

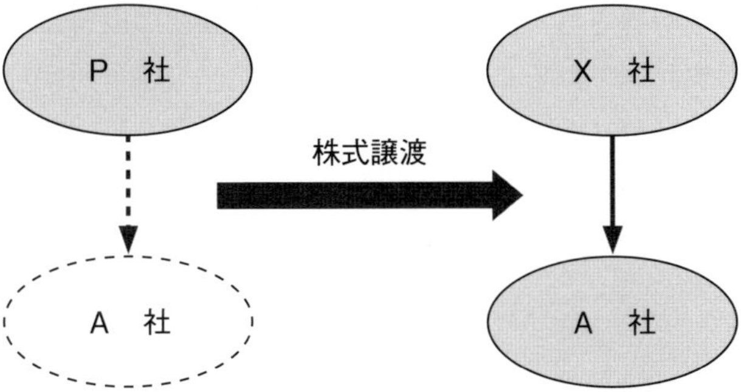

＜ステップ3：吸収合併＞

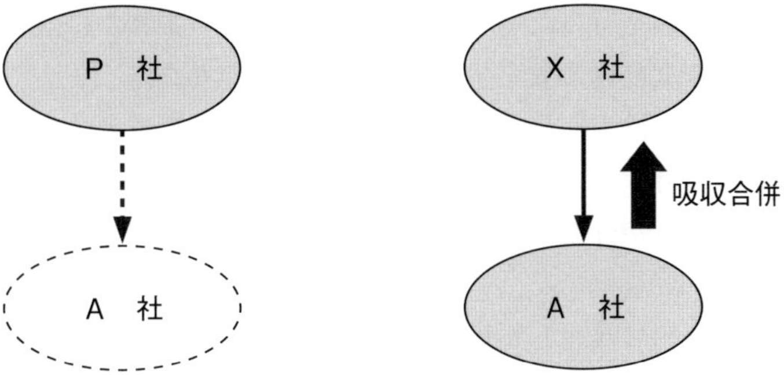

そして、地方税法上、分割及び合併による不動産の取得には、不動産取得税の非課税特例が定められている（地法73の７二、地令37の14）。

しかしながら、不動産取得税における分割に対する非課税要件では、法人税における税制適格要件の判定と異なり、二段階組織再編成の特例が定められていない。すなわち、分割後に分割承継法人（Ａ社）に移転した分割事業が、合併によりＸ社（合併法人）に引き継がれることが見込まれていることから、分割承継法人（Ａ社）において分割事業が継続することが見込まれていたとはいえず、事業継続要件を満たすことができなくなる。

そのため、上記の事案では、合併による不動産の取得に対しては不動産取得税が課されないが、分割による不動産の取得に対しては不動産取得税が課されることになる。実際に、当事務所が経験した事案でも、ミーティングの際に指摘し忘れていたため、後日のメールにてその旨を指摘したところ、思ったよりも不動産取得税の税額が高かったことから、スキームを変更せざるを得なかった事案がある。

4　連帯納付責任

無対価分割を行った場合において、以下のいずれかに該当するときは、分割型分割に該当する（法法２十二の九ロ）。

①　分割承継法人が分割法人の発行済株式又は出資の全部を保有している場合

②　分割法人が分割承継法人株式を保有していない場合

分割型分割に該当した場合には、分割法人の租税債務に係る連帯納付責任が、分割法人から承継した財産の価額を限度として、分割承継法人に対して課されている（国通法９の３、地法10の４）。

実務上、不動産取得税の非課税要件のうち金銭等不交付要件を満たすために、無対価分割を検討することがあるが、結果として、「分割法人が分割承継法人株式を保有していない場合」に該当してしまい、分割型分割として連帯納付責任が課されるリスクがあるという点は、再生案件において頻出する論点であるため、ご留意されたい。

5　第二次納税義務

国税徴収法及び地方税法では、第二次納税義務として以下のものが規定されている（国徴法38、39、地法11の7、11の8）。

① 特殊関係者に対する事業譲渡における第二次納税義務

② 無償又は著しい低額により財産を譲り受けた場合等における第二次納税義務

さらに、国税徴収法基本通達38－9⑷では、「法人の分割（会社法第757条、第762条参照）によって事業の譲渡が行われた場合についても、第38条の「事業の譲渡」に該当する」ことが明らかにされている。そのため、グループ内の法人に対して、分社型分割により事業を移転する場合には、分割法人の租税債務に対する上記①の第二次納税義務が分割承継法人に対して課される。

そして、前述のように、M＆Aの手法として、分社型分割を行った後に当該分社型分割により交付を受けた分割承継法人株式を譲渡するという手法がある。

事業譲渡又は現金交付型分割（分社型）により、買収会社に対して、資産及び負債を移転する場合には、被買収会社（事業譲渡法人又は分割法人）と買収会社（事業譲受法人又は分割承継法人）が特殊関係者でない限り、被買収会社の租税債務に対する上記①の第二次納税義務は買収会社に対して課されない。

■図表３－29　分社型分割後の株式譲渡

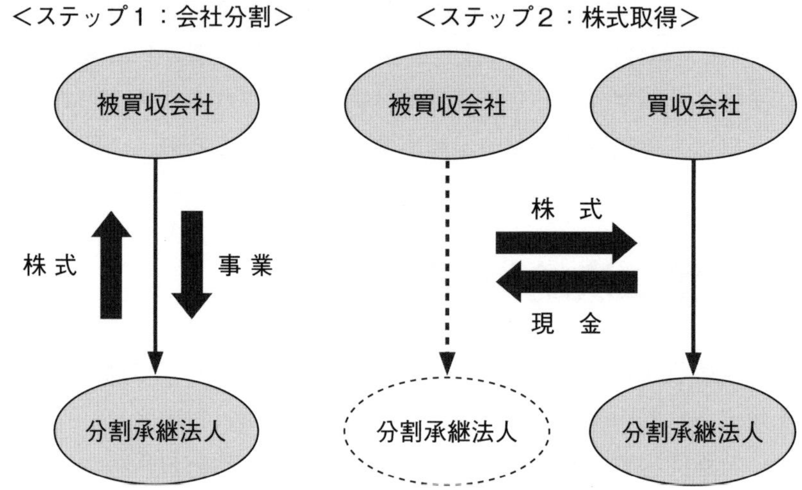

しかしながら、**図表３－29**のケースでは、分割法人が分割承継法人株式を取得し、一時的とはいえ、事業を移転したときに分割法人が分割承継法人の発行済株式又は出資の相当程度を取得することから、分割法人と分割承継法人が国税徴収法施行令13条に規定する特殊な関係のある同族会社に該当するため、上記①の第二次納税義務が課されてしまう。これは、再生案件において頻出する論点である。

これを回避するためには、現金交付型分割（分社型）を採用すべきである。しかし、それでは不動産取得税の非課税要件を満たすことができない。これを解決するために、以下の手順でM&Aを行うという方法が考えられる。

(イ)　買収会社に受皿会社を設立させる。

(ロ)　当該受皿会社（分割承継法人）に対して、当該受皿会社の株式又は出資を交付する吸収分社型分割を行う。そして、分割の直後に、買収会社が受皿会社の発行済株式又は出資の100分の50を超える数又は金額の株式又は出資を保有し、分割法人が受

皿会社の発行済株式又は出資の100分の50に満たない数又は金額の株式又は出資を保有している状態にする。

(ハ)　分割法人が取得した受皿会社の株式又は出資を買収会社に譲渡する。その結果、買収会社が受皿会社の発行済株式又は出資の全部を取得する。

この手法であれば、分割承継法人が分割法人の子会社にならないため、分割承継法人に対して、分割法人の租税債務に対する第二次納税義務は課されない。

■図表３－30　第二次納税義務を回避する手法

＜ステップ１：受皿会社の設立＞

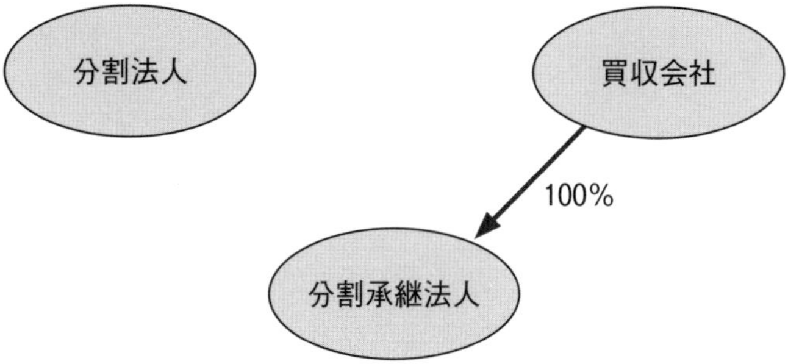

＜ステップ２：会社分割＞

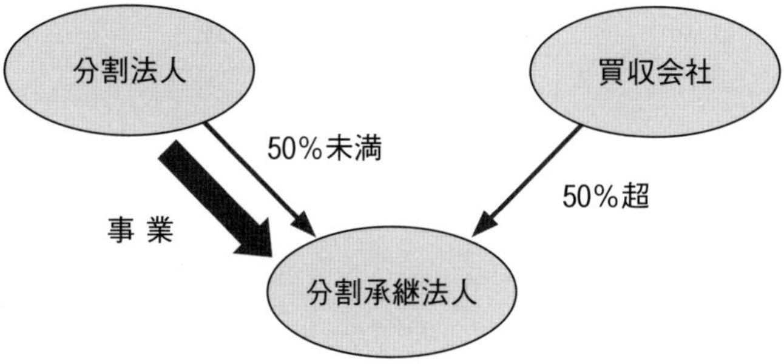

＜ステップ３：株式譲渡＞

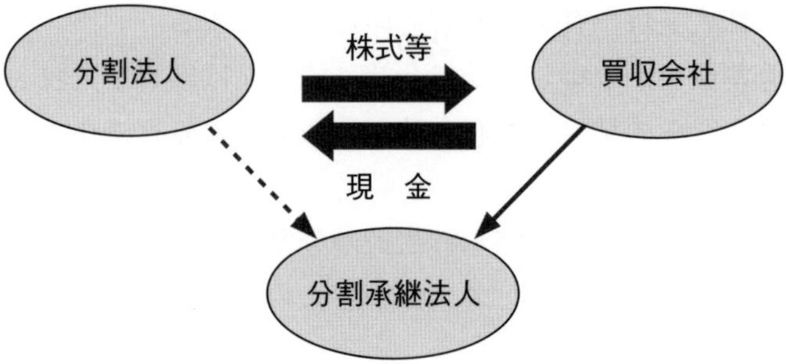

第 4 章

組織再編成における失敗事例

本章では、組織再編成における失敗事例について解説を行う。第1章で解説したように、複雑なスキームにより失敗した事例はほとんどなく、単純なミスにより失敗した事例がほとんどである。

組織再編成を行う場合には、常に条文を確認するとともに、税制適格要件や繰越欠損金以外の論点についても、きちんと整理しておく必要がある。

第1節　税制適格要件

1　無対価組織再編成

平成22年度税制改正、平成30年度税制改正において、無対価合併を行った場合における税制適格要件の判定方法が明確になり、通常の税制適格要件に加え、以下に掲げるものに限り、税制適格要件を満たすこととされた（法令4の3②～④）。なお、以下に掲げるものは、対価の交付を省略したと認められる場合、言い換えると、合併法人株式を交付したとしてもしなかったとしても、資本関係が変わらない場合が想定されている。

① 完全支配関係内の適格合併

(イ) 当事者間の完全支配関係がある場合

合併法人が被合併法人の発行済株式又は出資の全部を直接に保有している場合

(ロ) 同一の者による完全支配関係がある場合

ⓐ 合併法人が被合併法人の発行済株式又は出資の全部を直

接に保有している場合

ⓑ　被合併法人と合併法人の株主構成が同一の場合

② 支配関係内の適格合併

(イ) 当事者間の支配関係がある場合

被合併法人と合併法人の株主構成が同一の場合

(ロ) 同一の者による支配関係がある場合

ⓐ　合併法人が被合併法人の発行済株式又は出資の全部を直接に保有している場合

ⓑ　被合併法人と合併法人の株主構成が同一の場合

③ 共同事業を行うための適格合併

被合併法人と合併法人の株主構成が同一の場合

なお、(i)直接に保有することが要求されていることから、間接保有は認められていないという点と、(ii)被合併法人と合併法人の株主構成が同一であるか否かの判定において親族等が保有している株式等を含まないという点に留意が必要である。

なぜなら、**図表４－２**のように、他の親族が保有している株式等を含めると完全支配関係が成立している場合であっても、被合併法人と合併法人の株主構成が同一であると認められない場合には、非適格合併として取り扱われてしまうからである。

このような無対価組織再編成の取扱いは、吸収分割及び株式交換についても規定されている（法令４の３⑥～⑧、⑱～⑳）。

実務上、株式交付型組織再編成を行っていれば適格組織再編成に該当したにもかかわらず、無対価組織再編成を行ってしまったが故に非適格組織再編成に該当してしまった事案が散見されるため、ご留意されたい。

■図表4－1　税制適格要件を満たす場合

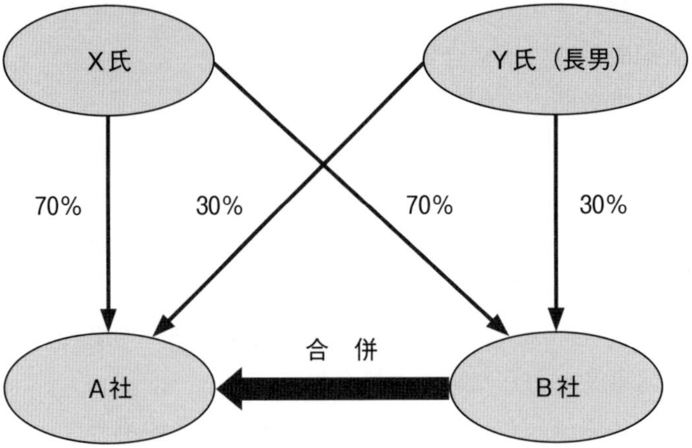

■図表4－2　税制適格要件を満たさない場合

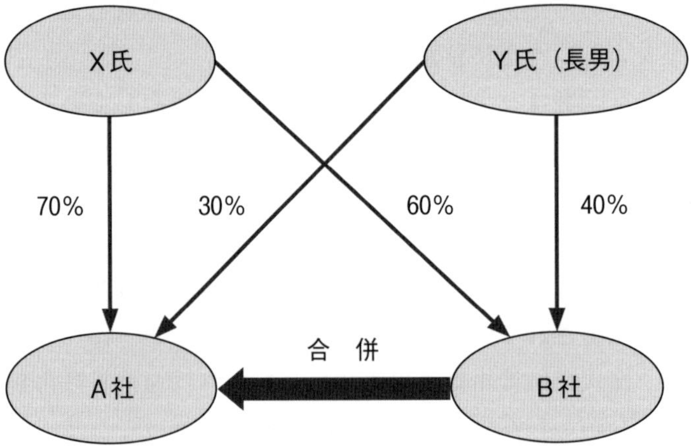

2　一般社団法人

第２章で解説したように、支配関係内の組織再編成又は完全支配関係内の組織再編成に該当するか否かの判定は、株主等が個人である場合には、当該個人が保有する株式又は出資のほか、「特殊の関係のある個人」が保有する株式又は出資を合算して判定することになる。さらに、直接保有割合だけでなく、間接保有割合を含めて判定するため、親会社と孫会社の合併のような場合でも、グループ内の合併に該当することになる。

これに対し、一般社団法人は持分のない法人であることから、一般社団法人が保有している株式又は出資を間接保有割合に含めることができない。実務上、一般社団法人を身内の会社のように勘違いしている事案が少なくないことから、この点についての誤解が多いように思われる（もちろん、一般社団法人による支配関係又は完全支配関係がある場合には、他の要件を満たせば、税制適格要件を満たすことができる）。

3　株式と出資の違い

株式会社を前提とすると、支配関係とは、一の者が法人の発行済株式総数の100分の50を超える数の株式を直接若しくは間接に保有する関係（「当事者間の支配関係」という）又は一の者との間に当事者間の支配関係がある法人相互の関係（「同一の者による支配関係」という）をいい、持分会社を前提とすると、支配関係とは、一の者が法人の出資総額の100分の50を超える金額の出資を直接もしくは間接に保有する関係又は一の者との間に当事者間の支配関係がある法人相互の関係をいう（法法２十二の七の五、法令４の２①）。

すなわち、持分会社に対しては、「株式の数」ではなく、「出資の

金額」に対する保有割合により、支配関係及び完全支配関係の判定を行う必要がある。しかしながら、持分会社における出資の金額は、議決権や配当請求権に連動しないことから、クライアントの説明だけでは、事実関係が異なってしまうことも少なくない。

当事務所が経験した事案でも、持分会社を設立した後に出資した社員がいたことから、議決権や配当請求権で考えると支配関係が成立していたものの、出資金額で考えると支配関係が成立していなかった事案があった。株式会社と同じように持分会社の支配関係又は完全支配関係を判定しようとすると、異なる結論になってしまう可能性があるため、留意が必要である。

4　分割後に資本関係が変わる場合

分社型分割を行った場合において、①分割前に分割法人と分割承継法人との間にいずれか一方の法人による完全支配関係があり、分割後に当該分割法人と分割承継法人との間に当該いずれか一方の法人による完全支配関係が継続することが見込まれているとき、又は②分割前に分割法人と分割承継法人との間に同一の者による完全支配関係があり、分割後に当該分割法人と分割承継法人との間に当該同一の者による完全支配関係が継続することが見込まれているときは、完全支配関係内の分社型分割に該当する。

これに対し、(イ)分割前に当事者間の完全支配関係があり、分割後の資本異動により当事者間の完全支配関係が崩れ、同一の者による完全支配関係が成立することが見込まれている場合、(ロ)分割前に同一の者による完全支配関係があり、分割後の資本異動により「同一の者」が別の者に変わることが見込まれている場合には、完全支配関係内の分社型分割には該当しない。

■図表４－３　分割前に当事者間の完全支配関係があり、分割後の資本異動により当事者間の完全支配関係が崩れ、同一の者による完全支配関係が成立することが見込まれている場合

イ　吸収分割

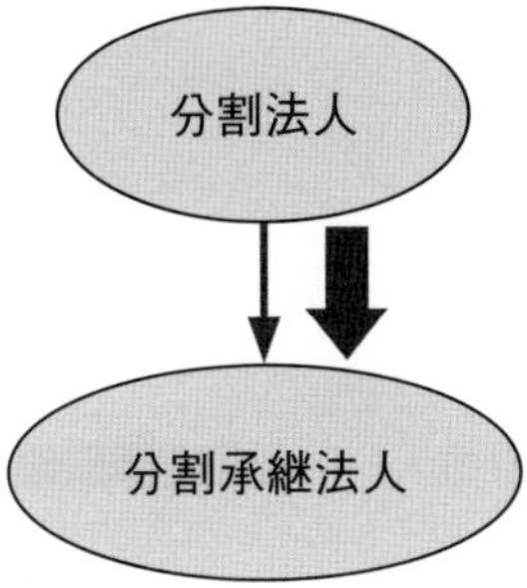

ロ　株式移転

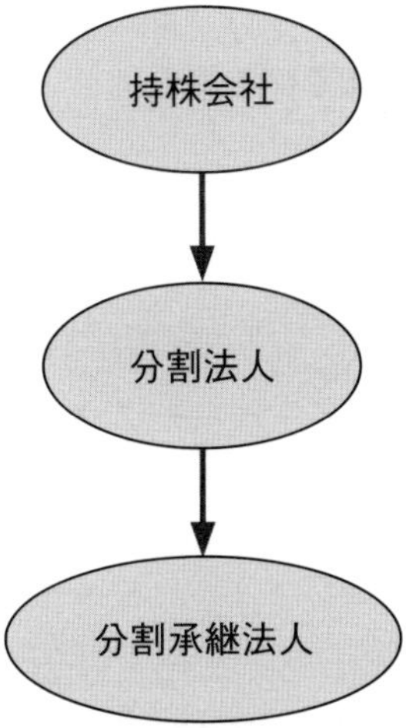

ハ　孫会社の子会社化

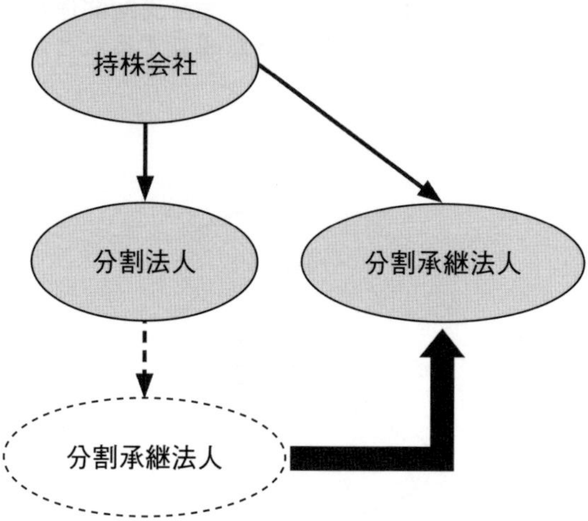

■図表４－４　分割前に同一の者による完全支配関係があり、分割後の資本異動により「同一の者」が別の者に変わることが見込まれている場合

イ　吸収分割

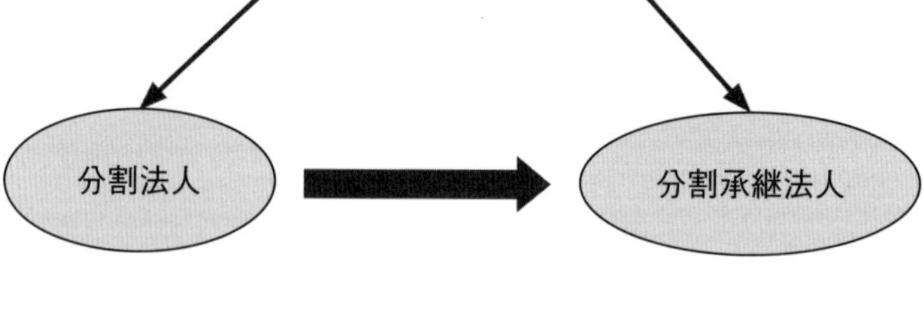

ロ　株式移転

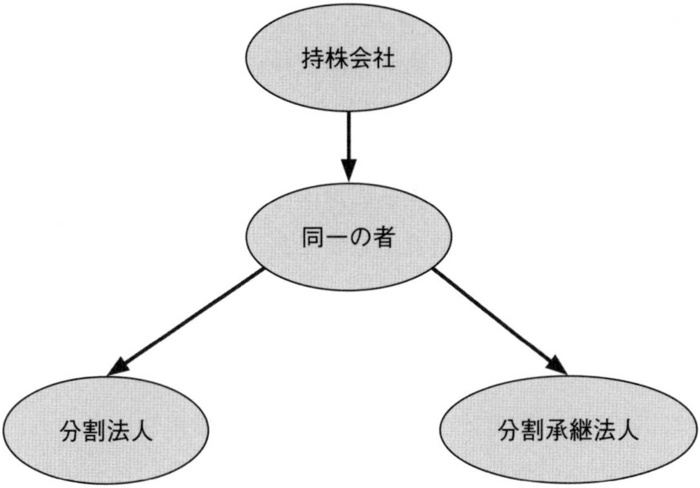

ハ　孫会社の子会社化

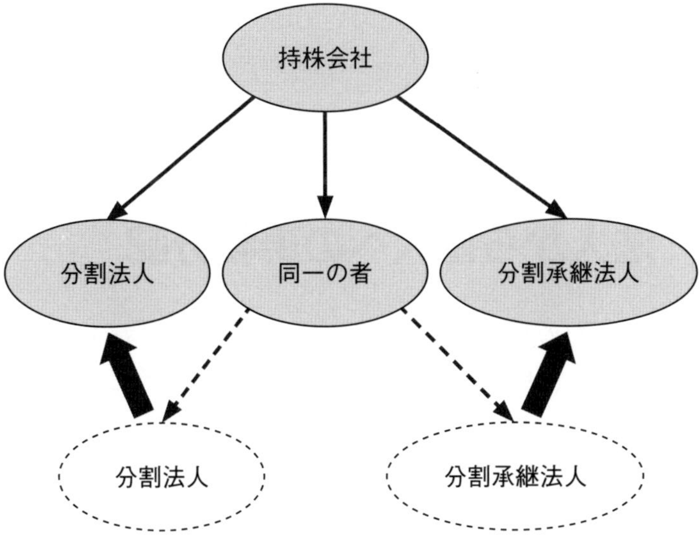

このように、完全支配関係内の組織再編成又は支配関係内の組織再編成においては、「当該いずれか一方の法人」「当該同一の者」と規定されていることから、組織再編成後に、いずれか一方の法人又は同一の者が変わったり、いずれか一方の法人から同一の者に変わったりすることは認められていない。多段階組織再編成を経験すると、稀ではあるものの、思わぬ理由により税制適格要件が外れてしまうこともあるため、留意が必要である。

5　個人から法人への現物出資

適格現物出資の制度は、現物出資法人から被現物出資法人に対する現物出資のみに適用され、個人からの現物出資には適用されない(法法2十二の十四)。そして、所得税法においても特段の規定は存在しない。そのため、個人から法人への現物出資は、非適格現物出資に該当することになる。

再生案件又は事業承継案件においては、個人株主の事業用資産を法人に移転することを検討することが少なくないが、簿価で事業用資産を移転することができないことから、当該個人株主において譲渡所得が発生することになる。

6　法人から個人への現物分配

適格現物分配の制度は、内国法人から内国法人に対する現物分配のみに適用され、個人に対する現物分配には適用されない(法法2十二の十五)。そのため、個人に対する現物分配は、非適格現物分配に該当することになる。

7　組織再編成後の従業者の転籍

支配関係内の組織再編成において税制適格要件を満たすためには、従業者従事要件を満たす必要がある。例えば、合併を行った場合において、従業者従事要件を満たすためには、被合併法人の合併の直前の従業者のうち、その総数のおおむね100分の80以上に相当する数の者が、合併後に合併法人の業務に従事することが見込まれている必要がある（法法２十二の八ロ(1)）。

この場合の「合併法人の業務に従事する」とは、合併法人と雇用契約を結ぶというものではなく、合併法人の「従業者」になるということを意味する。そして、円滑に組織再編成を行えるようにするために、平成30年度税制改正では、合併法人だけでなく、合併法人との間に完全支配関係がある法人の業務に従事する場合であっても、従業者従事要件を満たすことができるようになった。

実務上も、合併により引き継いだ従業者をグループ会社に出向又は転籍させたいというニーズは少なくないため、上記の改正により円滑な組織再編成が可能になる。

しかしながら、合併法人との間に完全支配関係がある法人に限定されており、合併法人との間に支配関係のみがある法人の業務に従事する場合には、従業者従事要件に抵触するという点にご留意されたい。

8　組織再編成後の会社分割

支配関係内の組織再編成において税制適格要件を満たすためには、従業者従事要件だけでなく、事業継続要件も満たす必要がある。例えば、合併を行った場合において、事業継続要件を満たすためには、被合併法人の合併前に行う主要な事業が合併後に合併法人にお

いて引き続き行われることが見込まれている必要がある（法法２十二の八ロ(2)）。

そして、円滑に組織再編成を行えるようにするために、平成30年度税制改正では、被合併法人の合併前に行う主要な事業が、合併法人との間に完全支配関係がある法人において引き続き行われる場合であっても、事業継続要件を満たすことができるようになった。さらに、前述における従業者の転籍で解説したように、当該完全支配関係のある法人に事業が移転したことにより、従業者も引き継がれる場合には、従業者従事要件の特例が認められている。

■図表４－５　合併後の分割による主要な事業の移転

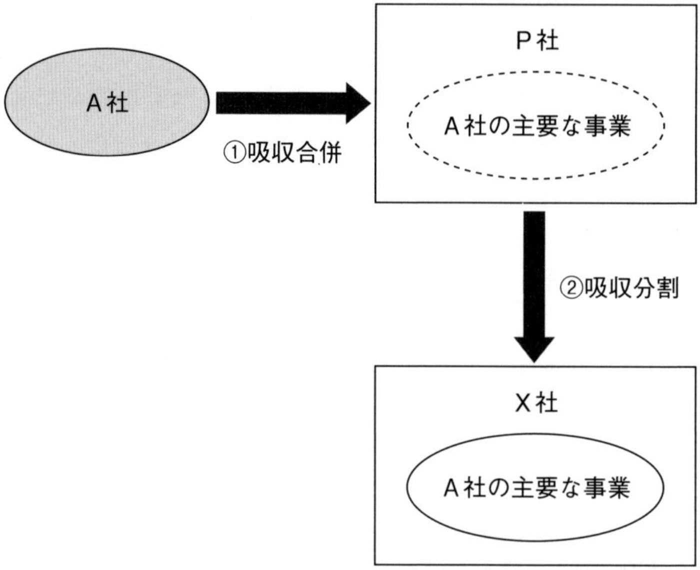

そのため、**図表４－５**のように、合併後の組織再編成で、被合併法人Ａ社の合併前に行う主要な事業が合併法人Ｐ社の100％子会社であるＸ社に移転し、かつ、Ａ社の従業者がＸ社の業務に従事することが見込まれている場合であっても、税制適格要件を満たすこと

ができるようになった。

しかしながら、P社とX社との間に完全支配関係がある場合に限定されており、支配関係のみがある法人に事業を移転する場合には、事業継続要件及び従業者従事要件に抵触してしまう。実務上は、租税回避に該当するという懸念から、すべての事業をX社に移転する事案はそれほど多くはないが、一部の事業をX社に移転するということは頻繁に行われている。このような場合には、主要でない事業のみがP社に残っていれば事業継続要件に抵触するし、主要な事業の一部が残っていたとしても、A社の従業者の20%以上がX社に移転していれば、従業者従事要件に抵触するため、留意が必要である。

9　種類株式発行会社の非按分型分割

法人税法上、分割型分割を行った場合において、適格分割型分割に該当するためには、分割承継法人株式又は分割承継親法人株式のいずれか一方の株式又は出資が、分割法人の発行済株式又は出資の総数又は総額のうちに占める当該分割法人の各株主等の有する分割法人株式の数（出資にあっては、金額）の割合に応じて交付されることが必要になる（法法２十二の十一）。このような要件が按分型要件と表記されることがある。

これに対し、剰余金の配当について内容の異なる複数の種類株式を発行している場合には、配当財産の割当てについて株式の種類ごとに異なる取扱いをすることが認められているため（会社法454②二）、分割型分割により、分割法人の株主に交付する分割承継法人株式に対して、優先株式と普通株式とで異なる取扱いをすることができる。

そして、按分型要件の判定上、分割法人の各株主の有する分割法人株式が普通株式に相当する種類株式であるのか、他の種類株式であるのかについては規定されていない。そのため、分割法人がY種

類株式（優先株式）１株に対して、X種類株式（普通株式）２株に対応する数の分割承継法人株式を交付する場合には、按分型要件に抵触することになる。

一般的に、優先株式を発行している場合において、分割により交付される分割承継法人株式も優先株式にするのであればともかくとして、普通株式にしてしまうときは、按分型要件に抵触することが多いため、留意が必要である。

10　持分会社の非按分型分割

持分会社に対しては、会社法622条１項において、「損益分配の割合について定款の定めがないときは、その割合は、各社員の出資の価額に応じて定める」と定められている。そのため、定款の定めにより、出資金額に応じずに、損益分配割合を定めることが認められている。

そして、持分会社を分割法人とする分割型分割を行った場合には、会社法上は、分社型分割＋剰余金の配当と整理されているため（会社法758八ロ、760七ロ、763①十二ロ、765①八ロ）、出資金額に応じない損益分配割合を定めている場合には、分割対価資産も出資金額に応じないで分配されることになる。

このように、分割対価資産が出資金額に応じないで分配されていることから、按分型要件に抵触するという問題が生じる。持分会社では、議決権割合や損益分配割合が出資金額に応じない形になっていることが少なくない。出資金額と株式数（又は口数）は異なる性質のものであるが、現行法人税法上、持分会社においては、出資金額に応じて支配関係の定義や按分型要件が定められてしまっている。

このように、株式会社と同じように考えてしまうと、持分会社における税制適格要件の判定を間違えてしまう可能性があるため、常

に出資金額を確認しながら、税制適格要件の判定を行う必要があるという点にご留意されたい。

（注）　会社法上、株式会社又は合同会社を分割法人とする分割を行うことはできるが、合名会社又は合資会社を分割法人とする分割を行うことはできない（会社法２二十九、三十）。さらに、会社法上、分割に伴って剰余金の配当を行うことができる分割法人は株式会社に限定されており（会社法758八、760七、763①十二、765①八）、合同会社における利益の配当は、社員が当該合同会社に対して利益の配当を請求し、その請求に基づいて行われることになる（会社法621①）。

　そのため、分割法人が合同会社である場合に、分割の日に分割法人が取得した分割承継法人株式を利益の配当として社員に分配したとしても、そもそも社員が請求してから分配されていることから、分割対価資産が分割法人の社員に「交付」されていると考えることはできないという見解もあり得る。この見解に基づくと、法人税法上、合同会社を分割法人とする分割型分割は認められないということになる。

11　分社型分割と株式継続保有要件

　平成29年度税制改正により、合併、分割型分割、株式交換及び株式移転における株式継続保有要件の判定方法が変わり、被合併法人、分割法人、株式交換完全子法人又は株式移転完全子法人の支配株主が交付を受ける株式又は出資に対して株式継続保有要件が課されることになった。そして、「支配株主により継続して保有されること」と規定されており、支配株主の定義には、支配株主の子会社及び支配株主の親族等も含まれることから、支配株主とその子会社間で株式譲渡を行ったとしても、支配株主とその親族間で株式譲渡を行ったとしても、株式継続保有要件に抵触しないこととされた。

しかしながら、分社型分割を行った場合において、株式継続保有要件を満たすためには、分割法人が分社型分割により交付を受ける分割承継法人株式又は分割承継親法人株式のいずれか一方の株式又は出資の全部を継続して保有することが見込まれている必要がある（法令4の3⑧六ロ）。すなわち、「支配株主により継続して保有されることが見込まれていること」とは規定されず、「分割法人により継続して保有されることが見込まれていること」と規定されているため、①分割法人のグループ会社や②分割法人の支配株主の親族等に対して分割承継法人株式の譲渡を行った場合には、株式継続保有要件に抵触してしまう。

このように、分社型分割における株式継続保有要件の判定は、他の組織再編成と異なるため、ご留意されたい。

12　単独株式移転後の親族への譲渡

単独株式移転後に、株式移転完全親法人が株式移転完全子法人株式の一部を譲渡したり、株式移転完全子法人が第三者割当増資を行ったりする場合には、完全支配関係が継続しなくなるため、原則として、完全支配関係内の株式移転に該当しない（法令4の3㉒）。そして、支配関係内の株式移転に該当するためには、株式移転前に株式移転完全子法人と他の株式移転完全子法人との間で、当事者間の支配関係又は同一の者による支配関係のいずれかの関係があることが求められており、単独株式移転は想定されていない（法令4の3㉓）。

さらに、法人税法62条の9第1項において、株式移転に係る時価評価課税の対象から除外されている完全支配関係がある場合の株式移転として、株式移転完全子法人と他の株式移転完全子法人との間に完全支配関係がある場合のみが規定されており、単独株式移転は規定されていない。

そのため、単独株式移転後に、株式移転完全親法人が株式移転完全子法人株式の一部を譲渡したり、株式移転完全子法人が第三者割当増資を行ったりする場合には、税制適格要件を満たすことができないし、グループ法人税制の適用も受けることができない。

さらに、実務上の失敗事例になりやすいものとして、単独株式移転後に株式移転完全子法人株式を親族に譲渡する場合が挙げられる。すなわち、条文上、単独株式移転が完全支配関係内の株式移転に該当するためには、株式移転後に当該株式移転に係る株式移転完全親法人と株式移転完全子法人との間に当該株式移転完全親法人による完全支配関係が継続することが見込まれていることが必要とされており、同一の者による完全支配関係については規定されていない。そのため、株式移転完全子法人株式を親族に対して譲渡した場合には、税制適格要件を満たすことができないし、グループ法人税制の適用も受けることができない。

■株式移転を利用した節税手法

(1) 非適格株式移転の税務処理

前述のように、単独株式移転を行った後に、株式移転完全親法人が株式移転完全子法人株式を譲渡することが見込まれている場合には、非適格株式移転として取り扱われる。そして、グループ法人税制の適用を受けることができないことから、株式移転完全子法人の保有する資産に対する時価評価課税が課される。ただし、非適格株式移転に該当したとしても、帳簿価額が10百万円未満の資産は時価評価課税の対象から除外されている（法令123の11①四）。

この場合における株式移転完全子法人の株主の処理であるが、株式移転完全親法人株式以外の資産が交付されない場合には、株式譲渡損益の対象から除外されている（法法61の２⑪）。そして、株式移転完全親法人では、株式移転により株式移転完全子法人株式を取

■図表４－６　単独株式移転後の株式譲渡

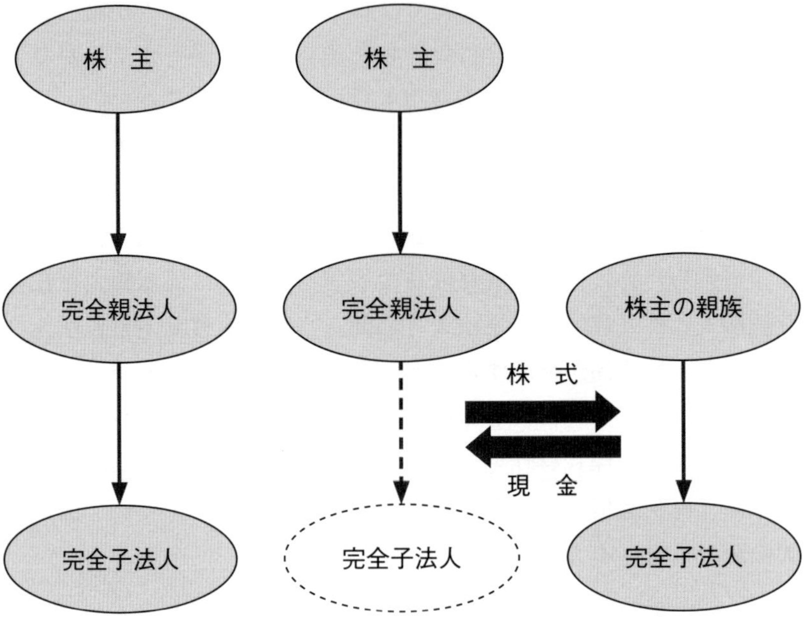

得することから、以下の仕訳を行うことになる。

【株式移転時の株式移転完全親法人の仕訳】

（借）完全子法人株式　×××　（貸）資本金等の額　×××

この場合の株式移転完全子法人株式の受入価額は、「その取得の時におけるその有価証券の取得のために通常要する価額」であると規定されている（法令119①二十七）。なお、非適格株式移転に該当する場合であっても、株式移転の直前に株式移転完全子法人と他の株式移転完全子法人との間に完全支配関係があるときは、適格株式移転に該当する場合と同様の処理を行う。すなわち、株主の数が50人未満である場合には、株式移転完全子法人の株主における株式移

転完全子法人株式の帳簿価額、株主の数が50人以上である場合には、株式移転完全子法人の簿価純資産価額を基礎に計算することになる（法令119①十）。これに対し、非適格株式移転に該当する単独株式移転を行った場合には、そのような規定が存在しないため、「その取得の時におけるその有価証券の取得のために通常要する価額」により受入処理を行うことになる。

その後、株式移転完全子法人株式の譲渡を行った場合には、株式移転から株式譲渡までの間に時価が変動しない限り、譲渡価額と帳簿価額が一致していることから、結果として株式譲渡損益が生じない。

このように、株式移転を行った後に、株式移転完全親法人が株式移転完全子法人株式を譲渡する場合には、株式移転完全子法人の株主、株式移転完全親法人において課税が生じない一方、株式移転完全子法人の保有する資産に対する時価評価課税が行われるため、一応のバランスの取れた税制になっていたということがいえる。

しかし、平成29年度税制改正により、帳簿価額が10百万円未満の資産が時価評価課税の対象から除外されたことにより、そのバランスが崩れたということがいえる。例えば、株式移転完全子法人（A社）の株主が、X氏のみであり、X氏のA社株式の帳簿価額が10百万円であると仮定する。そして、A社の簿価純資産価額が1,000百万円であり、A社株式の譲渡価額が3,000百万円を予定していたとする。

もし、含み益（2,000百万円）の原因が帳簿価額10百万円以上の土地であったとすれば、非適格株式移転により、株式移転完全子法人において2,000百万円の評価益を計上することになる。そして、前述のように、株式移転完全子法人の株主、株式移転完全親法人において課税は生じない。

これに対し、含み益の原因が営業権（のれん）であったとすれば、帳簿価額が10百万円未満であることから、非適格株式移転に該当し

たとしても、結果的に時価評価の対象になる資産は存在しない。このような場合であっても、株式移転完全親法人における株式移転完全子法人株式の受入価額が「その取得の時におけるその有価証券の取得のために通常要する価額」となるため、株式移転完全子法人の株主、株式移転完全親法人において課税は生じない。すなわち、含み益の原因が営業権である場合には、現行法上、株式譲渡益及び時価評価益に対する課税を逃れながら株式移転完全子法人株式を譲渡することができる。

このような手法については、包括的租税回避防止規定（法法132の2、所法157④）の適用が問題となろう。なぜなら、単純に株式を譲渡するのではなく、株式移転を行った後に株式を譲渡する手法は、「組織再編成を利用して税負担を減少させることを意図したものであって、組織再編税制に係る各規定の本来の趣旨及び目的から逸脱する態様でその適用を受けるもの又は免れるもの（最一小判平成28年2月29日 TAINS コード Z888－1984、最二小判平成28年2月29日 TAINS コード Z888－1983）」と認められる可能性があるからである。その一方で、「行為・計算の不自然性が全く認められない場合や、そのような行為・計算を行うことの合理的な理由となる事業目的等が十分に存在すると認められる場合には、他の事情を考慮するまでもなく、不当性要件に該当すると判断することは困難であると考えられる（徳地淳・林史高「判解」法曹時報69巻5号299頁（平成29年））」という指摘もあることから、経済合理性がある場合や、事業目的が十分に認められる場合には、包括的租税回避防止規定を適用することができない。

そのため、非適格株式移転を行った後に、株式移転完全親法人が株式移転完全子法人株式を譲渡する場合には、包括的租税回避防止規定が適用されないように、経済合理性や事業目的が説明できるようにしておく必要があると考えられる。

⑵　株式譲渡損を創出する手法

①　適格現物分配

実務上、非適格株式移転を行った後に、株式移転完全子法人から株式移転完全親法人に対して現物分配を行うことが考えられる。現物分配における税制適格要件の判定は、現物分配の直前の完全支配関係しか要求していないため、現物分配の後に株式移転完全子法人株式の譲渡が見込まれていたとしても、適格現物分配に該当する（法法２十二の十五）。そして、株式移転完全子法人株式の時価が3,000百万円であり、適格現物分配により移転する資産の帳簿価額が１百万円である場合には、以下の仕訳が行われる。

【株式移転完全親法人の仕訳】

①　非適格株式移転

（借）	完全子法人株式	3,000百万円	（貸）	資本金等の額	3,000百万円

②　適格現物分配

（借）	資　　　産	１百万円	（貸）	受取配当金	１百万円

上記の事案において、適格現物分配の対象となった資産の時価が300百万円であると仮定する。この場合には、株式移転完全子法人株式の時価が2,700百万円まで減額されるため、株式移転完全子法人株式を2,700百万円で譲渡することにより、株式移転完全親法人において300百万円の譲渡損が発生する。これに対し、適格現物分配により生じた１百万円の受取配当金については、法人税法62条の５第４項において、益金の額に算入されないこととされている。そのため、株式譲渡損と受取配当金の両建てにより、株式移転完全親法人において、多額の損金を発生させることが可能になる。

（注）　なお、株式移転完全子法人の旧株主が株式移転完全親法人の発行済株式総数の50%超を取得したことにより、欠損等法人の規制（法法57の2、60の3）についても検討が必要になる（法令113の3⑤参照)。この点については、株式移転完全親法人が新設法人であることから、特定支配事業年度前の繰越欠損金が存在せず、かつ、特定支配事業年度開始の日（＝設立日）において、株式移転完全子法人株式のみを保有していることが一般的である。そして、適格現物分配を行う前の株式移転完全子法人株式の時価と帳簿価額が一致していることから、評価損資産に該当しないため、欠損等法人の規制が適用される事案は稀であると思われる。

②　剰余金の配当

このような手法は、金銭を交付する剰余金の配当を行う場合であっても同様の効果が期待できる。なお、株式移転を行った後に、すぐに剰余金の配当を行う場合には、その他の株式等として、益金不算入の対象にならない金額が生じるように思える。

この点については、株式移転前に株式移転完全子法人とその株主との間に当該株主による完全支配関係がある場合において、計算期間の中途において株式移転を行ったときは、当該計算期間の初日から株式移転の日まで継続して当該完全支配関係があり、かつ、同日から当該計算期間の末日まで継続して、株主、株式移転完全親法人及び株式移転完全子法人との間に、当該株主による完全支配関係が継続すれば、完全子法人株式等として、受取配当等の益金不算入の対象にすることが認められている（法令22の2①かっこ書)。

ただし、令和2年度税制改正により、特定関係子法人から受ける配当等の額が株式の帳簿価額の10%を超える場合には、その対象配当金額のうち益金不算入相当額につき、その株式の帳簿価額から引き下げることになった（法令119の3⑩～⑯)。その結果、適格現物分配に係る益金不算入又は受取配当等の益金不算入が適用できたと

しても、株式の帳簿価額の引下げを通じて、株式譲渡益が引き上げられてしまうため、株式を譲渡する前に適格現物分配又は剰余金の配当をする手法を検討する際には、この規制が適用されるかどうかについて検討する必要がある。

なお、特定支配関係発生日から10年を経過した場合、特定支配関係発生日以後の利益剰余金の額から支払われたものと認められる場合は、この制度の対象から除外され、株式の帳簿価額を引き下げる必要はないが、本事案では、株式移転の日が特定支配関係発生日であり、かつ、利益剰余金のほとんどが特定支配関係発生日前に生じたものであるという問題がある。

ただし、特定関係子法人（株式移転完全子法人）の設立の日から特定支配関係発生日までの期間を通じて、その発行済株式総数の100分の90以上に相当する数の株式を内国普通法人もしくは協同組合等又は居住者が有している場合には、この制度の対象から除外されている。なお、設立の日から特定支配関係発生日までの間に、一瞬でも、発行済株式総数の100分の90以上に相当する数の株式を内国普通法人もしくは協同組合等又は居住者が有している関係が崩れてしまうと、上記の制度が適用されてしまい、株式の帳簿価額を引き下げる必要が生じる。そのため、このような場合には、後述する分割型分割による手法を選択せざるを得ないと思われる。

（注１） そのほか、短期所有株式等に該当する場合には、株式移転の特例が定められていないことから、受取配当等の益金不算入を適用することができないという点にご留意されたい（法法23②）。

（注２） 株式移転完全親法人が保有する株式移転完全子法人株式は、以下のいずれかに該当することから、源泉所得税の徴収は不要である（第２章参照）。

① 完全子法人株式等に該当する株式又は出資に係る配当

② 配当等の支払いに係る基準日において、当該内国法人が直接

に保有する他の内国法人の株式又は出資の発行済株式又は出資の総数又は総額に占める割合が３分の１を超える場合における当該他の内国法人の株式又は出資に係る配当

③　分割型分割

非適格株式移転を行った後に、株式移転完全子法人を分割法人とし、株式移転完全親法人を分割承継法人とする吸収分割を行う手法も考えられる。一般的に、分割承継法人（株式移転完全親法人）が分割法人（株式移転完全子法人）の発行済株式の全部を保有している場合には、対価を交付したとしても、対価を交付しなかったとしても、分割後の資本関係は何ら変わらないため、何ら対価を交付しない無対価分割を行うことが多いと思われる。法人税法上、このような無対価分割は、分割型分割として取り扱われることとされている（法法２十二の九ロ）。そして、平成29年度税制改正により、分割前に分割承継法人が分割法人株式の全部を保有している場合には、支配関係継続要件が要求されないことになった（法令４の３⑥一イ）。そのため、分割後に分割法人株式を譲渡することが見込まれていたとしても、適格分割型分割として取り扱われることになる。

■図表４－７　無対価分割後における分割法人株式の譲渡

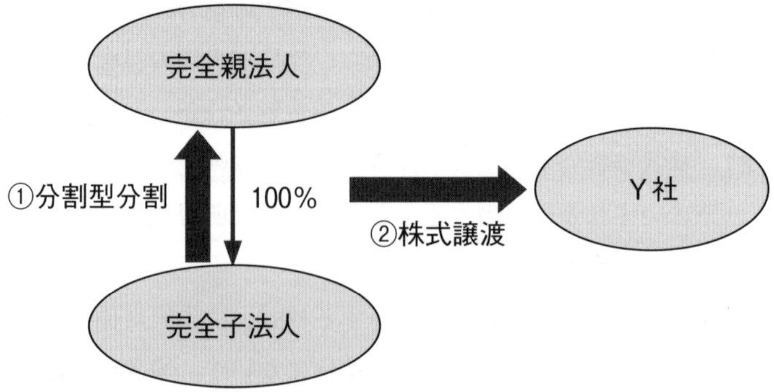

　このような無対価分割を行った場合には、前述の現物分配や剰余金の配当と異なり、以下のように、分割承継法人が保有する分割法人株式の帳簿価額が変動する（法令119の３㉑㉒、119の４①）。

【分割法人株式から減額すべき金額】

$$\text{分割法人株式から減額すべき金額} = A \times \frac{B}{C}$$

Ａ＝分割法人株式の分割型分割の直前の帳簿価額
Ｂ＝分割法人の分割型分割の直前の移転純資産の簿価純資産価額
Ｃ＝分割法人の前期期末時の簿価純資産価額

（注）　実際には、上記のＢ／Ｃ（分割移転割合）を小数点３位未満の端数を切り上げて計算するなど、細かな計算規定がなされているが、ここでは詳細な解説は省略する。

　上記の分割移転割合は、時価総額を基礎として行うのではなく、簿価純資産価額を基礎に行うことから、分割型分割を行った後に株式譲渡を行う場合には、株式譲渡益が生じる場合も考えられるし、株式譲渡損が生じる場合も考えられる。

④　包括的租税回避防止規定の検討

　株式移転により株式譲渡益を発生させないだけでなく、株式譲渡損を創出していることから、包括的租税回避防止規定の検討が必要になる。しかしながら、実務上、株式移転完全子法人株式を後継者に渡すだけでなく、それ以外の資産を他の相続人に渡すために、株式移転完全親法人に資産を移すといった事業目的が十分に認められることも少なくない。

　このような問題が生じるのは、単独株式移転がグループ法人税制

の対象外とされているからである。現行法上、非適格株式交換・移転に該当する場合であっても、グループ法人税制の対象になる場合には、適格株式交換・移転と同様の取扱いとなるため、このようなスキームを利用することができない。単独株式移転はグループ外の法人と行う組織再編成ではないことから、単独株式移転をグループ法人税制の対象に含めることにより、立法的な解決が図られるべき問題であると考えられる。

13　完全支配関係内のスクイーズアウト

法人税法２条12号の17イ、ハ、同法施行令４条の３第18項、20項では、「株式交換等」と規定されずに「株式交換」と規定されている。そのため、スクイーズアウトでは、支配関係内の適格スクイーズアウトのみが認められており、他の税制適格要件は認められていない。

一部の親族をキャッシュアウトするために、スクイーズアウトの手法を検討することがあるが、親族を含めたうえで完全支配関係が成立していたとしても、支配関係内の適格スクイーズアウトに該当する必要がある。

その一方で、法人税法２条12号の16に規定する「株式交換等」は、全部取得条項付種類株式もしくは株式併合における最大株主等である法人又は株式等売渡請求における一の株主等である法人との間に、これらの法人による完全支配関係を有することとなるものに限定されており、支配株主が個人である場合には、そもそも「株式交換等」には該当しない。その結果、税制適格要件を検討するまでもなく、法人税法62条の９に規定する時価評価課税の対象にならない。

すなわち、Ｘ氏が発行済株式の全部を保有するＰ社がＡ社の発行済株式総数の100分の90に相当する数の株式を保有しており、Ｘ氏の親族がＡ社の発行済株式総数の100分の10に相当する数の株式を保有している場合において、Ｘ氏の親族をキャッシュアウトするた

めに、スクイーズアウトの手法を採用したときは、支配関係内の適格スクイーズアウトに該当する必要がある。これに対し、X氏がA社の発行済株式総数の100分の90に相当する数の株式を保有しており、X氏の親族がA社の発行済株式総数の100分の10に相当する数の株式を保有している場合において、X氏の親族をキャッシュアウトするために、スクイーズアウトの手法を採用したときは、税制適格要件を検討するまでもなく、法人税法62条の９に規定する時価評価課税の対象にならない。

このように、株式交換と同じように税制適格要件の判定を行ってしまうと、異なる結論になることがあるため、留意が必要である。

第２節　繰越欠損金

1　被合併法人の確定申告書に係る提出期限

合併を行った場合には、法人税法上、事業年度開始の日から合併の日の前日までの期間を被合併法人のみなし事業年度としたうえで、確定申告を行う必要がある（法法14①二）。この場合における「合併の日」とは合併の効力を生ずる日をいうため（法基通１－２－４）、吸収合併の場合には合併契約書に合併の効力を生ずる日として定めた日が合併の日となり（会社法749①六、750①）、新設合併の場合には設立登記の日が合併の日となる（会社法754①、49）。

そのため、被合併法人が３月決算法人である場合において、×２年１月１日に吸収合併を行ったときは、×１年12月31日でみなし事業年度を区切る必要がある。その結果、申告期限を延長していない場合には、×１年４月１日から×１年12月31日までのみなし事業年度に係る法人税確定申告書の提出期限は、×２年２月末日ということになる。

このように、法人税確定申告書の提出期限を間違えることはほとんどないはずであるが、×２年３月31日に吸収合併を行ったことにより、×１年４月１日から×２年３月30日までで被合併法人のみなし事業年度が区切られ、×２年５月30日が提出期限であったにもかかわらず、×２年５月31日に確定申告書を提出してしまったという失敗事例があったようである。おそらく、合併法人の×２年３月期の法人税の節税のために、×２年３月１日に吸収合併しようとしたが、会社法上の手続きが間に合わず、×２年３月31日に合併せざる

を得なかった事案であると想定される。そして、被合併法人の確定申告書も合併法人の確定申告書も提出期限が５月であることから、両方の確定申告書を５月31日に提出したところ、被合併法人の確定申告書を提出期限までに提出できなかったという事案であると想定される。

そう考えると、被合併法人の確定申告書を作成した税理士が気の毒ではあるが、言い訳のできないミスであることから、同様のミスが生じないように留意が必要である。

【補足：３月31日を合併の日とする吸収合併を行う理由】

合併法人も被合併法人も３月決算法人である場合において、期首ではなく、期中に合併したほうが有利なことがある。なぜなら、適格合併を行った場合には、合併法人の合併の日の属する事業年度以後の各事業年度から被合併法人の繰越欠損金を使用することができるからである（法法57②）。

具体的には、×２年４月１日（期首）に合併した場合には、合併の日である×２年４月１日の属する×３年３月期から繰越欠損金を利用できるのに対し、×２年３月１日（期中）に合併した場合には、合併の日である×２年３月１日の属する×２年３月期から繰越欠損金を利用できる。このように、期首合併ではなく、期中合併を選択することにより、合併法人において、被合併法人の繰越欠損金を利用できる事業年度が１年早くなる。

しかし、合併を行うためには、債権者異議手続きとして、会社債権者に対して、最低１か月の一定期間内に、当該合併に異議を申述できる旨の内容を官報により公告し、かつ、知れている債権者に同内容の催告を行う必要がある（会社法789、799、810）。官報への公告は、依頼してから約２週間を要するといわれているため、株主総会の招集手続きを省略したとしても、最低でも合併は約２か月を要するとされている。

すなわち、12月までであればともかくとして、１月になってから「×２年３月１日を合併の日とする吸収合併をやってほしい」といわれても、会社法上の手続きが間に合わない。これに対し、×２年３月31日を合併の日とする吸収合併であれば、何とか間に合わせることができる。そして、×２年３月31日を合併の日とする吸収合併を行った場合には、被合併法人において、合併の日の前日である×２年３月30日でみなし事業年度を区切り（法法14①二）、合併の日である×２年３月31日以降の損益が合併法人に取り込まれることから、被合併法人の繰越欠損金を合併法人の×２年３月期から利用することができる。

このように、合併法人において、×２年３月期から被合併法人の繰越欠損金を使用したいというニーズがある場合において、×２年３月１日を合併の日とする吸収合併が間に合わないときに、×２年３月31日を合併の日とする吸収合併を行うことがある。

2　支配関係発生日から５年を経過している場合とは

適格合併を行った場合には、被合併法人の繰越欠損金を合併法人に引き継ぐことができる。しかし、繰越欠損金を有する法人を買収してから適格合併を行うという租税回避を防止するために、みなし共同事業要件を満たさず、かつ、被合併法人と合併法人（新設合併の場合は、他の被合併法人）との間で、以下のうち最も遅い日から支配関係が継続していると認められない場合には、繰越欠損金の引継制限が課されている（法法57③）。

① 合併法人の適格合併の日の属する事業年度開始の日（新設合併の場合には、適格合併の日）の５年前の日
② 被合併法人の設立の日
③ 合併法人の設立の日

ここで留意が必要なのは、吸収合併を行った場合には、支配関係発生日から合併の日までの期間ではなく、支配関係発生日から合併事業年度開始の日（合併の日の属する事業年度開始の日）までの期間が５年未満であるときに、繰越欠損金の引継制限が課されるという点である。

すなわち、３月決算法人を合併法人とする吸収合併を行う場合において、支配関係発生日が×４年10月１日であり、合併の日が×10年１月１日であるときは、支配関係発生日から合併の日までの期間が５年以上ではあるものの、合併事業年度開始の日が×９年４月１日であることから、支配関係発生日（×４年10月１日）から合併事業年度開始の日（×９年４月１日）までの期間が５年未満となるため、繰越欠損金の引継制限が課されることになる。このように、合併事業年度開始の日で判定することから、５年を経過しているという理由で繰越欠損金の引継制限を回避するためには、事業年度を跨がなければならないということがいえる。

実務上、買収当初から繰越欠損金を利用する目的で５年待つということは、租税回避に該当する可能性があることから、それほど事案は多くはない。これに対し、買収当初はそのような目的はなかったものの、３～４年も経過すると、被買収会社の繰越欠損金を利用するために、５年経過後に合併したいという相談がされることは少なくない。

そのような場合には、５年を経過したタイミングですぐに合併することが多いため、合併の日ではなく、合併事業年度開始の日により判定する必要があるということは、必ず理解しておく必要がある。当事務所が経験した事案でも、顧問税理士が５年ルールを勘違いしていたことから、合併の日を遅らせたという事案がある。５年ルールの存在を知っている税理士は多いものの、合併の日ではなく、合併事業年度開始の日により判定するということまで記憶している税理士は少ない。こういった失敗事例を防ぐためには、常に条

文を確認することにより、丁寧に仕事をする必要があると考えられる。

3　繰越欠損金が生じてから9年が経過してしまった事例

適格合併により引き継ぐことができる繰越欠損金は、被合併法人の適格合併の日前10年以内に開始した各事業年度において生じた繰越欠損金であり、かつ、繰越欠損金の繰越控除（法法57①）、繰越欠損金の繰戻還付（法法80①）の適用を受けていない部分の金額に限定されている（なお、平成30年４月１日前に開始した事業年度において生じた繰越欠損金については、上記の10年を９年と読み替える必要がある（平成27年改正法附則27①））。

例えば、繰越欠損金が発生した事業年度が平成30年４月１日前に開始した事業年度であると仮定すると、被合併法人が３月決算法人であり、合併法人が12月決算法人である場合において、適格合併の日が被合併法人の事業年度の期首である×10年４月１日であるときは、その日から前９年以内（×１年４月１日以後）に開始した事業年度である×１年４月１日から×２年３月31日までの事業年度以降の繰越欠損金を引き継ぐことができる（中島礼子『そうだったのか！ 組織再編条文の読み方』127－128頁（中央経済社、平成30年）参照)。

また、法人税法57条１項では、内国法人の各事業年度開始の日前９年以内に開始した事業年度において生じた繰越欠損金を使用することができるものとしており、被合併法人の×１年４月１日から×２年３月31日までの事業年度において生じた繰越欠損金は合併法人の×１年１月１日から×１年12月31日までの事業年度において生じた繰越欠損金とみなされるため、×10年１月１日から×10年12月31日までの事業年度において使用することができる。

これに対し、被合併法人の期首に合併するのではなく、例えば、×10年７月１日が適格合併の日になる場合には、その日から前９年以内（×１年７月１日以後）に開始した事業年度である×２年４月１日から×３年３月31日までの事業年度以降の繰越欠損金を引き継ぐことができる。このように、合併が数か月遅れたことにより、×１年４月１日から×２年３月31日までの事業年度において生じた繰越欠損金を引き継ぐことができなくなってしまう。

このような事案は、筆者も何度も経験しているが、税務上の理由というよりも、事業上の理由で合併が遅れた事案がほとんどである。また、筆者が関与したタイミングでは、繰越欠損金の期限切れが生じていた事案も少なくない。そのため、失敗事例とはいえないのかもしれないが、繰越欠損金の期限切れが生じることをクライアントが知っていれば、速やかに合併を行っていた可能性もあり得るため、本書では、失敗事例として紹介させていただきたい。

なお、平成22年度税制改正により、完全支配関係がある内国法人の残余財産が確定した場合には、当該完全支配関係がある内国法人の繰越欠損金をその法人株主である内国法人に引き継ぐことができるようになった。そして、当該法人株主である内国法人において、引き継ぐことができる繰越欠損金は、当該完全支配関係がある内国法人の残余財産の確定の日の翌日前10年以内に開始した各事業年度において生じた繰越欠損金である。すなわち、適格合併を行った場合には、「適格合併の日前10年以内に開始した各事業年度において生じた繰越欠損金」を引き継ぐことができるのに対し、完全支配関係がある内国法人の残余財産が確定した場合には、「残余財産の確定の日前10年以内に開始した各事業年度において生じた繰越欠損金」ではなく、「残余財産の確定の日の翌日前10年以内に開始した各事業年度において生じた繰越欠損金」を引き継ぐことができるという点にご留意されたい。

4　新設法人の特例

(1)　基本的な取扱い

平成22年度改正前法人税法では、５年以内に設立された新設法人との合併について、支配関係が生じてから５年以内の合併であるとして、繰越欠損金の引継制限・使用制限、特定資産譲渡等損失額の損金不算入が課されていた。

しかし、平成22年度税制改正により、合併法人又は被合併法人のいずれかが５年以内に設立された新設法人である場合において、当該合併法人又は被合併法人の設立の日のいずれか遅い日から適格合併の日まで支配関係が継続しているときは、原則として、繰越欠損金の引継制限・使用制限、特定資産譲渡等損失額の損金不算入は課されないことになった。

しかしながら、被合併法人又は合併法人の設立の日から適格合併の日まで支配関係が継続していたとしても、以下の場合には、繰越欠損金の引継制限が課されている（法令112④二）。

① 新設法人が適格組織再編成を行っていた場合

② 新設法人の完全子会社が解散し、残余財産が確定した場合

このような繰越欠損金の引継制限が課されている理由は、新設法人を経由して繰越欠損金を持ち込むことを防ぐためである。例えば、**図表４－８**のように、×１年10月１日に被買収会社を買収し、×２年４月１日に新設法人を設立した後に、×２年６月１日に被買収会社を被合併法人とし、新設法人を合併法人する吸収合併を行い、×２年８月１日に新設法人を被合併法人とし、買収会社を合併法人とする吸収合併を行った場合には、新設法人と被買収会社の合併は新設法人の設立の日（×２年４月１日）から支配関係が継続し

■図表４－８　新設法人を経由した繰越欠損金の持ち込み

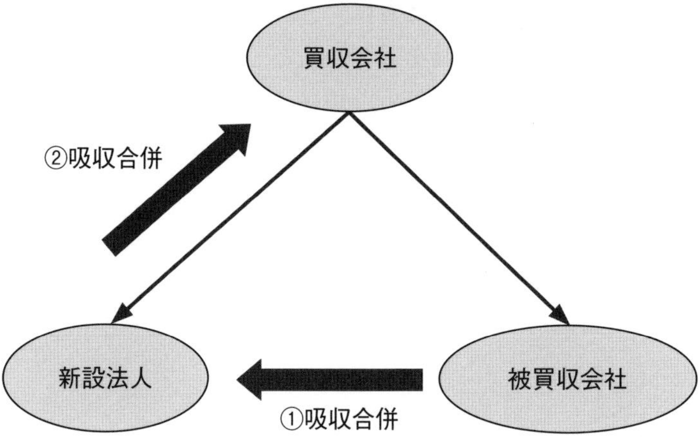

ていることから、繰越欠損金の引継制限が課されない。そして、新設法人と買収会社の合併も新設法人の設立の日（×２年４月１日）から支配関係が継続していることを理由として、繰越欠損金の引継制限が課されないとしてしまうと、新設法人を経由することにより、被買収会社の繰越欠損金を買収会社に引き継ぐことができてしまう。

このような新設法人を経由して繰越欠損金を持ち込む行為を防ぐために、適格合併の前に新設法人が適格組織再編成を行っていた場合には、支配関係が生じてから５年以内の合併であることを理由として、繰越欠損金の引継制限が課されるように規定されている。

なお、繰越欠損金の使用制限、特定資産譲渡等損失額の損金不算入においても、それぞれ同様の規制が設けられている（法令112⑨、法令123の８①二）。

⑵　失敗事例

例えば、Ａ社が10年前にＢ社を買収し、Ｂ社の発行済株式の全部を保有しており、Ｐ社がＡ社の発行済株式の全部を保有している事

案について検討したい。Ａ社には、Ｘ事業とＹ事業とがあるが、Ｙ事業とＢ社の統合を図るとともに、Ａ社とＢ社の兄弟会社化を検討している。そのため、Ａ社を分割法人とし、Ｃ社を分割承継法人とする適格新設分割型分割を行った後に、Ｂ社を被合併法人とし、Ｃ社を合併法人とする適格合併を行う予定である（なお、本件適格合併はみなし共同事業要件を満たさない）。

■図表４－９　適格新設分割型分割後の適格合併

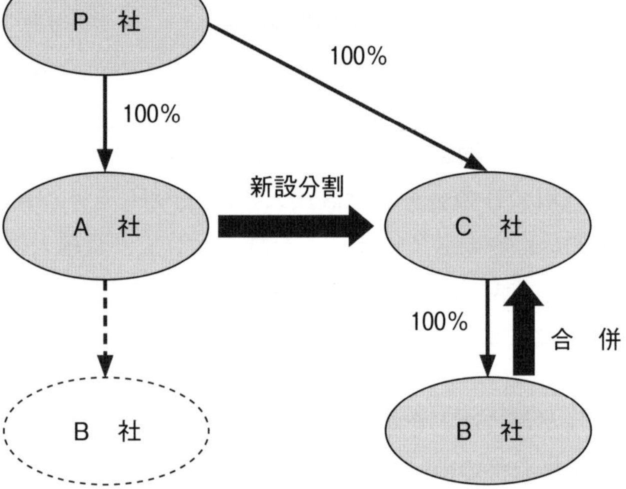

このような事案に対して、条文上、「当該被合併法人等との間に支配関係がある他の法人を被合併法人、分割法人、現物出資法人又は現物分配法人とする法第57条第４項に規定する適格組織再編成等で、当該内国法人を設立するもの又は当該被合併法人等が当該他の法人との間に最後に支配関係を有することとなつた日以後に設立された当該内国法人を合併法人、分割承継法人、被現物出資法人若しくは被現物分配法人とするものが行われていた場合（同日が当該５年前の日以前である場合を除く。）（法令112④二ハ）」と規定されて

おり、上記の事案に当てはめると、被合併法人（B社）との間に支配関係がある他の法人（A社）を分割法人とする適格組織再編成等で、当該内国法人（C社）を設立するものが行われていた場合には、B社とC社との間の支配関係が生じてから５年を経過していなければ、繰越欠損金の引継制限、特定資産譲渡等損失額の損金不算入が課されるようにも思える。

しかしながら、「同日が当該５年前の日以前である場合を除く」と規定されており、「同日」とは、「当該被合併法人等が当該他の法人との間に最後に支配関係を有することとなつた日」をいうことから、B社とA社の間の支配関係が生じてから５年を経過していれば、新設法人を経由して繰越欠損金や資産の含み損を持ち込んだものとはみなされず、繰越欠損金の引継制限、特定資産譲渡等損失額の損金不算入は課されないことになる。

この条文の読み方はかなり難しく、当事務所でも、繰越欠損金の引継制限、特定資産譲渡等損失額の損金不算入は課されるのではないかと回答してしまったことがある。結果的に、他の税理士からの指摘により、繰越欠損金の引継制限、特定資産譲渡等損失額の損金不算入は課されないことが判明したが、存在しないリスクのために吸収合併を延期してしまっていた可能性を考えると、失敗事例に含めたいと思う。

5　合併契約日から合併の日までの売上金額及び従業者の数の変動

みなし共同事業要件には、事業規模要件及び事業規模継続要件が定められている。例えば、吸収合併を行った場合において、事業規模要件を満たすためには、被合併法人の被合併事業とそれに関連する合併法人の合併事業のそれぞれの売上金額、それぞれの従業者の数、被合併法人と合併法人のそれぞれの資本金の額もしくはこれら

■図表４－10　事業規模要件及び事業規模継続要件

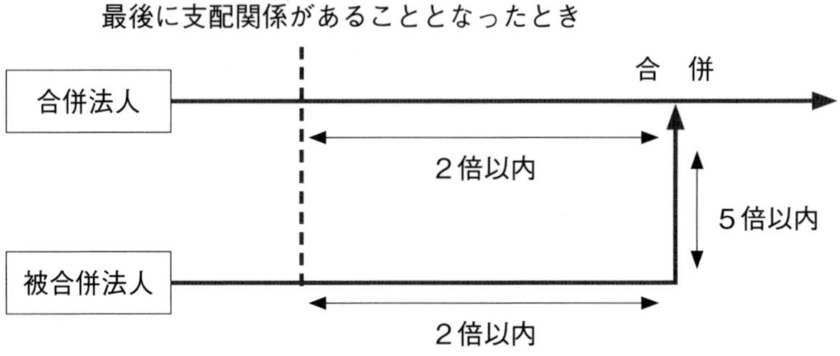

に準ずるものの規模の割合がおおむね５倍を超えないことが必要になる。そして、売上金額、従業者の数、資本金の額及びこれらに準ずるもののすべての規模の割合がおおむね５倍以内である必要はなく、いずれか１つのみがおおむね５倍以内であれば事業規模要件を満たすことができる（法基通１－４－６（注））。

これに対し、吸収合併を行った場合において、事業規模継続要件を満たすためには、以下の２つの要件を満たす必要がある。

①　被合併事業が被合併法人と合併法人との間に最後に支配関係があることとなったときから適格合併の直前のときまで継続して行われており、かつ、最後に支配関係があることとなったときと適格合併の直前のときにおける被合併事業の規模の割合がおおむね２倍を超えないこと

②　合併事業が合併法人と被合併法人との間に最後に支配関係があることとなったときから適格合併の直前のときまで継続して行われており、かつ、最後に支配関係があることとなったときと適格合併の直前のときにおける合併事業の規模の割合がおおむね２倍を超えないこと

そして、事業規模継続要件における規模の割合の指標は、事業規模要件の判定において用いた指標に限られている。そのため、事業

関連性要件を満たしている場合において、売上金額、従業者の数、資本金の額、その他これらに準ずる指標のうち、事業規模要件と事業規模継続要件の両方を満たす指標がいずれか１つでもあれば、みなし共同事業要件を満たすことができる。

このうち、実務で問題となりやすいのは、合併契約日から合併の日までの間に売上金額、従業者の数が変動してしまうという点である。上記のように、事業規模要件は合併の直前で判定し、事業規模継続要件は最後に支配関係があることとなったときと適格合併の直前のときの事業規模を比較することから、合併契約日から合併の日までの間に売上金額、従業者の数が急激に変動してしまうと、事業規模要件、事業規模継続要件を満たせなくなることがあり得る。

すなわち、合併の検討段階では、事業規模要件、事業規模継続要件を満たせると判断したにもかかわらず、合併に係る確定申告書を作成している段階では、事業規模要件、事業規模継続要件を満たせないことが発覚してしまうという問題である。このような問題を回避するためには、合併までに事業規模の変動があり得るのか否かについて、事前に確認しておく必要があるといえる。

■売上金額の抽出をどのようにするのか？

(1)　基本的な取扱い

売上金額の規模を比較する際に問題になるのは、従業者の数や資本金の額と異なり、合併直前の一時点の売上金額だけでは事業の規模を把握するのに適切とはいえず、ある程度の一定期間の売上金額によって規模を判定する必要があるため、どの程度の期間の売上金額により判定すべきであるかという点である。

通常のケースであれば、合併の直前の規模を把握することが目的である以上、事業の規模を把握することができる範囲内でなるべく短い期間の売上金額であることが望ましいと思われるが、季節変動

の激しい事業や短期的に売上金額が増減するような事業もあるため、１週間や１か月の売上金額が事業の規模を適切に表していないことも少なくなく、１年間の売上金額をもって事業の規模を把握することが一般的であると思われる（櫻井光照「企業組織再編税制について」租税研究670号68頁（平成17年））。

そのため、合併の直前までに、売上金額の大幅な増減をもたらす事実がない限り、合併の直前１年間の売上金額によって事業規模要件を判定すべきであると考えられる。ただし、合併の直前までに、売上金額の大幅な増減をもたらす事実（事業譲渡や組織再編成による売上金額の大幅な増減など）があった場合には、合併の直前の規模を判定するにあたり、季節変動による影響を排除しつつも、当該事実が生じた後の規模のみが比較できるような調整を行うべきであると考えられる。

⑵ 具体的な売上金額の比較

平成14年４月４日に公表された「平成14年２月15日付課法２－１「法人税基本通達等の一部改正について」（法令解釈通達）の趣旨説明について（情報）」では、「事業規模を売上金額で比較する場合の比較期間については、法令上明記されていないが、合併の直近の事業年度の売上金額で比較すればよいものと考えられる」とされており、合併の直前１年間とまでは明記されていない。しかし、季節変動による影響を排除すべきであることから、特段の事情がない限り、合併の直前１年間の売上金額によって事業規模要件を判定すべきであると考えられる。

なお、上記趣旨説明では、「比較対象とする期間の長さは同一とすることは当然である」とされている。そして、景気変動による影響を排除するためには、期間の長さだけでなく、期間そのものも一致させる必要があるため、被合併法人及び合併法人が３月決算である場合において、合併の日が×２年10月１日であるときは、×１年

10月１日から×２年９月30日における合併事業の売上金額と×１年10月１日から×２年９月30日における被合併事業の売上金額を比較すべきである。

これに対し、×１年４月１日から×２年３月31日における合併事業の売上金額と×１年10月１日から×２年９月30日における被合併事業の売上金額を比較してしまうと、×２年４月１日から×２年９月30日までの間に、景気変動により売上金額が高騰した場合に、被合併事業の売上金額だけが大きくなってしまうことから、そのような比較をすべきではない。さらに、被合併法人の最後事業年度である×２年４月１日から×２年９月30日における被合併事業の売上金額に12／６を乗じることにより１年分の売上金額にしたうえで、×１年４月１日から×２年３月31日における合併事業の売上金額と比較してしまうと、季節変動による影響が全く排除されていないことから、そのような比較をすべきではない。

6　合併前に生じた譲渡等損失額に対して、特定資産譲渡等損失額の損金不算入が課された事例

適格合併を行った場合には、被合併法人から引き継いだ特定引継資産だけでなく、合併法人が合併前に保有していた特定保有資産に対しても特定資産譲渡等損失額の損金不算入が課される（法法62の７②二）。そして、合併前に特定引継資産及び特定保有資産を譲渡しようとしたところ、特定引継資産については問題にならなかったものの、特定保有資産に対して特定資産譲渡等損失額の損金不算入が適用されそうになった失敗事例がある。

なぜなら、特定資産譲渡等損失額の損金不算入の適用期間が、「合併の日以後」ではなく、「合併事業年度開始の日以後」とされて

いたからである。すなわち、合併の日に、被合併法人から合併法人に対して特定引継資産が移転することから、それまでに特定引継資産に係る譲渡等損失額を実現させた場合には繰越欠損金の引継制限の対象になるため、合併の日以後に特定引継資産を譲渡した場合にのみ、特定資産譲渡等損失額の損金不算入が課される（上記の事案は、被合併法人の最後事業年度に十分な課税所得があったため、繰越欠損金の引継制限が課されなかった事案である）。これに対し、合併事業年度開始の日から合併の日の前日までの間に、合併法人が合併前から保有していた特定保有資産を譲渡した場合には、たとえ合併の日の前日までの譲渡であっても、特定資産譲渡等損失額の損金不算入が課される。

そのため、合併法人が３月決算法人であり、合併の日が×５年10月１日である場合において、合併法人が保有する特定保有資産の含み損を×５年４月１日から×５年９月30日までの期間に実現させた場合には、合併の日の前日までの譲渡ではあるものの、特定資産譲渡等損失額の損金不算入が課されるということになる。

これに対し、合併法人の×５年３月期に十分な課税所得が発生している場合において、×５年３月期に特定保有資産の含み損を実現させた場合には、合併事業年度開始の日の前日までに行われた資産の譲渡であることから特定資産譲渡等損失額の損金不算入は課されない。そして、繰越欠損金の使用制限が課されるのは、合併事業年度以後の各事業年度であることから（法法57④）、合併事業年度前に資産の含み損が実現したとしても、繰越欠損金が残っていないのであれば、繰越欠損金の使用制限が課されない。

そのため、このような事案では、合併事業年度開始の日の前日までに、特定保有資産を譲渡しておく必要があるといえる。

7　法人税基本通達９－４－１の要件を満たしたのに、損金の額に算入できなかった事例

法人税基本通達９－４－１では、「法人がその子会社等の解散、経営権の譲渡等に伴い当該子会社等のために債務の引受けその他の損失負担又は債権放棄等（以下９－４－１において「損失負担等」という）をした場合において、その損失負担等をしなければ今後より大きな損失を蒙ることになることが社会通念上明らかであると認められるためやむを得ずその損失負担等をするに至った等そのことについて相当な理由があると認められるときは、その損失負担等により供与する経済的利益の額は、寄附金の額に該当しないものとする」と規定されている。

そのため、子会社を解散したことにより、子会社に対する債権が貸し倒れた場合には、当該貸倒れにより生じる損失について損金の額に算入することができるように思える。しかしながら、特定資産譲渡等損失額の損金不算入の対象になった場合には、当該貸倒れにより生じる損失が寄附金にはならなかったとしても、特定資産譲渡等損失額として損金の額に算入できないという問題が生じる（ただし、債務の引受けその他の損失負担については、資産から生じる損失ではないことから、このような問題は生じない）。

今のところ、そのような事案に遭遇したことはないが、当事務所が直接関与した子会社整理の事案においては、過去に組織再編成を行ったかどうかについて、事前に確認するようにしている。

8　資本的支出が特定資産に該当した事例

繰越欠損金の引継制限・使用制限では、支配関係事業年度前の繰越欠損金はすべて制限されてしまうが、支配関係事業年度以後の繰越欠損金は特定資産譲渡等損失相当額のみが制限される。すなわち、支配関係事業年度以後の繰越欠損金は「特定資産」から生じる損失のみが制限の対象となる。そして、特定資産譲渡等損失額の損金不算入でも、「特定資産」から生じる損失のみが制限の対象となる。

特定資産とは支配関係が生じる前に有していた資産をいうが、以下の資産が特定資産から除外されている（法令123の８②⑨）。

①　棚卸資産（土地、土地の上に存する権利を除く）

②　短期売買商品等、売買目的有価証券

③　適格合併の日（又は適格合併の日の属する事業年度開始の日）における帳簿価額又は取得価額が10百万円に満たない資産

④　支配関係発生日の属する事業年度開始の日以後に有することとなった資産及び同日における時価が税務上の帳簿価額以上である資産

⑤　適格合併に該当しない合併により移転を受けた資産で譲渡損益調整資産以外のもの

このうち、上記③が最も重要である。なぜなら、法人税法施行規則27条の15第１項では、**図表４－11**の評価単位により10百万円未満であるか否かを判定することが明らかにされており、この評価単位により判定した結果、ほとんどの資産が10百万円未満の資産に該当するからである。

ここで問題になりやすいのは、新たな資産の取得とされる資本的支出があった資産の移転を受けた場合には、法人税法施行令55条４

■図表４－11　評価単位

区　分	評価単位
一　金銭債権	債務者ごと
二　減価償却資産	
イ　建物	一棟ごと（建物の区分所有等に関する法律１条（建物の区分所有）の規定に該当する建物にあっては、同法２条１項（定義）に規定する建物の部分ごと）
ロ　機械及び装置	一の生産設備又は一台若しくは一基（通常一組又は一式をもって取引の単位とされるものにあっては、一組又は一式）ごと
ハ　その他	上記に準じて区分する
三　土地等	一筆（一体として事業の用に供される一団の土地等にあっては、その一団の土地等）ごと
四　有価証券	銘柄の異なるごと
五　暗号資産	種類の異なるごと
六　その他の資産	通常の取引の単位を基準として区分する

項に規定する一の減価償却資産の取得価額をいうのではなく、旧減価償却資産の取得価額と追加償却資産の取得価額の合計額により判定を行うという点である（法基通12の２－２－６、７－８－４）。そして、通達には明記されていないが、帳簿価額についても、旧減価償却資産の帳簿価額と追加償却資産の帳簿価額の合計額により判定すべきであると考えられる。

なぜ問題になりやすいのかというと、固定資産台帳の管理がきちんとされていない場合には、固定資産台帳に計上されているものが、**図表４－11**のとおりになっているとは限らないからである。その結果、どの資産に対する資本的支出なのかが、固定資産台帳に入力した時点では明らかであったとしても、適格組織再編成を行った時点では明らかではないため、旧減価償却資産と追加償却資産の合計額により判定しようとしても、その合計額を算定することができないという問題がある。

さらに、固定資産台帳の数値を精査せずに眺めただけで、10百万円未満であると顧問税理士が判断してしまった事例があった。念のため、当事務所でも確認したところ、10百万円に満たないと判断した資産が資本的支出であり、旧減価償却資産と合算すると10百万円以上になっていたことにより、特定資産に該当してしまった事案があった。

このように、帳簿価額又は取得価額が10百万円に満たないことを理由として特定資産から除外する場合には、その資産の内容について精査が必要になることがあるため、ご留意されたい。

9　別表五㈠に加算留保項目がある場合

会計上、固定資産や有価証券の評価損を計上している場合には、固定資産や有価証券の帳簿価額が小さくなっている場合が考えられる。さらに、会計上、有税で貸倒損失を計上することにより、金銭債権の帳簿価額が小さくなっている場合が考えられる。

しかし、帳簿価額又は取得価額が10百万円に満たないことを理由として特定資産から除外する場合には、会計上の帳簿価額ではなく、税務上の帳簿価額により判定する必要がある。その結果、法人税確定申告書別表五㈠に多額の加算留保項目がある場合には、会計上の帳簿価額では10百万円に満たないものの、税務上の帳簿価額では、10百万円以上であることから、特定資産に該当してしまう場合が考えられる。

実務上、このような検討は、特定資産譲渡等損失額の損金不算入（法法62の７）の対象になった場合に行うことが多い。なぜなら、特定資産譲渡等損失額の損金不算入の対象になったとしても、特定資産が存在しなければ、損金の額に算入されない損失は生じないし、特定資産が存在したとしても、適用期間内に当該特定資産の含み損が実現しなければ、損金の額に算入されない損失は生じないか

らである。

すなわち、特定資産譲渡等損失額の損金不算入の対象になった場合には、特定資産に該当する資産を把握するために調査を行うことがある。そして、当事務所においても、貸借対照表と勘定明細を確認したところ、特定資産に該当しそうな資産がなかったのに対し、念のため、別表五㈠も確認したところ、多額の加算留保項目があったことにより、特定資産に該当する資産があったという事案を経験したことがある。

もし、別表五㈠を確認していなかった場合には、適用期間内に特定資産の含み損を実現させてしまっていた可能性がある。このような場合には、別表五㈠に残っていた加算留保項目を別表四及び五㈠において減算留保処理したとしても、別表四において加算流出処理することにより、損金の額に算入できなくなる。このような失敗事例を避けるためには、会計上の数値ではなく、税務上の数値を確認する必要があるといえる。

第３節　課税所得の計算

1　適格組織再編成なのに課税所得が発生する事例

適格組織再編成を行った場合には、資産及び負債を帳簿価額で移転することから（法法62の２～62の５）、資産及び負債を移転した法人においても、移転を受けた法人においても、それぞれ法人税の課税所得は生じないはずである。

しかし、例えば、合併法人が被合併法人に対する債権を安く取得している場合には、被合併法人から移転を受けた債務100百万円と、合併法人が合併前に有していた債権30百万円が混同（民法179）により消滅し、債務消滅益が生じてしまう。具体的には、以下の仕訳を参照されたい。

【適格合併による資産及び負債の引継ぎ】

（借）	資　　　産	50百万円	（貸）	借　入　金	100百万円
				資本金等の額	10百万円
				利益積立金額	△60百万円

【抱合せ株式の消却】

（借）	資本金等の額	10百万円	（貸）	子会社株式	10百万円

【混同による消滅】

（借）	借入金	100百万円	（貸）	貸付金	30百万円
				債務消滅益	70百万円

このように、債務消滅益が生じるのは、被合併法人ではなく、合併法人ではあるものの、適格組織再編成により課税所得が生じることもある。実際に、当事務所が相談を受けた事例でも、債務消滅益が生じることを理由として合併を取り止めたことがある。そのため、適格組織再編成を行う場合には、組織再編成の一方の当事会社における債権の帳簿価額と他方の当事会社における債務の帳簿価額が一致しているかどうかを事前に把握しておく必要がある。

さらに、外部から債権を購入していない場合には、組織再編成の一方の当事会社における債権の帳簿価額と他方の当事会社における債務の帳簿価額は一致しているはずであるが、稀に帳簿価額が一致していないことがある。もちろん、過去の経理処理の間違いによる場合には、修正申告などにより対応すべきであるが、債権・債務の認識基準の違いによる場合には、事業の移転を受けた合併法人、分割承継法人、被現物出資法人又は被現物分配法人において債務消滅損益を認識する必要がある。

2　分割法人で損失が発生し、分割承継法人で利益が発生した事例

３月決算法人において、12月から２月に多額の利益が発生する事案（例えば、スキー場関連の事業）を想定してみたい。このような法人が10月１日に適格分割を行った場合には、４月１日から９月30日まではほとんど儲からない。分割後の10月１日から３月31日は、12月から２月までの利益があるため儲かることが予想される。このような事案では、分社型分割をしなければ300の課税所得であった

にもかかわらず、分割法人において△100の欠損金額が生じ、分割承継法人において400の課税所得が生じることにより、いつもの事業年度に比べて、グループ全体における法人税、住民税及び事業税の負担が高くなることがあり得る。

そして、分割法人に繰越欠損金がある場合に、分割承継法人に事業を移転すると、分割法人の課税所得が縮小することから、繰越欠損金が使用できなくなる場合が考えられる。さらに、7月に賞与を支払っている法人が6月1日に適格分割を行うと、分割法人において当該賞与が損金の額に算入されず、分割承継法人で損金の額に算入されるため、分割法人の課税所得が大きくなり、分割承継法人の課税所得が小さくなる。このような場合には、賞与の原因となる労働が分割法人で行われ、分割法人で収益が認識されているものの、賞与の支払いについては分割承継法人で損金の額に算入されることから、益金の額が発生する法人と損金の額が発生する法人が変わってしまうという問題がある。

このように、簿価で資産及び負債を引き継いだ結果、分割法人及び分割承継法人の課税所得が変わることにより、一方の法人で欠損金額が生じ、他方の法人で課税所得が生じることもあり得るため、ご留意されたい。

3　分社型分割による持株会社化

一般的に、持株会社を設立する手法として、株式移転と分社型分割が挙げられる。このうち、分社型分割により持株会社を設立する手法は、分社型分割により資産及び負債のほとんどを分割承継法人に移転する手法である。

ほとんどの場合において、適格分社型分割に該当することから、税務上の問題が生じないようにも思えるが、分割法人に多額の繰越欠損金がある場合には、分割承継法人に事業が移転してしまうこと

から、当該繰越欠損金と相殺すべき利益がなくなってしまい、税負担が増えてしまうという問題がある。

過去において当事務所が経験した事案では、持株会社を設立するためにコンサルティング会社が提案した段階では、税務上の検討がほとんどなされていなかったため、上記の問題点を指摘したところ、コンサルティング会社から当時の連結納税制度の採用を提案されたことがある。しかしながら、連結納税制度により法人税の損益通算はできるものの、住民税及び事業税の損益通算はできないことから、税負担が増えるという問題は解決されない。結果的に持株会社の設立を諦めることになったという失敗事例である。

上記のような問題は、事業ごとに分割をしたいという話が出たときにも問題になりやすい。赤字になりやすい事業を分割により切り出した場合には、ひとつの法人であれば黒字事業と赤字事業の損益通算ができていたにもかかわらず、別々の法人になったことにより損益通算ができなくなるという問題が生じる。

住民税及び事業税の損益通算ができないという問題点については、現行法のグループ通算制度においても同様である。

4　ＤＥＳによる失敗

(1)　債務超過会社における相続税法上の問題点

相続税法上、純資産価額方式により計算する場合には、債務超過会社の株式を０円で評価する。そのため、債務超過500百万円の会社であっても、△500百万円として評価するのではなく、０円で評価する必要がある。

これに対し、被相続人であるオーナーから債務超過会社に対する貸付金は、原則として、元本部分を券面額により評価する必要がある（財基通204）。なお、貸付金の全部又は一部が、回収が不可能又

は著しく困難であると見込まれるときは、それらの金額を元本の価額に算入しないことができるとされているが（財基通205）、債務超過であるという程度の理由では、券面額により評価せざるを得ないケースが多く、実際の回収可能見込額よりも多額に評価されてしまうケースが少なくない。

そのため、債務超過500百万円の会社に対する貸付金が700百万円である場合には、オーナーと会社とを総合して考えると差額の200百万円しか財産がないにもかかわらず、相続税の課税標準の計算では、株式０円、貸付金700百万円として評価されることから、実際の時価に比べて高い課税標準の金額となってしまうため、不当に高額な相続税が課されるという問題がある。

さらに、債務超過会社に対する連帯保証債務についても、原則として債務として控除することが認められていない。相続税法基本通達14－３では、「主たる債務者が弁済不能の状態にあるため、保証債務者がその債務を履行しなければならない場合で、かつ、主たる債務者に求償して返還を受ける見込みがない場合には、主たる債務者が弁済不能の部分の金額」について、債務として控除することが認められているが、単に債務超過であるという程度の理由では、債務として控除することが認められていない。そのため、債務超過500百万円の会社の株式のほかに個人財産が700百万円あるような場合には、会社の連帯保証債務を考慮に入れると200百万円の財産しかないにもかかわらず、相続税の課税標準の計算では、個人財産700百万円、債務０円として評価されることから、実際の時価に比べて高い課税標準の金額になってしまうため、不当に高額な相続税が課されてしまうという問題点がある。

このように、何も対策を行わない状況下では、債務超過会社の債務超過部分と個人財産の資産超過部分とを相殺することが難しいため、このような債務超過会社に対する事業承継対策では、債務超過会社の債務超過部分と個人財産の資産超過部分とをどのように相殺

できるようにするのかという点がポイントになる。

⑵ 債権放棄、債務引受、贈与

会社の債務超過が500百万円であり、個人財産が700百万円である場合には、個人財産のうち500百万円を債務超過会社に贈与すれば、個人財産は200百万円まで減少する。これに対して、会社が贈与を受けたとしても、会社の純資産価額が△500百万円から０円になるだけなので、株式の相続税評価額は０円のままである。

このように、オーナーから債務超過会社に対する贈与を行った結果として、債務超過会社の債務超過部分と個人財産の資産超過部分とを相殺することができる。しかしながら、債務超過会社で発生した債務免除益が、法人税法上、益金の額に算入されるという問題がある。その結果、繰越欠損金の額を超える債務免除益がある場合には、当該超える部分の金額に対して、法人税、住民税及び事業税の負担が発生することになる。

そのため、繰越欠損金の範囲内で贈与するようなやり方しか採用することができず、実務上、あまり現実的な手法であるとはいい難い。

⑶ ＤＥＳ

それでは、第三者割当増資により債務免除益を発生させないという手法はどうであろうか。この場合には、金銭を払い込む必要があることから、そのための資金を調達する必要がある。例えば、疑似ＤＥＳのように、オーナーから債務超過会社に対して払い込んだ金銭をオーナーからの借入金の弁済に充てるのであれば、一時的に金融機関から資金を借り入れて、第三者割当増資を行うという方法が考えられる。しかし、金融機関からすると、第三者割当増資により払い込んだ金銭が、確実にオーナーからの借入金の弁済に充当されるとは限らないため、そのような資金調達が困難である場合が多い

と考えられる。

これに対し、ＤＥＳ（デット・エクイティ・スワップ）であれば、どうであろうか。法人税法上、オーナーが保有する債権が債務超過会社に対して現物出資されるため、非適格現物出資に該当する。なぜなら、適格現物出資の制度は、法人から法人に対する現物出資に限定されているからである（法法２十二の十四）。しかし、この手法を採用した場合には、債務超過会社において受け入れた債権の時価と債務の帳簿価額の差額に対して、債務消滅益が生じるという問題がある。そのため、実務上、あまり現実的な手法であるとはいい難い。債権の時価が100百万円、債務の帳簿価額が300百万円とした場合における債務超過会社の仕訳は、以下のとおりである。

【発行会社側の仕訳】

① 現物出資

（借）	貸付金	100百万円	（貸）	資本金等の額	100百万円

② 混同による消滅

（借）	借入金	300百万円	（貸）	貸付金	100百万円
				債務消滅益	200百万円

実際に、ある税理士法人がＤＥＳを提案したが故に、多額の損害賠償責任が問われた事案がある（東京地判平成28年５月30日）。組織再編税制における事故案件として、かなり有名な事例でもあるため、同じような間違いをしないように留意が必要である。

5　疑似ＤＥＳによる失敗

疑似ＤＥＳとは、第三者割当増資により、債権者から債務超過会社に対して金銭を払い込み、その後、払い込んだ金銭を借入金の弁

済に充てる手法をいう。

金銭出資であることから、法人税法上、発行会社において課税所得は生じない。そして、株主側でも課税所得が生じないことが一般的である。

しかし、外部から債務超過会社に対する債権を安く取得している場合（例えば、券面額300百万円の債権を100百万円で取得している場合）には、当該債権を回収したタイミングで200百万円の回収益が発生することになる。

そのため、外部から債務超過会社に対する債権を安く取得している場合には、当該債権を塩漬けにせざるを得ないことがほとんどである。

【株主側の仕訳】

① 増　資

（借）	有価証券	300百万円	（貸）	現金預金	300百万円

② 回　収

（借）	現金預金	300百万円	（貸）	貸付金	100百万円
				回収益	200百万円

6　創設債務の発生

1月1日に固定資産を所有している者に対して、1年分の固定資産税が課される（地法343①、359）。通常の不動産の売買では、所有権移転後の固定資産税も売り手で課されることから、未経過固定資産税相当額を売り手、買い手でやり取りすることが一般的であるが、買い手において負担した固定資産税は、固定資産税を支払ったのではなく、「固定資産税に相当する金額」を売買対価として売り

手に支払ったと考えることから、租税公課として損金の額に算入することはできず、不動産の取得価額に算入することになる（国税不服審判所平成24年３月13日裁決、平成24年７月５日裁決など）。

このように、１月１日に固定資産を所有している者が固定資産税の納税義務者になることから、未経過固定資産税の納税義務を分割承継法人に移転させることは、法的に認められていない。

そのため、このような分割承継法人から分割法人に対する「未経過固定資産税相当額」の支払いは、法人税法上、分割承継法人から分割法人への寄附金として処理せざるを得ない（法法37）。

もし、分割対価資産として処理しようとするのであれば、合併等対価の柔軟化により、吸収分社型分割を行った場合には、分割承継法人が分割法人に対して交付する分割対価資産として、分割承継法人株式だけでなく、金銭その他の財産を交付することができるため（会社法758①四ホ）、分割法人を債権者とし、分割承継法人を債務者とする債権債務関係を発生させざるを得ないが、そのような手法を採用してしまうと、金銭等不交付要件に抵触し、非適格分割に該当するという問題がある（法法２十二の十一）。

このように、会計上の観点から、適正に課税所得を計算しようとすると、寄附金に該当してしまったり、非適格組織再編成に該当してしまったりするため、留意が必要である。

7　適格分社型分割後の株式譲渡

(1)　失敗事例

後継者に事業又は資産の一部を譲渡するために、現金交付型分割を行った場合には、分割法人に対して、分割承継法人株式以外の資産が交付されることから、非適格分社型分割として取り扱われる。

これに対し、分割法人に対して分割承継法人株式のみを交付し、

当該分割承継法人株式を後継者（親族等に限る）に譲渡した場合には、税制適格要件の判定上、親族等を含めたうえで、完全支配関係の判定を行うことから、オーナーと後継者を合算すると完全支配関係が継続しているため、完全支配関係内の適格分社型分割に該当する（法法２十二の十一、法令４の３⑥二、４の２②、４）。適格分社型分割を行った場合には、分割法人が保有する資産又は負債が分割承継法人に対して簿価で譲渡したものとして取り扱われることから（法法62の３①）、分割承継法人が資産又は負債を簿価で取得したものとみなされ（法令123の４）、分割承継法人に移転した簿価純資産価額が分割法人が取得する分割承継法人株式の取得価額となる（法令119①七）。その結果、分割法人における移転資産の含み損益は分割承継法人株式の含み損益に振り替えられることから、分割承継法人株式の譲渡により株式譲渡損益が生じることになる。

図表４－12では、分割法人から後継者に対して分割承継法人株式を譲渡しているが、内国法人間の取引ではないため、譲渡損益の繰延べに係る規定（法法61の11）は適用されない。すなわち、分割承継法人株式の譲渡により、株式譲渡損益を認識する必要がある。

さらに、適格分社型分割は、簿価で資産又は負債を譲渡したものとみなすと規定しているだけで、分割承継法人株式の時価が簿価純資産価額であることまでは規定していない。すなわち、このような適格分社型分割により取得した分割承継法人株式であっても、後継者に譲渡する段階では、時価で譲渡する必要が生じる。

このような理由により、分割承継法人に移転した資産に含み益があるにもかかわらず、**図表４－13**のスキームを実行してしまうと、分割法人が分割承継法人株式を後継者に譲渡した段階で分割承継法人株式に係る譲渡益が生じるという失敗事例になってしまう。具体的には、以下の仕訳のように、帳簿価額100百万円、時価1,000百万円の資産を適格分社型分割により分割承継法人に移転させた場合には、分割法人における分割承継法人株式の帳簿価額が100百万円に

■図表4－12　適格分社型分割

〈ステップ1：新設分社型分割〉

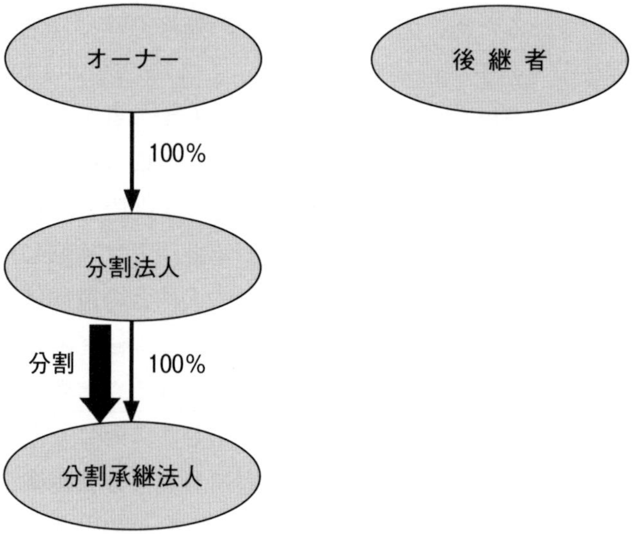

〈ステップ2：分割承継法人株式の譲渡〉

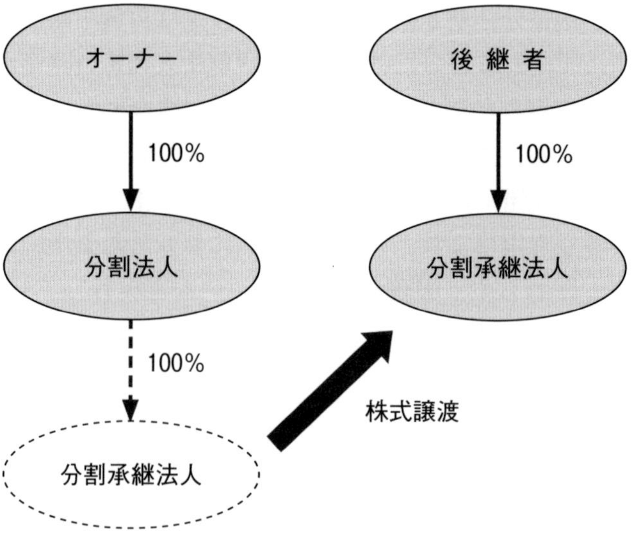

なることから、分割承継法人株式の譲渡により、900百万円の株式譲渡益が生じることになる。

【分割法人の仕訳】

〈分社型分割〉

（借）	分割承継法人株式	100百万円	（貸）	諸　資　産	100百万円

〈株式の譲渡（グループ内）〉

（借）	現金預金	100百万円	（貸）	分割承継法人株式	100百万円
				株式譲渡益	900百万円

このような問題は、実務でも何度か遭遇するが、適格組織再編成であれば譲渡損益が生じないという誤解に基づくものであると思われる。このような失敗事例を避けるために、税制適格要件の検討だけでなく、各ステップにおける会計仕訳及び税務仕訳を確認する必要がある。上記のような問題が生じない場合であっても、適格組織再編成により増減する資本金等の額を確認することができることから、ストラクチャーの提案段階で会計仕訳及び税務仕訳の確認を常に行うことをお勧めしたい。

なお、上記のような問題がある場合には、適格分社型分割ではなく、適格分割型分割による手法を検討すべきである（**図表４－13**参照）。ただし、時価で分割承継法人株式を譲渡した場合には、分割法人において株式譲渡損益は生じないものの、オーナーにおいて株式譲渡損益が生じることになる。これを避けるために後継者に分割承継法人株式を贈与した場合には、株式譲渡損益は生じないものの、贈与税の問題が生じる。このように、税制適格要件を満たせば、すべて解決するというわけではない。

■図表４－13　適格分割型分割

〈ステップ１：新設分割型分割〉

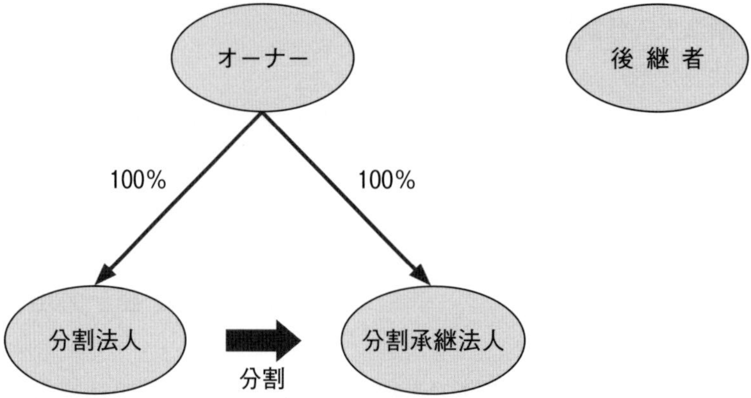

〈ステップ２：分割承継法人株式の譲渡〉

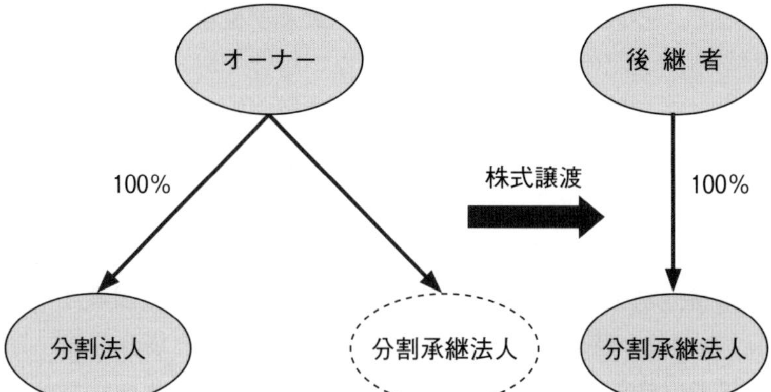

⑵　節税スキームとしての利用

このような株式譲渡益が生じるという失敗事例があるということは、資産の含み損があれば、株式譲渡損が生じるという節税事例になり得るということがいえる。さらに、適格分社型分割により資産

又は負債を簿価で移転することにより、分割承継法人において資産の含み損が維持できている。すなわち、分割法人において分割承継法人株式の譲渡損益が実現し、移転資産を売却した時点で、分割承継法人において資産の譲渡損益が実現することから、二重の譲渡損益を発生させることが可能になる。

具体的には、帳簿価額1,000百万円、時価100百万円の資産を適格分社型分割により分割承継法人に移転させた場合には、分割法人における分割承継法人株式の帳簿価額が1,000百万円になり、分割承継法人における資産の帳簿価額が1,000百万円になることから、二重の含み損を抱えることになる。その結果、将来の株式の譲渡や移転資産の譲渡により含み損を実現させた場合には、両社において900百万円の譲渡損が生じることになる。

【分割法人の仕訳】

〈分社型分割〉

（借）	分割承継法人株式	1,000百万円	（貸）	諸　資　産	1,000百万円

〈株式の譲渡（グループ内）〉

（借）	現金預金	100百万円	（貸）	分割承継法人株式	1,000百万円
	株式譲渡損	900百万円			

【分割承継法人の仕訳】

〈分社型分割〉

（借）	諸　資　産	1,000百万円	（貸）	資本金等の額	1,000百万円

〈資産の含み損の処理〉

（借）	現金預金	100百万円	（貸）	諸　資　産	1,000百万円
	資産譲渡損	900百万円			

無論、このような損失の二重利用を目的とした組織再編成については、包括的租税回避防止規定の適用が考えられるが（法法132の２）、事業目的が税負担の減少目的よりも優位にあることを理由として、包括的租税回避防止規定を適用することができない事案も多いと考えられる。

⑶　否認され得るケース

このように、通常であれば、二重に損金が発生するという問題があるにせよ、事業目的が十分に認められる取引であるケースも多いと考えられる。しかしながら、適格組織再編成を繰り返すことにより、欠損法人を数珠並びにすることができるという問題がある。具体的には、**図表４－14**を参照されたい。

■図表４－14　適格分社型分割

〈ステップ１：新設分社型分割〉

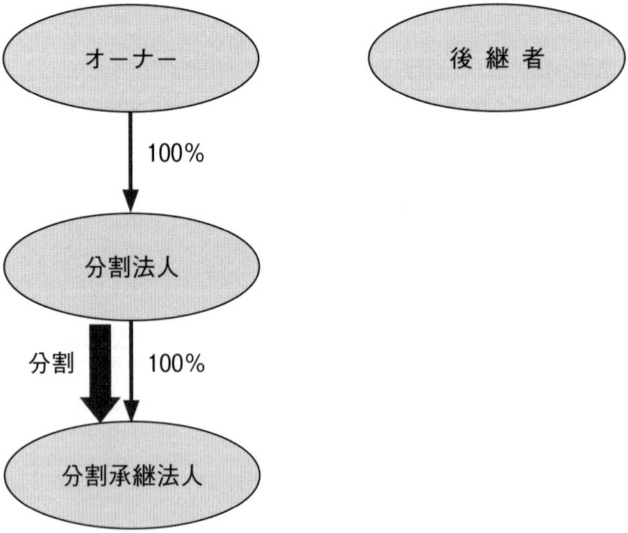

〈ステップ2：分割承継法人株式を現物出資対象資産とする新設現物出資〉

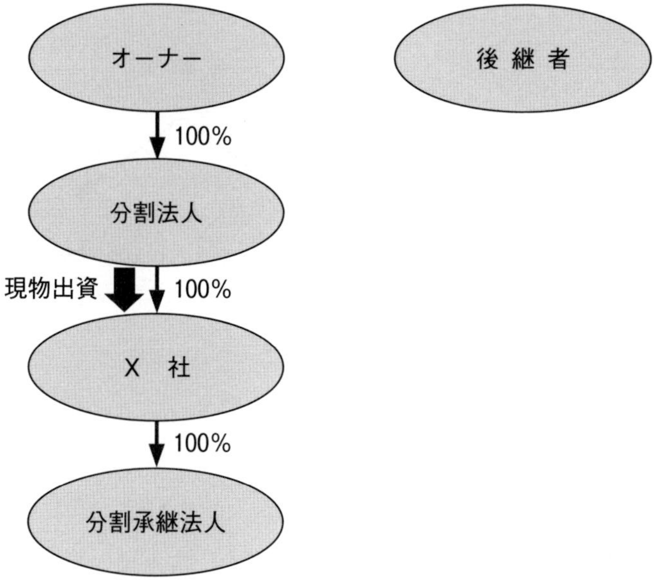

〈ステップ3：分割承継法人株式の譲渡〉

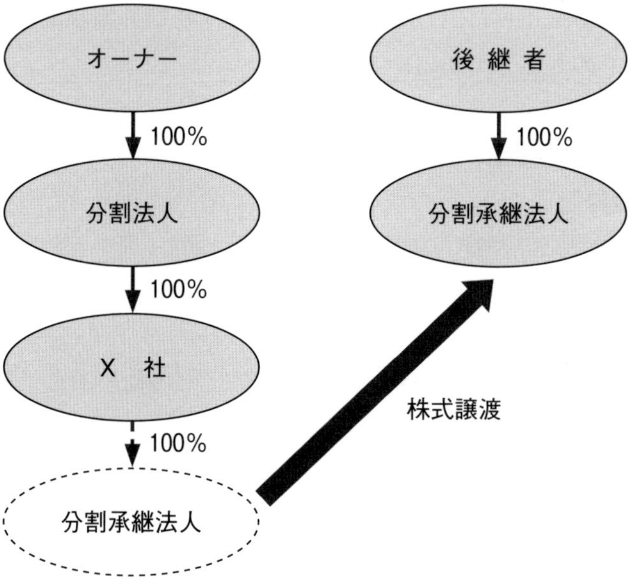

〈ステップ４：Ｘ社株式の譲渡〉

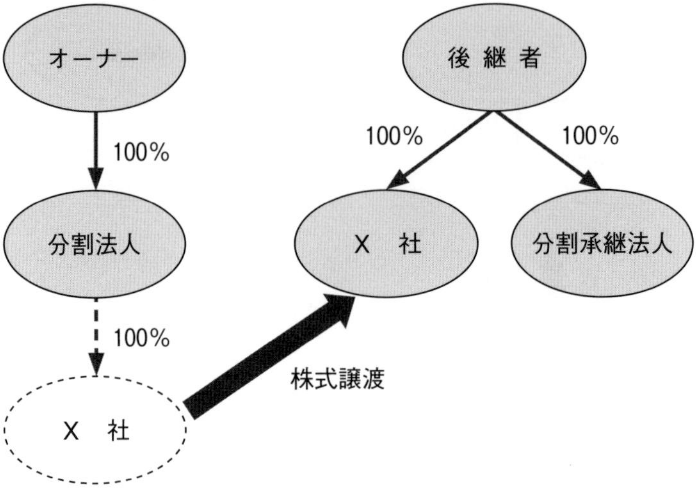

このストラクチャーでは、分割承継法人に含み損のある資産を移転させるだけでなく、当該分割承継法人株式を現物出資対象資産としてＸ社に移転することにより、含み損が三重になっている。上記のストラクチャーにおける分割法人、Ｘ社及び分割承継法人の仕訳は、以下のとおりである。

【分割法人の仕訳】

〈分社型分割〉

（借）	分割承継法人株式	1,000百万円	（貸）	諸　資　産	1,000百万円

〈現物出資〉

（借）	Ｘ 社 株 式	1,000百万円	（貸）	分割承継法人株式	1,000百万円

〈株式の譲渡（グループ内）〉

（借）	現 金 預 金	100百万円	（貸）	Ｘ 社 株 式	1,000百万円
	株 式 譲 渡 損	900百万円			

【X社の仕訳】

〈現物出資〉

（借）	分割承継法人株式	1,000百万円	（貸）	資本金等の額	1,000百万円

〈株式の譲渡（グループ内）〉

（借）	現金預金	100百万円	（貸）	分割承継法人株式	1,000百万円
	株式譲渡損	900百万円			

【分割承継法人の仕訳】

〈分社型分割〉

（借）	諸資産	1,000百万円	（貸）	資本金等の額	1,000百万円

〈資産の含み損の処理〉

（借）	現金預金	100百万円	（貸）	諸資産	1,000百万円
	資産譲渡損	900百万円			

なお、上記では、適格現物出資によるストラクチャーを前提としたが、それ以外にも、分割承継法人株式を分割対象資産とする適格分社型分割によるストラクチャーでも同様の結論となる。さらに、後継者にそれぞれの法人の株式を譲渡する前に、X社株式を現物出資対象資産としてY社を設立、Y社株式を現物出資対象資産としてZ社を設立といったことを繰り返せば、繰越欠損金を無限に増殖させることが可能となる。

しかしながら、このようなストラクチャーは、最初の分社型分割はともかくとして、その後の現物出資については何ら経済合理性がなく、繰越欠損金を有する法人を作り出すためだけに行われたストラクチャーであると考えられる。

このようなストラクチャーについては、パチンコ店チェーン約40の企業グループに対する否認事例（平成24年2月12日読売新聞朝

刊）があることから、悪質なストラクチャーに対しては、包括的租税回避防止規定（法法132の２）が適用される可能性があるため、ご留意されたい。

8　被合併法人株式に係る譲渡損益の実現

完全支配関係内の譲渡損益の繰延べ（法法61の11①）を行った後に、譲受法人が譲渡損益調整資産を譲渡した場合には譲渡損益が実現する。そして、譲受法人が譲渡損益調整資産を組織再編成により他の法人に移転した場合も、原則として、譲渡損益を実現すべき事由に含まれる（法法61の11②）。ただし、適格合併、適格分割、適格現物出資又は適格現物分配により、完全支配関係のある法人に対して、譲渡損益調整資産を移転した場合には、譲渡損益を計上すべき事由から除かれており、それだけでは計上を行わない（法法61の11③二）。その後、その適格合併、適格分割、適格現物出資又は適格現物分配に係る移転先の法人で譲渡損益を計上すべき事由が生じたときに、譲渡損益の計上を行う必要がある（法法61の11⑥）。

さらに、譲渡法人を被合併法人とする適格合併を行う場合には、譲渡法人と譲受法人との間の完全支配関係を有しないこととなるが、合併法人が完全支配関係のある法人である場合には、譲渡損益の計上は行わないこととされており（法法61の11③一）、譲受法人において譲渡損益を計上すべき事由が生じたときに、合併法人において、譲渡損益の計上を行う必要がある（法法61の11⑤）。そのため、法人税法施行令122条の12第13項において、譲渡法人を被合併法人とする適格合併を行った場合には、当該適格合併により合併法人に引き継がれる資産又は負債に繰延譲渡損益が含まれることが明らかにされている。

このように、完全支配関係のない法人に対して適格組織再編成を行った場合には、譲渡損益が実現してしまうものの、完全支配関係

のある法人に対して適格組織再編成を行った場合には、譲渡損益が実現しないように配慮がなされている。

しかしながら、譲渡損益調整資産が株式等であり、かつ、当該株式等を発行している法人を被合併法人とする適格合併を行った場合についての特例は定められていない。その結果、被合併法人株式（譲渡損益調整資産）の消却に伴い、譲渡損益を実現させる必要がある。

グループ内での株式譲渡や組織再編成を繰り返している場合には、譲渡損益が実現してしまう事案が想定される。実際に、当事務所においても、被合併法人株式に係る譲渡損益が実現することを理由としてスキームの変更をせざるを得なかった事例があるため、ご留意されたい。

9　被合併法人又は分割法人の株主等におけるみなし配当課税

非適格合併を行った場合には、被合併法人の資産及び負債を合併のときの時価で譲渡し、対価として合併法人株式その他の資産（以下、「合併対価資産」という）をそのときの時価により取得し、直ちに、当該合併対価資産を被合併法人の株主等に対して交付したものとして取り扱われる（法法62①）。具体的には、**図表４－15**を参照されたい。

このように、被合併法人の株主等が交付を受けた合併対価資産は、被合併法人から分配を受けた資産であるため、交付を受けた合併対価資産の価額がそれに対応する資本金等の額を超える部分の金額が、税務上、みなし配当として取り扱われる（法法24①一、所法25①一）。そして、被合併法人の株主等が合併法人株式又は親法人株式のいずれか一方の株式又は出資以外の資産の交付を受けた場合には、株式譲渡損益も認識する必要がある（法法61の２①②、措法

■図表4－15　非適格合併における取引図

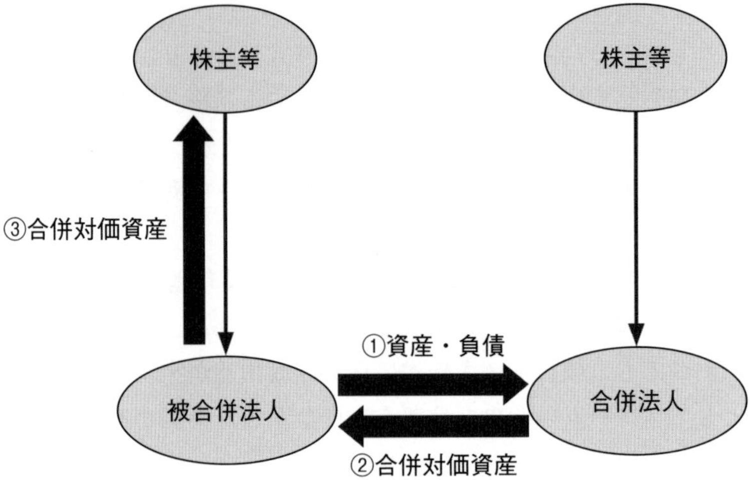

37の10①、③一)。

【被合併法人の株主等】

①　合併法人株式又は親法人株式のいずれか一方の株式又は出資以外の資産の交付がない場合

(借)	合併法人株式等	×××	(貸)	被合併法人株式	×××
	未収源泉税	×××		みなし配当	×××

②　合併法人株式又は親法人株式のいずれか一方の株式又は出資以外の資産の交付がある場合

(借)	金銭等	×××	(貸)	被合併法人株式	×××
	未収源泉税	×××		みなし配当	×××
				株式譲渡損益	×××

これに対し、適格合併を行った場合には、法人税法上、被合併法人の資産及び負債を合併法人に対して最後事業年度終了の時の帳簿

価額で引き継いだものとして計算する（法法62の２①、法令123の３①）。

そして、合併法人株式又は親法人株式のいずれか一方の株式又は出資以外の資産が交付されていない場合には、被合併法人の株主等による投資が継続していると認められるため、株式譲渡損益は認識されない（法法61の２②、法令119①五、措法37の10③一、所令112①）。さらに、適格合併に該当する場合には、被合併法人から合併法人に利益積立金額が引き継がれることから、被合併法人の株主等でもみなし配当を認識しない（法法24①一、所法25①一）。

【被合併法人の株主等】

① 合併法人株式又は親法人株式のいずれか一方の株式又は出資以外の資産の交付がない場合

（借）	合併法人株式等	×××	（貸）	被合併法人株式	×××

② 合併法人株式又は親法人株式のいずれか一方の株式又は出資以外の資産の交付がある場合

（借）	金　銭　等	×××	（貸）	被合併法人株式	×××
				株式譲渡損益	×××

ここで留意が必要なのは、非適格合併に該当した場合には、合併法人株式又は親法人株式のいずれか一方の株式又は出資以外の資産の交付がない場合であっても、被合併法人の株主等においてみなし配当が発生するのに対し、適格合併に該当した場合には、被合併法人の株主等においてみなし配当が発生しないという点である。

そして、非適格合併に該当した場合には、「合併により交付を受けた金銭の額及び金銭以外の資産の価額の合計額」が「被合併法人の資本金等の額のうちその交付の基因となった被合併法人の株式又は出資に対応する部分の金額」を超える場合におけるその超える部

分の金額が、みなし配当として取り扱われる（法法24①一、法令23①一、所法25①一、所令61②一）。

すなわち、合併法人株式のみを交付する非適格合併を行った場合には、「合併により交付を受けた合併法人株式の時価」から「被合併法人の資本金等の額のうちその交付の基因となった被合併法人の株式又は出資に対応する部分の金額」を超える場合におけるその超える部分の金額がみなし配当の金額として計算される。例えば、被合併法人の株主等が１人のみであり、合併により交付を受けた合併法人株式の時価が100百万円である場合において、被合併法人の資本金等の額が10百万円、利益積立金額が90百万円であるときは、被合併法人の保有する資産やのれんに含み益はないにもかかわらず、利益積立金額に相当する金額のみなし配当が発生することになる。

このように、非適格合併を行った場合には、被合併法人の保有する資産やのれんに含み益がなかったとしても、被合併法人の株主等においてみなし配当が発生することがある。これは、非適格分割型分割を行った場合であっても同様である。

被合併法人の株主等が内国法人である場合には、受取配当等の益金不算入（法法23）により、大きな問題にならないのかもしれないが、個人である場合には、合併法人株式の交付を受けただけで配当所得として課税されるという問題があるため、留意が必要である。

10　株式を買い集めた後の清算

平成22年度税制改正によるグループ法人税制の導入に伴い、完全支配関係のある子会社の残余財産が確定した場合には、当該子会社の繰越欠損金を親会社に引き継ぐことができるものの（法法57②）、当該子会社に対する株式消却損を認識することができなくなった（法法61の２⑰）。

そして、実務上、子会社を解散する場合には、出資者に迷惑をか

けることができないという理由により、解散前に出資価額により買い取るということも行われている。すなわち、解散を検討している段階では完全支配関係が成立していなかったものの、残余財産が確定する段階では完全支配関係が成立してしまい、株式消却損を認識することができなくなることが考えられる。その結果、引き継がれる繰越欠損金よりも株式消却損のほうが大きい場合には、事前に株式を買い集めることにより、税負担が増加してしまうことが考えられる。

実際に当事務所が経験した事案でも、念のために株式を買い集めた場合における問題点を話したところ、クライアントが株式の買集めを検討していた事実が発覚し、事前に事故を防ぐことができたという事案もある。実務上、出資者に迷惑をかけることができないという理由により、解散前に出資価額により買い取ることを検討することは少なくないため、ご留意されたい。

11　分割法人を債務超過にする分割型分割を行った後に分割法人を解散する場合

平成29年度税制改正により、分割型分割における支配関係継続要件の考え方が変わり、分割前の分割法人の支配株主（親族等を含む）によって、分割承継法人の発行済株式又は出資の全部を継続して保有することが見込まれていれば、完全支配関係内の分割型分割に該当することになった（法令４の３⑥二ハ⑴）。そのため、分割法人の支配株主によって、分割法人の発行済株式又は出資の全部を継続して保有することが見込まれている必要はないことから、分割法人が解散したとしても、完全支配関係内の分割型分割に該当することになる。

そして、実務上、分割法人に対する債権放棄のために、分割後に分割法人が解散する分割型分割を検討したことがあった。しかしな

がら、その事案では、分割法人を債務超過にする分割型分割を行ったことにより、分割法人の株主が取得する分割承継法人株式の時価が分割前の分割法人株式の時価よりも高くなることが判明した。すなわち、分割法人に対して債権放棄を行った債権者から分割法人の株主に対する贈与が行われたと考えられるため、分割法人の債権者と分割法人の株主が個人である場合には、贈与税の問題が生じることになる。

その事案は、分割法人の債権者が父親であり、分割法人の株主が長男である事案であったが、相続税対策の一環として、分割法人に対する債権を消滅させようとしたところ、明らかに過剰支援であったことから、分割法人の株主である長男に対する贈与が発生してしまう事案であった。当事務所においても、疑似ＤＥＳよりも節税メリットがあるという話を聞くまでは、贈与税の問題に気が付かなかったため、ご留意されたい。

■図表４－16　スキーム図

〈現状〉

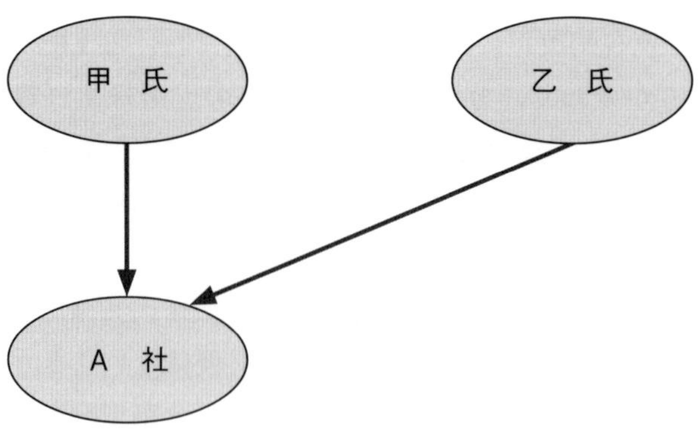

〈ステップ1：新設分割型分割〉

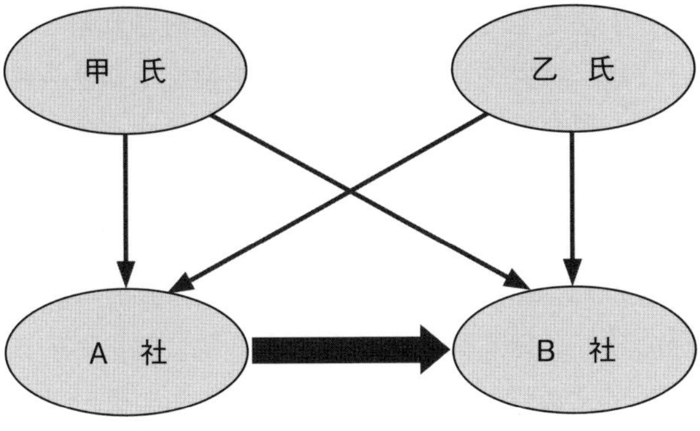

〈ステップ2：解散〉

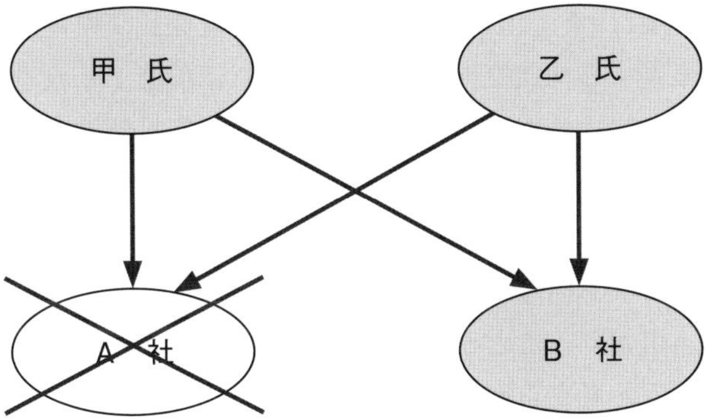

12　親会社と孫会社との間の無対価株式交換

実務上、親会社を株式交換完全親法人とし、当該親会社が発行済株式の全部を間接に保有する孫会社を株式交換完全子法人とする株式交換を検討することがある。子会社が孫会社株式を適格現物分配により親会社に移転すれば、孫会社の子会社化が可能になることから、このような手法は不要であるように思われるが、適格現物分配に伴って、親会社において繰越欠損金の使用制限（法法57④）、特

定資産譲渡等損失額の損金不算入（法法62の７）が課される場合には、その代替手法として無対価株式交換が検討されることがある。

この場合には、株式交換に伴って株式交換完全親法人株式を交付したとすれば、子会社が株式交換完全親法人株式（親会社株式）を取得することから対価の交付を省略したと認められない。そのため、当該無対価株式交換は非適格株式交換として取り扱われる（法令４の３⑱参照）。しかしながら、株式交換の直前に株式交換完全子法人（孫会社）と株式交換完全親法人（親会社）との間に完全支配関係があることから、時価評価課税は課されない（法法62の９①）。

そして、株式交換完全親法人（親会社）の受入処理であるが、法人税法施行令119条１項10号において、「適格株式交換等に該当しない前号に規定する株式交換（第４条の３第18項第１号（適格組織再編成における株式の保有関係等）に規定する無対価株式交換にあつては、同項第２号に規定する株主均等割合保有関係があるものに限る。）」と規定されていることから、対価の交付を省略したと認められない場合には、同号の適用ができないと解される。すなわち、同項27号が適用されることから、株式交換完全子法人株式の取得価額は時価になると考えられる。

さらに、法人税法施行令８条１項10号において、「株式交換（適格株式交換等に該当しない第４条の３第18項第１号に規定する無対価株式交換で同項第２号に規定する株主均等割合保有関係がないものを除く。）」と規定されていることから、資本金等の額を増加させることができない。そのため、株式交換完全子法人株式の時価に相当する受贈益が生じると解さざるを得ず、無償で株式交換完全子法人株式を取得したのだからそのように解することに不都合はないと考えられる。

これに対し、株式交換完全子法人の株主（子会社）では、対価の交付を省略したと認められないことから、株式交換完全子法人株式

の帳簿価額を株式交換完全親法人株式の取得価額に付け替えることはできないため（法法61の２⑨参照）、株式交換完全子法人株式の時価に相当する金額を寄附金としたうえで、株式交換完全子法人株式を時価で譲渡したものとして取り扱われる（法法61の２①）。ただし、完全支配関係のある内国法人との間の譲渡であることから、株式交換完全子法人株式の譲渡の直前の帳簿価額が10百万円以上であれば、譲渡利益額又は譲渡損失額を繰り延べることになる（法法61の11①、法令122の12①三）。

問題となるのは、株式交換完全子法人（孫会社）が自己株式を保有していた場合である。すなわち、株式交換完全子法人からすれば自己株式に対して交付されるべき株式交換完全親法人株式が交付されなかったことから、自己株式を無償で譲渡したのに等しい状態になる。この点につき、法人税法施行令８条１項１号では、払い込まれた金銭の額が資本金等の額になると規定されており、かつ、同号ヌにおいて、株主に対して新たに金銭の払込みをさせないで自己株式の処分をした場合には資本金等の額が増加しないことが明記されていることから、資本金等の額を増加させることはできない。すなわち、株式交換完全子法人（孫会社）からすれば、寄附金も発生せずに、資本金等の額も増加しないことから、何ら仕訳を行わないということになる。

ここで問題になるのが、株式交換完全親法人（親会社）の取扱いである。たしかに、法人による完全支配関係があることから受贈益の益金不算入が適用されるが、受贈益の益金不算入が適用される金額は完全支配関係のある他の内国法人において寄附金として認識された金額に限定されている（法法25の２①）。すなわち、株式交換完全子法人株式の時価が1,000百万円であり、そのうち10％を自己株式として株式交換完全子法人が保有していた場合には、900百万円については株式交換完全子法人の株主（子会社）において寄附金が生じていることから株式交換完全親法人において受贈益の益金不

算入が適用されるものの、100百万円については寄附金が生じていないことから、受贈益の益金不算入が適用されないため、株式交換完全親法人の課税所得が増加してしまうという問題がある。

このように、対価の交付を省略したと認められない無対価組織再編成を行った場合には、思わぬ課税が生じることがある。そのため、実務上は、無対価組織再編成を避けるべきであり、無対価組織再編成をやらざるを得ない場合であっても、常に条文を確認することで慎重な対応が必要になる。

【無対価の適格株式交換における自己株式の取扱い】

例えば、一の者による直接完全支配関係（兄弟関係）がある内国法人が無対価の適格株式交換を行った場合には、株式交換完全親法人において、法人税法施行令119条１項10号、８条１項10号がそれぞれ適用されることにより、株式交換完全子法人株式の取得価額と増加する資本金等の額が一致することから、受贈益は生じないことになる。

そして、株式交換完全子法人では、同令８条１項１号ヌにより資本金等の額が増加せず、かつ、自己株式の帳簿価額は０円であることから、結果的に仕訳が生じないため、寄附金も生じないことになる。

そのため、上記のような問題は、無対価の非適格株式交換を行った場合において、株式交換完全子法人が自己株式を保有していたときの特殊な事例であるといえる。

第４節　税額の計算

1　株式移転後の配当

受取配当等の益金不算入の計算上、計算期間の中途において株式移転を行った場合には、原則として、株式移転完全親法人が取得した株式移転完全子法人株式が完全子法人株式等及び関連法人株式等に該当しないという問題がある。そのため、株式移転を行った後に、株式移転完全子法人から株式移転完全親法人に対して配当を行った場合には、一部の金額に対して、受取配当等の益金不算入が適用できない。

ただし、株式移転前に株式移転完全子法人とその株主との間に当該株主による完全支配関係がある場合において、計算期間の中途において株式移転を行ったときは、当該計算期間の初日から株式移転の日まで継続して当該完全支配関係があり、かつ、同日から当該計算期間の末日まで継続して、株主、株式移転完全親法人及び株式移転完全子法人との間に、当該株主による完全支配関係が継続すれば、完全子法人株式等に該当させることができるという特例が認められている（法令22の２①かっこ書）。

そのため、**図表４－17**のような事案では、株式移転を行った後に、すぐに配当をしたとしても、株式移転完全親法人が取得した株式移転完全子法人株式を完全子法人株式等に該当させることが可能になる。

しかしながら、「株式移転前に株式移転完全子法人とその株主との間に当該株主による完全支配関係がある場合」に限定されている

■図表4－17　単独株式移転後の株式譲渡

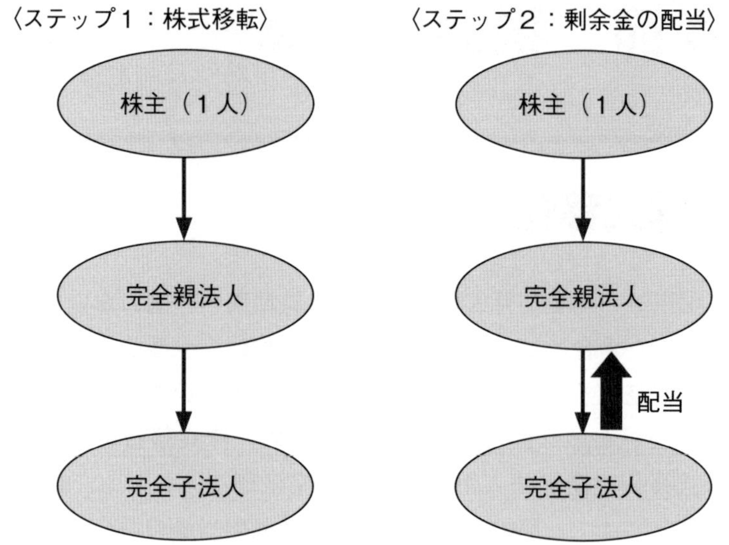

ことから、それ以外の場合には、上記の特例を適用することができない。さらに、株式移転を行った場合における関連法人株式等の特例は何ら定められていない。そのため、当事務所においても、受取配当等の益金不算入が適用できないことにより、配当を延期してもらった事例がある（株式移転完全親法人に資金が必要である場合には、①株式移転完全子法人から株式移転完全親法人に貸付けを行い、1年以上経過してから配当をするか、②株式移転完全子法人を分割法人とし、株式移転完全親法人を分割承継法人とする分割型分割により移転する事業とセットで現金預金を移転することにより対応することになる）。

2　適格組織再編成後の配当

(1)　所得税額控除

被合併法人の株主等が合併法人株式の交付を受けた後に、配当を受け取った場合には、当該合併法人株式が、「判定対象配当がその元本である株式又は出資を発行した法人からその支払いに係る基準日以前１年以内に取得した株式又は出資につきその取得の日以後最初に支払われる配当」に該当することから、合併の日から１年以内に配当を受け取ったとしても、源泉徴収された所得税の全額に対して所得税額控除を適用することができる。これは、適格合併であっても、非適格合併であっても同様である。

ただし、非適格合併により、合併法人が被合併法人から取得した株式等については、特例が定められていないことから、合併の日から１年以内に配当を受け取った場合には、源泉徴収された所得税の一部に対して、所得税額控除を適用することができないという問題が生じる。

これに対し、適格合併により、合併法人が被合併法人から取得した株式等については、上記とは別に被合併法人の元本所有期間を合併法人の元本所有期間とみなす旨の特例が定められている（法令140の２④一）。そのため、適格合併により、被合併法人が１年以上保有していた株式等を引き継いだ後に、配当を受け取った場合には、源泉徴収された所得税の全額に対して所得税額控除を適用することができる。

このような特例は、適格分割型分割、適格分社型分割、適格現物出資及び適格現物分配においても認められている。これらの特例を無視したうえで、所得税額控除を認識できないと判断してしまった失敗事例もあると聞いているため、留意が必要である。

⑵　受取配当等の益金不算入

法人税法施行令22条の２第３項では、適格合併により被合併法人から当該被合併法人との間に完全支配関係がある他の内国法人の株式等の移転を受けた場合において、当該適格合併が配当に係る計算期間の末日の翌日から当該配当の支払いに係る効力が生ずる日までの間に行われたものであるときは、当該被合併法人と当該他の内国法人との間に完全支配関係があった期間は、合併法人と当該他の内国法人との間に完全支配関係があったものとみなしたうえで、完全子法人株式等の判定を行うことが明らかにされている。これに対し、適格分割、適格現物出資又は適格現物分配を行った場合には、適格合併のような特例は認められていない。

しかし、同令22条３項では、適格合併、適格分割、適格現物出資又は適格現物分配により、被合併法人、分割法人、現物出資法人又は現物分配法人から他の内国法人の発行済株式等の総数又は総額の３分の１を超える数又は金額の株式等の移転を受けた場合には、これらの法人が当該株式等を有していた期間は、合併法人、分割承継法人、被現物出資法人又は被現物分配法人が当該株式等を有していた期間とみなしたうえで、関連法人株式等の判定を行うことが明らかにされている。

そのため、適格分割、適格現物出資又は適格現物分配を行った場合には、完全子法人株式等に該当させることができなくても、関連法人株式等には該当させることができる。この特例を無視してしまうと、受取配当等の益金不算入が適用できる金額が小さくなってしまうため、思い込みで判断するのではなく、常に条文を確認することで、ミスが生じないようにする必要がある。

第５節　法人税以外の税金

1　適格合併と住民税均等割

適格合併を行った場合には、被合併法人の資本金等の額の引継ぎ、抱合せ株式の消却により合併法人の資本金等の額が増減することから（法令８①五）、住民税均等割の金額が増減するケースが考えられる。

さらに、平成27年度税制改正前は、資本金の額及び資本準備金の額を減少した後に欠損填補を行ったとしても、資本金等の額が変動しないことから、住民税均等割を減らすことができなかったが、平成27年度税制改正により、欠損填補を行った場合には、住民税均等割を減らすことができるようになった（地法23①四の二）。しかし、この特例は、欠損填補を行った法人に限られるため、被合併法人が欠損填補を行ったとしても、合併法人にはその特例が引き継がれない。

すなわち、被合併法人の資本金等の額が3,000百万円であったとしても、2,990百万円の欠損填補を行っていた場合には、資本金等の額が10百万円であるとして、住民税均等割の計算を行うことができる。しかし、合併法人にその特例は引き継がれないことから、合併法人では、被合併法人の資本金等の額である3,000百万円を引き継いだうえで、住民税均等割の計算を行う必要がある。

実際に、上記の問題に気が付かずに適格合併をしてしまい、何とか資本金等の額を減らせないのかという相談を受けたことがあった。事業年度末までに資本金等の額を減らすことができたため、結

果的に問題にならなかったが、組織再編成を行う場合には、法人税以外の税金も問題になることがあるという点に留意が必要である。

2　適格分社型分割と住民税均等割

適格分社型分割を行った場合には、移転を受けた資産の帳簿価額から移転を受けた負債の帳簿価額を減算した金額が資本金等の額の増加額となる（法令8①七）。

そして、会計上の簿価純資産価額が10百万円であり、税務上の簿価純資産価額が100百万円である場合には、税務上の簿価純資産価額により資本金等の額を計算する。その結果、当初の想定よりも、住民税均等割の金額が大きくなってしまう場合もある。

当事務所が経験した事案でも、①分割法人の簿価純資産価額が多額であったものの、資本金等の額が小さかったことから、分割後の分割承継法人の資本金等の額が分割法人の資本金等の額よりも多額にならざるを得なかった事案、②会計上の簿価純資産価額に比べて、税務上の簿価純資産価額のほうが大きかった事案がある。

①については、移転する資産を減らすか、移転する負債を増やすことで対応せざるを得ない。②については、加算留保項目が大きいことが問題であるため、会計上の簿価純資産価額を小さくするように移転する資産及び負債を調整するか、加算留保項目の大きい資産を置いていくことを検討することがある。

いずれにしても、なかなか調整が難しいことから、住民税均等割の金額が大きくなってしまうことは許容せざるを得ないことも少なくない。

【会計上の仕訳】

（借）	資　産	1,000百万円	（貸）	負　債	990百万円
				資本剰余金	10百万円

【税務上の仕訳】

（借）	資　　　　産	1,000百万円	（貸）	負　　　　債	900百万円
				資本金等の額	100百万円

3　事業承継税制適用後の組織再編成

事業承継税制を適用した後に組織再編成を行った場合には、納税猶予の期限が確定することがある。具体的には、事業承継税制を適用した法人を被合併法人とする合併、分割法人とする分割型分割、株式交換完全子法人とする株式交換及び株式移転完全子法人とする株式移転において、そのようなリスクが考えられる。

もちろん、すべての場合において納税猶予の期限が確定するわけではなく、一定の特例が定められているが、特例の適用を受けることができるかどうかを検討せずに組織再編成を行ってしまうと、納税猶予の期限が確定してしまうことも考えられる。

今のところ、組織再編成をきっかけとして、納税猶予の期限が確定した事案は公表されていないが、いずれはそのような事案も出てくると思われる。

第６節　その他

1　届出書の提出漏れで青色申告事業者になれなかった事例

組織再編成を行った場合には、被合併法人や分割法人で提出した届出書の効力を引き継ぐことができないため、合併法人や分割承継法人において新たに届出書を提出する必要がある。

例えば、新設分割を行った場合において、分割前に分割法人で「青色申告の承認申請書」を提出していたとしても、分割承継法人で「青色申告の承認申請書」を提出しなかったときは、分割承継法人が青色申告を行うことができなくなるという問題が生じる。さらに、「申告期限の延長の特例の申請書」「棚卸資産の評価方法の届出書」「減価償却資産の償却方法の届出書」などについても、再提出が求められる。

このように、組織再編成を行う場合には、被合併法人や分割法人において、過去にどのような届出書を提出していたのかという点について把握しておく必要がある。なお、実務上、届出書の提出漏れが問題となった事案は、新設分割の事案がほとんどである。吸収合併や吸収分割であれば、合併法人又は分割承継法人が、組織再編成とは関係なく、これらの届出書を提出していることがほとんどだからである。

2　届出書の提出漏れで減価償却ができなかった事例

適格分割を行った場合には、分割法人の資産又は負債が分割承継法人に簿価で引継ぎ又は譲渡したものとして取り扱われる。ただし、３月決算法人が×３年10月１日に適格分割を行った場合には、減価償却費が計上されるべきは×４年３月31日であるため、×３年４月１日から×３年９月30日までの減価償却費を×３年９月30日時点で計上することはできない。なぜなら、法人税法上、減価償却費の損金算入には損金経理要件があることから（法法31①）、確定した決算において費用計上している必要があるのに対し、期中に分割を行った場合には、分割法人において確定した決算が行われていないことから、×３年４月１日から×３年９月30日までの減価償却費を分割法人において損金経理することができないからである。そのため、原則として、分割法人において、×３年４月１日から×３年９月30日までの減価償却費を損金の額に算入できないことから、分割法人における×３年３月31日時点の簿価で分割承継法人に引き継がれることになる。

しかし、それでは分割法人が不利になってしまうことから、「期中損金経理」の制度が認められている。具体的には、適格分割の日以後２か月以内に「適格分割等による期中損金経理額等の損金算入に関する届出書」を提出することにより、×３年４月１日から×３年９月30日までの減価償却費を分割法人で計上することが認められている（法法31③、法規21の２）。そして、期中損金経理の制度は、一括償却資産、繰延資産及び繰延消費税額においても認められている（法法32③、法令133の２③、139の４⑧、法規21の３、27の18、28の３）。

この届出書の提出を失念した場合には、×３年４月１日から×３

年９月30日までの減価償却費を分割法人において計上することができない。それでは分割承継法人で計上できるのかというと、分割承継法人では×３年10月１日から×４年３月31日までの６か月間の減価償却費の計上のみが認められるため、×４年３月期では減価償却費が計上できない。そうなると、耐用年数が経過した時点で未償却残高が残ることから、その後の事業年度で減価償却費を計上することになる。

このように、組織再編成関連の届出書の提出ミスがあった場合には、納税者にとって不利な結果になるものも多い。さらに、届出書の提出期限が「分割等の日以後２か月以内」とされていることから、確定申告書を作成しているときに、提出すべきであったことに気づいたものの、すでに提出期限を経過してしまっているという事案もある。当事務所が経験した事案でも、届出書の提出ミスがあったことから、何とかならないかという相談を受けたことがあるが、何ら解決策はないため、届出書の提出期限に留意する必要がある。

なお、「適格分割等による期中損金経理額等の損金算入に関する届出書」以外にも、組織再編成に伴って必要となる届出書がある。これをすべて覚えるのは不可能であるが、国税庁のＨＰにおいて、組織再編成関連の届出書の一覧が開示されているため、組織再編成を行う場合には、国税庁のＨＰを確認することをお勧めしたい。

第5章

グループ法人税制における失敗事例

一般的にグループ法人税制とは、平成22年度税制改正により行われた資本に関する取引等に係る税制のことを意味するが、本章では、法人税法61条の11に規定されている譲渡損益の繰延べ、同法25条の２に規定されている受贈益の益金不算入についての解説のみを行うこととする。

第１節　少額資産は譲渡損益が繰り延べられない

完全支配関係内の譲渡損益の繰延べの対象となる資産は、譲渡直前の帳簿価額が10百万円以上のものとされている（法法61の11①、法令122の12①三）。

そして、譲渡直前の帳簿価額が10百万円以上であるか否かの判定単位は、次の資産区分に応じ、次に定めるところにより区分した後の単位とされている（法規27の13の２、27の15①）（**図表５－１**参照）。

この評価単位は、特定資産譲渡等損失額の損金不算入の対象となる特定資産の評価単位と変わらない。ただし、特定資産の判定では、帳簿価額が10百万円未満であれば、特定資産譲渡等損失額の損金不算入の対象から除外できるため、納税者にとって有利になることが多い。これに対し、譲渡損益の繰延べでは、帳簿価額が10百万円未満である場合には、譲渡損失の金額が大きくなることは考えにくいものの、譲渡利益の金額が大きくなることがあり得るので、納税者にとって不利になることが多い。そのため、多種多様な資産を一度に譲渡する場合には、１単位あたりの譲渡利益が小さかったとしても、すべてを合計すると多額の譲渡利益になることもあるため、譲

■図表５－１　評価単位

区　分	評価単位
一　金銭債権	債務者ごと
二　減価償却資産	
イ　建物	一棟（建物の区分所有等に関する法律１条（建物の区分所有）の規定に該当する建物にあっては、同法２条１項（定義）に規定する建物の部分）ごと
ロ　機械及び装置	一の生産設備又は一台若しくは一基（通常一組又は一式をもって取引の単位とされるものにあっては、一組又は一式）ごと
ハ　その他	上記に準じて区分する
三　土地等	一筆（一体として事業の用に供される一団の土地等にあっては、その一団の土地等）ごと
四　有価証券	銘柄の異なるごと
五　暗号資産	種類の異なるごと
六　その他の資産	通常の取引の単位を基準として区分する

渡損益の繰延べの対象から除外される資産を把握しておく必要がある。

当事務所でも、譲渡損益の繰延べについての質問を受けたときに、念のために譲渡対象の資産のリストを送ってもらったところ、譲渡損益の繰延べの対象から除外される資産が散見された事例を経験したことがある。そのため、複数の資産を一度に譲渡する場合には、その内訳を確認しておく必要があるといえる。

第２節　グループ内の事業譲渡

譲渡損益調整資産は、固定資産、土地（土地の上に存する権利を含み、固定資産に該当するものを除く）、有価証券、金銭債権及び繰延資産とされている（法法61の11①）。すなわち、グループ内の事業譲渡において生じる資産調整勘定は、これらの資産に含まれないことから、譲渡損益の繰延べの対象にならない。

なお、資産調整勘定の譲渡益と考えるのではなく、営業権（固定資産）の譲渡益と考えることにより、譲渡損益の繰延べを行うことが可能ではないかという考え方もあり得るかもしれない。しかし、「営業権」の譲渡益に該当すると考えることができたとしても、ほとんどのケースにおいて営業権の帳簿価額が零であり、譲渡直前における帳簿価額が10百万円未満の資産に該当してしまうため、譲渡損益調整資産には該当しない。

この論点については、グループ法人税制が導入されたときから指摘されていた論点であることから、税務を専門とする専門家が失敗することはないと思うが、弁護士、公認会計士、コンサルタントの中には誤解している人も少なくないため、当事務所でもグループ内の事業譲渡について質問を受けた時には、常に指摘をさせていただいている。

第３節　個人による完全支配関係がある場合

平成22年度税制改正によりグループ法人税制が導入されたことによって、法人による完全支配関係がある場合には、贈与を受けた法人において生じた受贈益は、その全額が益金の額に算入されず（法法25の２①）、贈与を行った法人において生じた寄附金は、その全額が損金の額に算入されないことになった（法法37②）。

しかしながら、受贈益の益金不算入の適用は、法人による完全支配関係がある場合に限定されているため、個人による完全支配関係のみがある場合には、上記の特例が認められず、贈与を受けた法人において、受贈益を益金の額に算入する必要がある。

なお、法人による完全支配関係がある場合に限定している理由は、個人による完全支配関係がある場合にも受贈益の益金不算入の適用を認めてしまうと、相続税・贈与税の回避に利用されるおそれが強いからである（『平成22年版　改正税法のすべて』大蔵財務協会、206－207頁）。そのため、**図表５－２**のように、一の個人による完全支配関係がある場合には、相続税・贈与税を回避することができないため、受贈益の益金不算入を適用できるようにも思えてしまう。

しかしながら、条文上、法人による完全支配関係がある場合に限定しているため、株主が複数存在する場合だけでなく、一の個人による完全支配関係がある場合においても、受贈益の益金不算入を適用することができない。租税法の解釈において、制度趣旨を理解することは重要であるものの、制度趣旨を主張しすぎるあまり、形式的な条文の解釈が疎かになってしまうと、このような勘違いをして

しまうため、常に条文を確認する癖をつけておく必要がある。

■図表5－2　贈与時点の資本関係

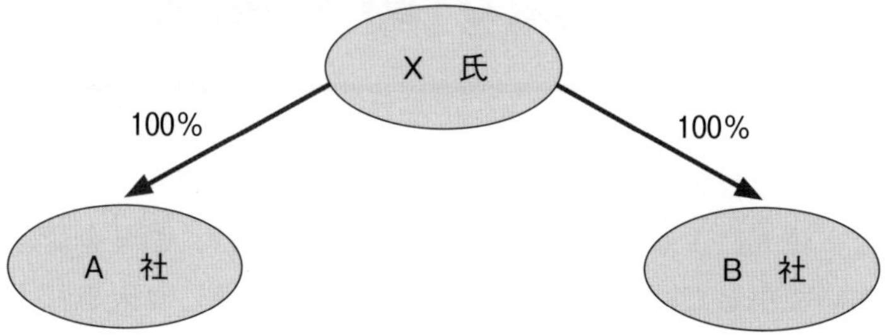

第４節　無議決権株式の発行

内国法人（譲渡法人）が、完全支配関係がある他の内国法人（譲受法人）に対してその有する譲渡損益調整資産を譲渡した場合には、当該譲渡損益調整資産に係る譲渡利益額又は譲渡損失額に相当する金額を損金の額又は益金の額に算入することになる（法法61の11①）。そして、譲渡損益が繰り延べられた場合には、譲受法人において当該譲渡損益調整資産の譲渡、償却、評価換え、貸倒れ、除却その他これらに類する事由が生じるまで、譲渡法人において譲渡損益が繰り延べられ、これらの事由が生じた時に譲渡損益が実現することになる。以下、譲渡損益が実現する事由のことを「実現事由」という。

そして、法人税法61条の11では、それ以外にも実現事由が定められており、例えば譲渡法人が譲受法人との間に完全支配関係を有しないこととなった場合には、譲渡損益を実現させる必要があるものとされている（法法61の11③）。

譲渡損益調整資産を譲渡する段階で完全支配関係の判定を間違うことはそれほど多くはないと思われる。これに対し、譲渡損益調整資産を譲渡した後は、上記の実現事由が生じていないかをモニタリングする必要があるにもかかわらず、そのモニタリングを失念してしまい、いつの間にか譲渡損益が実現してしまうということが考えられる。

典型的な事案として、第４章第３節❽で解説した被合併法人株式が譲渡損益調整資産であった場合の取扱いが挙げられる。それ以外にも、完全支配関係の判定は、議決権の有無を問わずに判定するこ

とから、譲渡法人又は譲受法人が無議決権株式を完全支配関係のない法人又は個人に対して発行すると、完全支配関係を有しないことになるにもかかわらず、それを失念してしまうという失敗事例が考えられる。

このように、譲渡損益調整資産の譲渡についての失敗事例は、譲渡損益の繰延べの段階ではなく、譲渡損益の実現の段階で生じやすいという点に留意が必要である。

第５節　寄附修正事由

Ａ社とＢ社との間にＰ社による完全支配関係がある場合において、Ａ社からＢ社に対して、100百万円の贈与を行ったときは、受贈益の益金不算入の適用対象となる。この場合には、寄附修正事由が発生しているため、寄附金に相当する部分の金額だけＰ社が有するＡ社株式の帳簿価額を減算させ、受贈益に相当する部分の金額だけＢ社株式の帳簿価額を加算させる必要がある（法令９七、119の３⑨、119の４①）。なお、この場合における寄附修正事由とは、子法人が他の内国法人から法人税法25条の２第２項に規定する受贈益の額で同条１項の規定の適用があるものを受け、又は子法人が他の内国法人に対して法人税法37条７項に規定する寄附金の額で同条２項（寄附金の損金不算入）の規定の適用があるものを支出したことをいう。具体的な仕訳は以下のとおりである。

【Ａ社株式に係る仕訳】

（借）	利益積立金額	100百万円	（貸）	Ａ社株式	100百万円

【Ｂ社株式に係る仕訳】

（借）	Ｂ社株式	100百万円	（貸）	利益積立金額	100百万円

Ｍ＆Ａや組織再編成において、寄附修正事由による影響を無視してしまうと、株式譲渡損益の金額が変わってくる。第３章第４節で述べた投資簿価修正と同様に、見落としがちな論点でもあるため、留意が必要である。

【寄附修正事由により帳簿価額が引き下げられた事例】

例えば、C社の発行済株式の全部がB社によって保有されており、B社の発行済株式の全部がA社によって保有されている場合において、B社からC社に対して1,000百万円の贈与を行ったときは、C社において生じた受贈益に相当する金額（1,000百万円）をB社が保有するC社株式の帳簿価額に加算し、B社において生じた寄附金に相当する金額（1,000百万円）をA社が保有するB社株式の帳簿価額から減算する必要がある。

さらに、理論上は、B社が保有するC社株式の帳簿価額に加算された金額（1,000百万円）について、A社が保有しているB社株式に対して加算すべきであると考えられるが、簡便化のために、このような連鎖的な修正を行わないものとされている（『平成22年版改正税法のすべて』大蔵財務協会、208頁)」。

すなわち、上記の事例では、B社からC社に対して贈与を行ったとしても、B社が保有するC社株式の時価が引き上げられることから、A社が保有するB社株式の時価は変わらないにもかかわらず、A社が保有するB社株式の帳簿価額が引き下げられてしまっているため、A社がB社株式を譲渡した場合には、株式譲渡益が過剰に発生することになる。

■図表５－３　贈与時点の資本関係

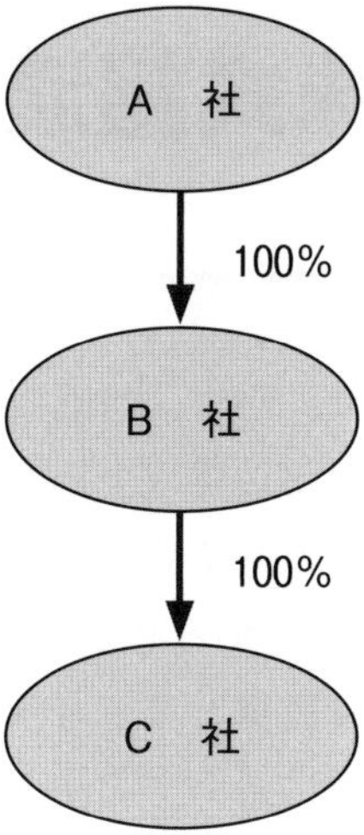

第６節　贈与＋株式譲渡

被買収会社の株主が内国法人であり、かつ、当該被買収会社が債務超過である場合において、買収会社が被買収会社株式を取得するときに、買収会社が被買収会社の債務超過を負担する理由はないため、被買収会社の株主が債務超過を負担する必要がある。そして、債務超過を解消する手法として、債権放棄と第三者割当増資が考えられる。まず、債権放棄を行った場合において、法人税基本通達９－４－１を満たすときは、債権放棄損失を損金の額に算入することができる。しかし、被買収会社で債務免除益が発生することから、被買収会社の繰越欠損金が減少するという問題がある。

これを解決するために、第三者割当増資により債務超過を解消する手法が採用されることがある。例えば、300百万円の第三者割当増資の引受けを行った後に、引き受けた株式を無償で譲渡した場合の税務上の仕訳は、以下のとおりである。

【被買収会社の株主の仕訳】

①　第三者割当増資

（借）	子会社株式	300百万円	（貸）	現金預金	300百万円

②　株式譲渡

（借）	現金預金	0百万円	（貸）	子会社株式	300百万円
	株式譲渡損	300百万円			

【被買収会社の仕訳】

（借）現　金　預　金　300百万円　（貸）資本金等の額　300百万円

なお、債務超過会社に対して第三者割当増資の引受けを行った場合には、回収することができないことが明らかにもかかわらず、第三者割当増資の引受けを行ったとみなされるため、第三者割当増資により払い込んだ金銭の額が寄附金に該当するのではないかとも考えられる。しかし、そうであっても、経営権の放棄に伴う子会社株式の譲渡をするために行われた第三者割当増資であり、法人税基本通達９－４－１に該当する可能性が高いことから、損金の額に算入できる場合が多いと考えられる。

これに対し、被買収会社では、第三者割当増資により払い込まれた金銭の額は、資本金等の額として取り扱われる（法令８①一）。その結果、第三者割当増資を行った場合には、債権放棄を行った場合と異なり、債務免除益は発生しないことになる。

しかし、この手法については、増加資本金の額に1,000分の７を乗じた金額に相当する登録免許税が課され、かつ、資本金等の額が増加することから、住民税均等割及び事業税資本割の金額も増加するという問題がある。これを解決するために、被買収会社の株主と被買収会社との間に当該被買収会社の株主による完全支配関係がある場合には、被買収会社の株主において債権放棄が寄附金として取り扱われたとしても、被買収会社において受贈益が益金の額に算入されないため、被買収会社の株主から被買収会社に対して債権放棄等による贈与を行った後に、当該被買収会社株式を譲渡するという手法を検討することがある。なぜなら、被買収会社の株主において債権放棄が寄附金として取り扱われたとしても、寄附修正事由に該当するため、第三者割当増資と同様に子会社株式の帳簿価額を引き上げることができるからである（法令119の３⑨、９七）。

しかしながら、債権放棄による債務超過の解消が「経営権の譲

渡」に該当することを理由として、積極的に法人税基本通達９－４－１の要件を満たすものと認定された場合には、被買収会社の株主において債権放棄損失を損金の額に算入し、被買収会社において債務免除益を益金の額に算入すべきであると認定される可能性もある。実際に、再生案件の中には、そのような指摘をされた事案もあると聞いていることから、実務上、慎重な対応が必要になる。

【被買収会社の株主の仕訳】

①　債権放棄

(イ)　寄附金の損金不算入

（借）	寄附金	300百万円	（貸）	現金預金	300百万円

(ロ)　帳簿価額修正

（借）	子会社株式	300百万円	（貸）	利益積立金額	300百万円

②　株式譲渡

（借）	現金預金	0百万円	（貸）	子会社株式	300百万円
	株式譲渡損	300百万円			

【被買収会社の仕訳】

（借）	現金預金	300百万円	（貸）	受贈益	300百万円

第７節　受贈益と特定同族会社等の留保金課税

法人による完全支配関係がある場合には、贈与を行った法人において寄附金として損金の額に算入されず（法法37②）、贈与を受けた法人において受贈益として益金の額に算入されない（法法25の２①）。

しかしながら、特定同族会社等の留保金課税の計算では、法人税法67条３項４号において、受贈益の益金不算入の規定により益金の額に算入されなかった金額であっても留保金額を構成することが明らかにされている。

そのため、受贈益の益金不算入が適用される場合であっても、特定同族会社等の留保金課税の対象になる場合が想定される。実際に、当事務所でも特定同族会社等の留保金課税を指摘し忘れており、事後的に事実関係を調べたところ、特定同族会社等の留保金課税が適用されない法人であったことから、結果的に事故が生じなかったという事案があった。特定同族会社等の留保金課税は、適用される法人が少ないことから、見落としがちな論点でもあるため、留意が必要である。

第８節　無償取引と消費税

消費税の課税対象となるのは、対価を得て行われる取引に限られるため、役員に対する資産の贈与を行った場合を除き、無償による資産の譲渡は消費税の課税対象とならない（消基通５－１－２）。そのため、無償による資産の譲渡を行った者は消費税の課税対象から除外され、無償により資産を譲り受けた者も仕入税額控除の対象にすることができない。

この点についての失敗事例であるが、再生案件において、オーナーから債務者企業に対して事業用資産の私財提供を行った事案があった。すなわち、法人税法上は、私財提供を受けた事業用資産を時価で認識する必要があることから、消費税法上も仕入税額控除が可能であると勘違いしたうえで事業再生計画が作成されていた（しかも、オーナーは免税事業者であり、消費税が課されておらず、かつ、インボイス制度が導入される前であったため、純粋な益税になる前提の事業計画であった）。

この点については、仕入税額控除の対象にならない事業計画に修正してもらったが、「法人税法上は、私財提供を受けた事業用資産を時価で認識する必要があることから、消費税法上も仕入税額控除が可能である」という勘違いは意外と多かったように思われる。インボイス制度が導入されたことで、今後は同様の失敗事例は生じにくいと思われるが、念のため、本書では失敗事例として紹介した。

第9節　無償取引＋合併又は清算

例えば、B社の発行済株式の全部がA社によって保有されている場合において、A社からB社に対して1,000百万円の贈与を行った後に、A社を合併法人とし、B社を被合併法人とする適格合併を行ったときは、B社において生じた受贈益に相当する金額（1,000百万円）をA社が保有するB社株式の帳簿価額に加算することができるため、A社の資本金等の額を減少させることができる。すなわち、A社が保有するB社株式の帳簿価額が100百万円であり、B社の資本金等の額が100百万円である場合には、以下のように、A社の資本金等の額が1,000百万円も減少することになる。

【A社の仕訳】

①　B社への贈与

(イ)　寄附金の損金不算入

（借）	寄　附　金	1,000百万円	（貸）	現 金 預 金	1,000百万円

(ロ)　B社株式に対する修正

（借）	B 社 株 式	1,000百万円	（貸）	利益積立金額	1,000百万円

②　B社との吸収合併

（借）	諸　資　産	×××百万円	（貸）	諸　負　債	×××百万円
				資本金等の額	100百万円
				利益積立金額	×××百万円
	資本金等の額	1,100百万円		B 社 株 式	1,100百万円

【Ｂ社の仕訳】

○　Ａ社からの贈与

（借）	現金預金	1,000百万円	（貸）	受贈益	1,000百万円

このように、Ａ社の資本金等の額を減少させることにより、Ａ社の住民税均等割及び事業税資本割を節税することができる。もちろん、会計上の資本金及び資本準備金の合計額が税務上の資本金等の額を超える場合には、会計上の資本金及び資本準備金の合計額により住民税均等割及び事業税資本割を計算する必要があるという限界はあるものの（地法52④、72の21②、312⑥）、理論上は、税務上の資本金等の額を10百万円以下にすることで、住民税均等割を最小限にすることができる。

さらに、Ｂ社が1,000百万円の債務超過であり、Ａ社からＢ社に対して1,000百万円の債権放棄を行った後に清算した場合において、法人税基本通達９－４－１の要件を満たさないときは、Ｂ社において受贈益の益金不算入を適用することができるため、以下の仕訳のようになる。

【Ａ社の仕訳】

①　Ｂ社への贈与

(イ)　寄附金の損金不算入

（借）	寄附金	1,000百万円	（貸）	現金預金	1,000百万円

(ロ)　Ｂ社株式に対する修正

（借）	Ｂ社株式	1,000百万円	（貸）	利益積立金額	1,000百万円

②　Ｂ社の清算

（借）	資本金等の額	1,100百万円	（貸）	Ｂ社株式	1,100百万円

【B社の仕訳】

○　A社からの贈与

（借）	現金預金	1,000百万円	（貸）	受贈益	1,000百万円

このように、子会社に対して贈与を行った後に、適格合併又は清算を行った場合には、住民税均等割及び事業税資本割を減少させることができる。これに対し、親会社が保有している子会社株式の帳簿価額が△1,000百万円である場合において、適格合併又は清算を行った場合には、以下の仕訳を行うことになる。

【適格合併】

（借）	諸資産	×××百万円	（貸）	諸負債	×××百万円
				資本金等の額	100百万円
				利益積立金額	×××百万円
	資本金等の額	△1,000百万円		B社株式	△1,000百万円

【清算】

（借）	資本金等の額	△1,000百万円	（貸）	B社株式	△1,000百万円

すなわち、親会社が保有している子会社株式の帳簿価額が△1,000百万円である場合は、適格合併又は清算により親会社の資本金等の額が増加し、住民税均等割及び事業税資本割が増加する失敗事例が生じかねないということがいえる。寄附修正事由が生じた結果、親会社の資本金等の額が増加した事例は見たことがないが、実際に生じる可能性もあり得るため、留意が必要である。

第6章

その他の資本等取引における失敗事例

本章では、増資又は減資に伴う失敗事例について解説を行う。増資又は減資によって登録免許税が発生したり、住民税均等割及び事業税資本割が増減することは一般的であることから、この点について失念することはほとんどない。

そのため、増資又は減資に伴う失敗事例はほとんどないようにも思えるが、意外とこの分野についても失敗事例が存在している。

第1節　無償減資のスキームからスクイーズアウトに変えてしまった事例

平成17年改正前商法では、無償減資の手法として、発行済株式の全部を発行法人が無償で取得し、その後、スポンサーが増資を引き受けるという手法が用いられていた。そして、現行会社法では、発行済株式の全部を全部取得条項付種類株式に転換することにより、同様の手法を採用することができる。

これに対し、法人税法２条12号の16で規定されている株式交換等に含まれるスクイーズアウトは、最大株主等である法人又は一の株主等である法人との間に完全支配関係を有することとなるものをいう。すなわち、100％減資をした後に、スポンサーが増資を引き受ける場合には、最大株主等である法人との間に完全支配関係を有するのではなく、スポンサーとの間に完全支配関係を有することになるため、同号で規定されている株式交換等には含まれない。その結果、法人税法62条の９に規定されている時価評価課税の対象にはならないということになる。このように、支配株主が変わることにより、支配関係内のスクイーズアウトには該当しないものの、そもそも「株式交換等」に該当しないことから、時価評価課税の対象にな

らない。

この点についての失敗事例であるが、支配株主が発行済株式総数の100分の50を超える数の株式を保有しているケースに対して、100％減資をしたうえで支配株主が増資を引き受ける手法を当事務所が提案した事案がある。この手法については、最大株主等である法人による完全支配関係が成立しているようにも思えるが、一株未満の端数にしたうえでスクイーズアウトをする手法と異なり、全部取得条項付種類株式に係る取得決議だけでは最大株主等である法人による完全支配関係が成立せず、増資の引受けによって完全支配関係が成立することから、「株式交換等」には該当しない。

このように、当事務所から提案した段階では、株式交換等に該当しないことから時価評価課税の問題にならない事案であったが、弁護士からの提案により１株につき１円でスクイーズアウトをする手法に変更されていた。このように、全部取得条項付種類株式、株式併合又は株式等売渡請求によるスクイーズアウトをする手法に変更され、「株式交換等」に該当したため、税制適格要件を満たさないと時価評価課税の対象になるという問題が生じてしまった。

幸いにして、税制適格要件を満たしたことから、結果的に時価評価課税の問題が生じなかったが、税制適格要件を満たさなかった場合には、時価評価課税が生じてしまっていた。

第２節　増資により中小法人の特例を受けることができなくなった事例

実務上、増資により資本金の額が100百万円を超えることがある。資本金の額が100百万円を超えた場合には、中小法人ではなく大法人に該当することから、以下のような問題が生じる。

① 法人税

- 中小法人の軽減税率が適用できなくなる。
- 繰越欠損金につき、各年度の課税所得の50％までしか使用できなくなる。
- 繰越欠損金につき、繰戻還付が適用できなくなる。
- 特定同族会社に該当する場合には、特定同族会社等の留保金課税の対象になる。
- 租税特別措置法に規定されている中小法人の特例が適用できなくなる。
- そのほか、細かい点であるが、交際費や貸倒引当金の特例が適用できなくなるという問題もある。

② 事業税

- 外形標準課税の対象になる。

このように、大法人よりも中小法人のほうが税務上の恩典があることから、資本金の額が100百万円を超えるとデメリットになることがある。さらに、適格合併により繰越欠損金を引き継いだとしても、合併法人が大法人に該当することにより、課税所得が生じることもある。そのため、実務上、増資等により一時的に大法人に該当してしまった場合には、事業年度末までに減資を行うことにより、

中小法人に戻したいというニーズも少なくない。しかし、後述するように、減資を行うためには債権者異議手続が必要になることから、スケジュールを間違えてしまうと、大法人として確定申告を行わなければならないことにもなりかねない。

さらに、非上場株式等に係る贈与税・相続税の納税猶予の特例制度（以下、「事業承継税制」という）の適用を受けるためには、中小企業者の要件を満たす必要があり、中小企業者に該当するためには、資本金又は従業員数のいずれかについて下記の要件を満たす必要がある。

【円滑化法】

業種	資本金	従業員数
製造業・建設業・運輸業・その他	300百万円以下	300人以下
卸売業	100百万円以下	100人以下
サービス業	50百万円以下	100人以下
小売業	50百万円以下	50人以下

【政令により拡大した業種】

業種	資本金	従業員数
ゴム製品製造業	300百万円以下	900人以下
ソフトウェア業又は情報処理サービス業	300百万円以下	300人以下
旅館業	50百万円以下	200人以下

従業員数で中小企業者の要件を満たすのであれば問題はないが、資本金の額だけで中小企業者の要件を満たそうとする場合には、増資により資本金の額が増加することにより、中小企業者に該当しなくなってしまうこともあり得る（ただし、事業承継税制を適用した後に中小企業者から外れたとしても、納税猶予の期限は確定しない（山田コンサルティンググループ株式会社ＨＰ、令和６年３月17日最終アクセス日（https://www.ycg-advisory.jp/knowledge/post/nouzeiyuyo/uchikiri/）））。

当事務所が経験した事案であるが、オーナーの個人財産を非上場

株式に変えることにより、事業承継税制の適用対象にしようとしたことがあった。そのために、預金については金銭出資により移転し、預金以外の財産については、検査役調査及び財産証明の手続きを回避するために、金銭出資をした後に発行法人が買い取るという手続きを行おうとしていた。しかし、オーナーの余命が１～２か月であり、無償減資が間に合わないことが発覚したため、金銭出資をストップし、すべての手続きを取り止めることになった（実は、当初からそのリスクは感じていたため、無償減資の手続きの進捗を見ながら、ぎりぎりまで金銭出資を遅らせていた）。

もし、増資だけが完了し、減資が間に合わないということであれば、立派な失敗事例になっていたはずである。本事例では、中小企業者の特例を受けることができたため、オーナーの個人財産に対する相続税は仕方がなかったとしても、非上場株式に対しては事業承継税制を適用することができた。もちろん、オーナーの個人財産に対しても事業承継税制を適用するのであれば、もっと早く対策をしておく必要があったのかもしれないが、事業用資産はともかくとして、預金、金融資産及び賃貸用不動産を相続税対策のために法人に移すことを嫌がるクライアントも多いため、なかなか良い答えが出せないというのが実感である。

【無償減資と事業承継税制】

無償減資により中小企業者に該当させることで事業承継税制を適用するという点については、平成29年11月に会計検査院から報告された「会計検査院法第30条の２の規定に基づく報告書『租税特別措置（相続税関係）の適用状況等について』」でも批判されているが、現行法上は合法であると解されている。

これに対し、事業承継税制を適用した後に無償減資を行った場合には、減少した資本金の額を資本準備金に振り替えた場合や欠損填補を行った場合を除き、猶予期限が確定することとされている（措

法70の７の５③、70の７③十一、70の７の６③、70の７の２③十一、措規23の９⑲、23の10⑰）。平成30年度税制改正により事業承継税制が改正されてから間もないことから、まだ失敗事例は公表されていないが、猶予期限が確定することを顧問税理士が失念してしまい、無償減資をしてしまった場合には、立派な失敗事例になるため、慎重な対応が必要になる。

第３節　増資と自己株式の取得の順番を間違えてしまった事例

1　基本的な取扱い

被買収会社の株主が内国法人である場合には、株式譲渡益ではなく、みなし配当として認識したほうが、受取配当等の益金不算入（法法23）を適用することができることから、当該内国法人の税負担は軽減される。みなし配当として認識する手法としては、事業譲渡や会社分割を行った後に清算するという手法もあるが、自己株式の取得による手法であっても同様の効果が期待できる。

具体的には、被買収会社が自己株式を買い取ったうえで、買収会社が増資を引き受ける手法である。なぜなら、自己株式を取得した場合には、株式を譲渡した者において以下のみなし配当が発生するからである（所法25①五、所令61②六、法法24①五、法令23①六）。

【みなし配当の計算】

$$\text{みなし配当の金額}=\text{株式の譲渡代金}-\text{資本金等の額}\times\frac{\text{譲渡株式数}}{\text{発行済株式総数}}$$

このように発生したみなし配当の金額は、株式譲渡損益の計算上、譲渡収入の金額から控除がされる（措法37の10③、法法61の２①）。すなわち、単純に株式を取得した場合には、株式譲渡益として認識されるのに対し、自己株式を買い取った場合には、株式譲渡損益の一部がみなし配当へ振り替えられることになる。

■図表6－1　自己株式の買取り

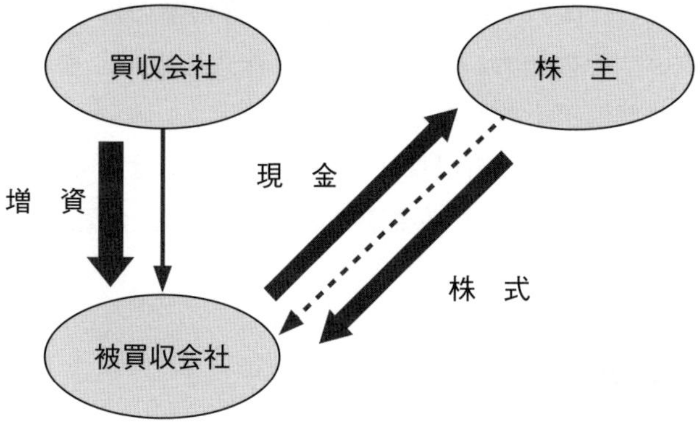

しかしながら、事業譲渡や会社分割を行った後に清算する手法に比べて、発行法人が自己株式を有償で取得する手法は、会社法上、分配可能額の範囲内で行わなければならないため（会社法461）、被買収会社のすべての株式を取得することには限界がある。

そのため、この手法は、被買収会社の少数株主を残した上で、大株主からのみ株式を購入する場合に利用されている。

2　失敗事例

このような手法に対して失敗事例があるのかという点であるが、増資を行った後に自己株式の買取りを行ったことにより、１株あたりの資本金等の額が変わり、みなし配当の金額も変わってしまったという失敗事例がある。この程度であれば、クライアントに検討資料を提出する前にきちんと見直していれば気付くはずなので、丁寧な仕事を心掛けることにより、ミスを減らすようにしてもらいたい（賢明な読者は気づかれたと思うが、クライアントにメールをする前に気が付いてミスを修正したという当事務所の失敗事例である）。

一般的には、その他利益剰余金やのれんがあることから、増資前の１株あたりの資本金等の額よりも増資における１株あたりの発行

価額のほうが大きいことが多いため、増資前の１株あたりの資本金等の額よりも増資後の１株あたりの資本金等の額のほうが大きくなることが多い。そのため、増資後に自己株式を取得した場合には、みなし配当の金額が小さくなることが多い。

このように、増資後に自己株式を取得するのではなく、自己株式を取得してから増資をする必要があるという点に留意が必要である。

3 租税回避事例

(1) 種類資本金額の制度

平成18年度税制改正により、二以上の種類の株式を発行している場合には、種類株式ごとに種類資本金額を算定し、みなし配当の金額を計算することになった（法令８①二十ロ、②、23①六ロ）。なぜなら、取得請求権付種類株式、取得条項付種類株式又は全部取得条項付種類株式のように、将来的に自己株式として取得される可能性がある株式については、種類ごとに資本金等の額を計算しないと適正なみなし配当の計算ができないからである（『平成18年版　改正税法のすべて』大蔵財務協会、251頁）。

(2) 企業買収のストラクチャーとしての利用

保有資産の含み益やのれんに相当する部分の金額については、被買収会社において未実現利益となっていることから、分配可能額を構成しない。すなわち、被買収会社株式を譲渡する前に分配可能額の全額を配当したとしても、保有資産の含み益やのれんに相当する部分の金額を配当することができないことから、事業譲渡又は会社分割により事業を移転した後に被買収会社を清算する手法を採用しない限り、株式譲渡益の全額をみなし配当に付け替えることはでき

ない。

これに対し、企業買収のストラクチャーとして、①被買収会社が種類株式を発行し、買収会社がその引受けを行う、②①により増加した資本金の額及び資本準備金の額を取り崩し、その他資本剰余金を増加させる、③②により増加した分配可能額を利用して被買収会社の既存株主が保有している被買収会社株式を買い取るという手法を採用した場合には、被買収会社の既存株主において生じるはずであった株式譲渡益の全額をみなし配当に付け替えることができる。具体的には、以下の事例を参照されたい。

【種類株式の利用】

＜前提条件＞

被買収会社の貸借対照表 （単位：百万円）

	税務簿価	時　　価		税務簿価	時　　価
資産	11,000	11,000	負債	8,000	8,000
資産調整勘定	0	6,000	純資産※	3,000	9,000
合　計	11,000	17,000	合　計	11,000	17,000

※　純資産の内訳

	税務簿価	時　　価
資本金	50	50
資本準備金	50	50
利益剰余金	2,900	8,900
純資産	3,000	9,000

- 被買収会社の株主は法人株主１社である（日本の内国法人）。
- 被買収会社の株主における被買収会社株式の取得価額は100百万円である。
- 被買収会社株式の譲渡価額は9,000百万円である。

・被買収会社の株主では、受取配当等の益金不算入に係る控除負債利子の金額が小さいため、関連法人からの追加的な受取配当金が発生した場合には、全額益金不算入となる。

もし、単純に株式を譲渡した場合には、被買収会社の既存株主において8,900百万円の株式譲渡益が生じるのに対し、株式譲渡代金に相当する額（9,000百万円）の種類株式を発行した場合には、被買収会社の種類資本金額は、普通株式100百万円、種類株式9,000百万円となる。その後、種類株式の発行により増加した資本金及び資本準備金をその他資本剰余金に振り替えると、その他資本剰余金が9,000百万円となり、被買収会社の既存株主が保有している被買収会社株式のすべてを買い取ることができるだけの分配可能額が生じるため、被買収会社が自己株式として普通株式のすべてを買い取る。

その結果、被買収会社の既存株主において発生するみなし配当の金額は、交付を受けた金銭の額（9,000百万円）から種類資本金額（100百万円）を控除した8,900百万円となり、譲渡収入の金額（9,000百万円）からみなし配当（8,900百万円）を控除した残額（100百万円）が譲渡原価に一致することから、株式譲渡損益の金額は０円となる。すなわち、株式譲渡損益の全額をみなし配当の金額に振り替えることができる。このように、種類株式を利用した手法においては、被買収会社及びその株主のいずれにおいても課税関係を発生させることなく、被買収会社の譲渡ができるという問題がある。

この点については、単純に株式を譲渡する手法と比較すると、迂回行為であるとは考えられるが、租税回避として認定されるか否かは、かなり判断が難しいというのが正直な感覚である。なぜなら、平成13年度税制改正により利益積立金額及びみなし配当の考え方が整備され、マイナスの利益積立金額が発生するような場合であっても、将来の利益積立金額からみなし配当が行われたと考えて利益積

立金額及びみなし配当を計算することになっている。すなわち、本事例では、種類株式を利用した結果、買収後の資本金等の額が9,000百万円となり、利益積立金額が△6,000百万円となっている。このように、被買収会社の既存株主において株式譲渡益からみなし配当に付け替えた金額（8,900百万円）は、過去の利益積立金額（2,900百万円）と将来の利益積立金額（6,000百万円）から構成されるものであり、かつ、貸借対照表に計上されていないとはいえ、のれんとしての無形資産の価値を構成したのは買収時点よりも前であるから、その部分の利益積立金額をみなし配当として処理することについては、平成13年度税制改正により整備された利益積立金額及びみなし配当の考え方と比較しても、何ら反するものではないともいえる。

その一方で、将来の利益積立金額からみなし配当が行われたとはいっても、現時点において利益積立金額が生じていないことは事実であることから、種類株式の発行により分配可能額を創り出すことを租税回避であるとする考え方もあり得る。個人的には、現時点における利益積立金額を超えるみなし配当を創り出す行為については、経済合理性や事業目的の見地から慎重な判断が必要になると考えている。

第４節　自己株式の低廉取得

1　時価で自己株式を取得した場合

自己株式の取得により金銭その他の資産の交付を受けた場合において、その金銭の額及び金銭以外の資産の価額の合計額が当該法人の資本金等の額のうちその交付の基因となった当該法人の株式に対応する部分の金額を超えるときは、その超える部分の金額については、みなし配当として取り扱われる（法法24①五、法令23①六、所法25①五、所令61②六）。

これに対し、自己株式を取得した発行法人においては、自己株式は資産（有価証券）に含まれず（法法２二十一）、自己株式を取得した時に取得資本金額（当該法人の自己株式の取得の直前の資本金等の額を株数按分した金額）を資本金等の額から減算することになる（法令８①二十）。そして、自己株式の取得等により交付した金銭の額及び金銭以外の資産の価額の合計額が取得資本金額を超える場合におけるその超える部分の金額については利益積立金額の減算項目となる（法令９十四）。

2　時価よりも安い価額で自己株式を取得した場合

自己株式の時価が200百万円であるにもかかわらず、150百万円で譲渡を行った場合には、差額である50百万円については、みなし譲渡益として課税される。すなわち、時価をベースにみなし配当の計

算を行う必要はないが、みなし譲渡益の計算を行うことはあるということになる。

これに対し、発行法人においては、自己株式は資産（有価証券）に該当せず、自己株式を取得した時に資本金等の額及び利益積立金額から減算させることになっているため、寄附金又は受贈益を認識すべきではないと考えられる。

そのため、少数株主から支配株主が特例的評価方式で株式を買い取った場合には、支配株主において贈与税の問題が生じてしまうので、代わりに、発行法人が特例的評価方式で株式を買い取った事例を見かけることがある。しかし、相続税法基本通達９－２において、会社に対し時価より著しく低い価額の対価で財産の譲渡をした場合において、支配株主が保有している株式の価額が増加したときは、当該株式の価額のうち増加した部分に相当する金額を当該財産の譲渡をした者から贈与によって取得したものとして取り扱うことが明らかにされているため、発行法人において受贈益課税は生じないのかもしれないが、支配株主における贈与税は問題となる。

今のところ否認された事案は公表されていないが、支配株主にとっての時価が原則的評価方式であることから、否認される可能性が否めないため、留意が必要である。

【資本等取引の範囲】

前述のように、自己株式の時価が200百万円であるにもかかわらず、150百万円で取得したとしても、発行法人において差額の50百万円に相当する受贈益を認識する必要はないと考えられる。しかしながら、常にそのように解してよいというわけではなく、租税回避事案に対しては、受贈益を認識すべきであるという議論も考えられる。

例えば、父親から息子の会社に対する支援のために300百万円の増資を行った３～４年後に、自己株式として100百万円で買い取ら

せた場合には、父親から息子の会社に対して200百万円の贈与をしている事実は否定できない。この場合には、息子が保有する株式の時価が増加することが多いため、当該増加した部分の金額に対して贈与税を課せば足りるようにも思えるが、息子だけでなく、発行法人への贈与を意図した不自然な行為であることから、同族会社等の行為又は計算の否認（法法132）が適用され、発行法人において受贈益を認識する更正が行われる可能性がある。

第５節　無償減資又は資本準備金の取崩しが間に合わなかった事例

資本金の額又は資本準備金の額を減少させることにより欠損填補を行った場合には、住民税均等割及び事業税資本割の計算上、当該欠損填補を行った金額を資本金等の額から控除することができることから（地法23①四の二イ⑶、72の21①三、地規１の９の６②③、３の16②③）、欠損填補による住民税均等割及び事業税資本割の節税を検討することがある。そして、会計上の資本金及び資本準備金の合計額が税務上の資本金等の額を超える場合には、会計上の資本金及び資本準備金の合計額により住民税均等割及び事業税資本割を計算する必要があることから（地法52④、72の21②、312⑥）、会計上の資本金及び資本準備金の合計額を税務上の資本金等の額まで引き下げることにより住民税均等割及び事業税資本割の節税を検討することがある。さらに、第２節で解説したように、一時的に大法人に該当してしまった場合には、中小法人の特例を適用するために、資本金の額を100百万円以下にしたいというニーズも少なくない。

そのほかにも、会計上の資本金又は資本準備金を取り崩し、その他資本剰余金に振り替えたうえで、自己株式の取得又はその他資本剰余金の配当を行うことにより、税務上の資本金等の額を減少させたいというニーズもある。

いずれにしても、事業年度末までに資本金又は資本準備金を取り崩す必要があるのに対し、資本金又は資本準備金の取崩しについては債権者異議手続きが必要となることから（会社法449）、１か月以上の期間が必要となる（ただし、定時株主総会による欠損填補のための資本準備金の取崩しについては、債権者異議手続きは不要であ

る)。

実際に、事業年度末の3週間くらい前に資本金及び資本準備金を取り崩したいという相談があったが、債権者異議手続きが間に合わず、翌事業年度に資本金及び資本準備金の取崩しをしたという事案があった。

当事務所では、組織再編成又は資本等取引については、公告やその他諸々の作業があることから、3か月前には決断してもらうようにしているし、クライアントへの提案もクライアントが決断するための期間が必要になることから、6か月前には提案するようにしている。

第６節　持分会社の欠損填補

前述のように、株式会社が欠損填補を行った場合には、住民税均等割及び事業税資本割の計算上、当該欠損填補を行った金額を資本金等の額から控除することができる。これに対し、住民税均等割及び事業税資本割の特例は、会社法446条に規定する剰余金に限定されているところ、会社法446条は株式会社の規定であるため、持分会社に対しては、本特例を適用することはできない（渡邊泰大「都道府県税関係－法人住民税」税72巻12号52頁（平成29年））。

このように、持分会社についての取扱いは、株式会社と異なるものもあるため、常に慎重に対応する必要がある。

第７節　持分会社の解散

本章の論点とは異なるが、持分会社の解散に係るみなし事業年度における失敗事例についても紹介したい。すなわち、株式会社が、普通清算又は特別清算を行った場合には、解散の日に事業年度が終了し、解散の日の翌日から１年間が１つの事業年度になる（会社法494①）。具体的には、３月決算法人が、×１年５月31日に解散した場合において、×３年１月31日に残余財産が確定した場合には、×１年４月１日から×１年５月31日まで、×１年６月１日から×２年５月31日まで、×２年６月１日から×３年１月31日までがそれぞれ事業年度となる。これに対し、持分会社には会社法494条１項に対応する規定がないことから、上記の事案の場合には、×１年４月１日から×１年５月31日まで、×１年６月１日から×２年３月31日まで、×２年４月１日から×３年１月31日までがそれぞれ事業年度となる。このように、本来であれば、×１年６月１日から×２年３月31日までの事業年度のはずであるにもかかわらず、×１年６月１日から×２年５月31日までの事業年度であるものとして確定申告をしてしまうと、期限後申告になってしまうという失敗事例がある。

当事務所では、合同会社を保有していたことがあったが、いろいろ面倒になったので、数年前に解散することにした。解散の日後の事業年度であったことから、法人税及び消費税の課税所得はなかったし、住民税均等割に対する延滞税もほとんどなかったことから、実害はほぼなかったが、クライアントの確定申告書である場合には、信頼を失いかねないミスであることから、次からは失敗しないように気を付けている。

第８節　第二会社方式

債務超過の子会社に対する支援の手法として、債権放棄、金銭出資、ＤＥＳ、疑似ＤＥＳ及び第二会社方式が挙げられる。子会社支援を行う際に重要になるのは、子会社支援によって生じた損失を親会社において損金の額に算入することができるか否かという点である。

この点につき、債権放棄、ＤＥＳ（非適格現物出資）では、合理的な再建計画に該当するかどうかが問題となるが（法基通２－３－14、９－４－２）、そのハードルは極めて高い。そして、金銭出資、ＤＥＳ（適格現物出資）及び疑似ＤＥＳでは、金銭出資等により払い込んだ金銭の額に対する有価証券評価損の計上が認められていない（法基通９－１－12）。

そのため、実務上、第二会社方式のみが現実的な手法であるといえる。第二会社方式とは、事業譲渡又は分割により、赤字子会社の資産とそれに相当する負債を受皿会社に対して譲渡し、残った赤字子会社の負債を清算手続により切り捨てさせる手法である（**図表６－２**参照）。

赤字子会社が清算した場合において、当該赤字子会社に対する債権放棄や債務引受に係る損失が、法人税法上、寄附金に該当したときは、損金算入限度額を超える部分の金額を損金の額に算入することができない（法法37①）。これに対し、実務上、第二会社方式を採用する場合には、和解型（対税型）の特別清算を利用することが多かったと思われる。そして、かつて、和解型（対税型）の特別清算を利用した場合には、法人税基本通達９－６－１⑵に該当するも

■図表６－２　第二会社方式

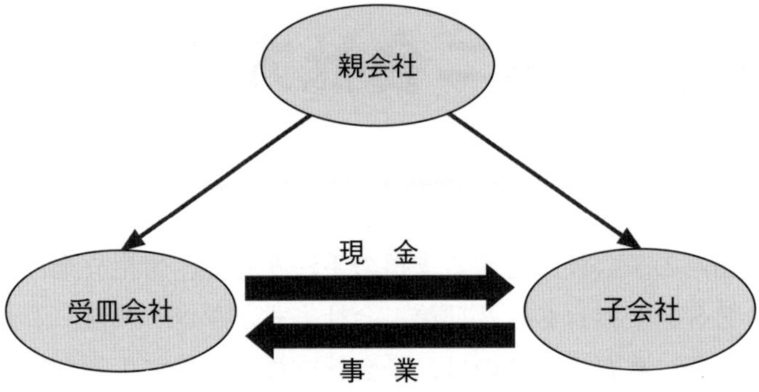

のとして、損金の額に算入していた事案が多かったと思われる。

しかし、東京高判平成29年７月26日 TAINS コードＺ267－13038（角弘事件）では、第二会社方式により生じた貸倒損失について、特別清算の和解型（対税型）であることを理由として、法人税基本通達９－６－１⑵の適用を認めずに、同通達９－６－１⑷又は９－４－１で判断すべきものと判示した。これは、同通達９－６－１⑵で直接的に規定されているのは協定型（本来型）の特別清算であり、和解型（対税型）の特別清算ではないからである。ただし、同通達９－６－１⑷は、債権放棄に係る債権の全額が回収不能であることが明らかであることが要件とされていることから、実務のハードルが極めて高く、実務上は、第二会社方式のほとんどが同通達９－４－１により判断せざるを得ない。

そのため、子会社の整理により生じる損失の負担をしなければ、今後より大きな損失を蒙ることになることが社会通念上明らかである場合にのみ、法人税基本通達９－４－１の規定により、損金の額に算入することができる。

この点につき、東京国税局調査第一部調査審理課『Ｑ＆Ａ不良債権処理の税務判断』175－176頁（ぎょうせい、平成７年）では、第一会社（旧会社）と第二会社（新会社）との間に、持株関係、商

号、所在地、役員構成、従業員、資産内容、事業内容、事業形態などを総合的に勘案して、同一性のない場合には法人税基本通達9－4－1の適用を認め、同一性がある場合には適用を認めないものとされている。すなわち、子会社の事業を廃止する場合や経営権を譲渡する場合だけでなく、子会社の再生手段として第二会社方式を利用する場合であっても、第二会社方式を行わなければ今後より大きな損失を蒙ることになることが社会通念上明らかであり、かつ、第一会社（旧会社）と第二会社（新会社）との間に同一性がないときは、同通達9－4－1の適用を受けることができると考えられる。

しかしながら、依然として特別清算であれば、貸倒損失又は子会社整理損失として損金の額に算入することが認められるという誤解があるようである。もちろん、本裁判例が公表される前であっても、無条件に損金の額に算入することが認められていたわけではないことから、同一性の排除をしていた税務専門家も少なくなかった。そして、このような裁判例が公表されたのであれば、同一性の排除はもはや損金の額に算入するための必須条件といってよいはずであるが、第二会社方式が金融機関の不良債権処理における典型的な手法であったことから、グループ内における第二会社方式でも特別清算であれば同様に認められるという誤解が残っているようである。

本書校了段階では、アフターコロナに入っていることから、不採算子会社の再生について検討をしている企業も少なくないと思われる。この場合に、同一性の排除を怠ってしまうと、寄附金として損金の額に算入することができなくなってしまうため、失敗事例として挙げさせていただきたい。

【著者略歴】

佐藤　信祐（さとう　しんすけ）

公認会計士、税理士、博士（法学）

公認会計士・税理士　佐藤信祐事務所所長

平成11年　朝日監査法人（現有限責任あずさ監査法人）入社

平成13年　公認会計士登録、勝島敏明税理士事務所（現デロイトトーマツ税理士法人）入所

平成17年　税理士登録、公認会計士・税理士佐藤信祐事務所開業

平成29年　慶應義塾大学大学院法学研究科後期博士課程修了（博士〔法学〕）

改訂版
組織再編税制の失敗事例

令和３年６月20日　初版発行
令和６年６月20日　改訂初版

検印省略

日本法令®

〒101-0032
東京都千代田区岩本町１丁目２番19号
https://www.horei.co.jp/

著　者　佐藤信祐
発行者　青木鉱太
編集者　岩倉春光
印刷所　東光整版印刷
製本所　国宝社

（営　業）TEL　03-6858-6967　Eメール　syuppan@horei.co.jp
（通　販）TEL　03-6858-6966　Eメール　book.order@horei.co.jp
（編　集）FAX　03-6858-6957　Eメール　tankoubon@horei.co.jp

（オンラインショップ）https://www.horei.co.jp/iec/
（お詫びと訂正）https://www.horei.co.jp/book/owabi.shtml
（書籍の追加情報）https://www.horei.co.jp/book/osirasebook.shtml

※万一、本書の内容に誤記等が判明した場合には、上記「お詫びと訂正」に最新情報を掲載しております。ホームページに掲載されていない内容につきましては、FAXまたはEメールで編集までお問合せください。

ISBN 978-4-539-73031-7